2015—2016年
中国工业和信息化发展
系列蓝皮书

2015-2016年中国消费品工业发展蓝皮书

The Blue Book on the Development of Consumer Goods Industry in China (2015-2016)

中国电子信息产业发展研究院　编著

主　编/刘文强

副主编/闫逢柱

人民出版社

责任编辑：邵永忠
封面设计：佳艺时代
责任校对：吕　飞

图书在版编目（CIP）数据

2015-2016年中国消费品工业发展蓝皮书/刘文强　主编；
中国电子信息产业发展研究院　编著.—北京：人民出版社，2016.8
ISBN 978-7-01-016520-2

Ⅰ.①2… Ⅱ.①刘… ②中… Ⅲ.①消费品工业—工业发展—研究报告—中国—2015-2016 Ⅳ.①F426.8

中国版本图书馆CIP数据核字（2016）第174775号

2015-2016年中国消费品工业发展蓝皮书
2015-2016NIAN ZHONGGUO XIAOFEIPIN GONGYE FAZHAN LANPISHU

中国电子信息产业发展研究院　编著
刘文强　主编

人民出版社　出版发行
（100706　北京市东城区隆福寺街99号）

北京市通州京华印刷制版厂印刷　新华书店经销

2016年8月第1版　2016年8月北京第1次印刷
开本：710毫米×1000毫米　1/16　印张：15.5
字数：255千字

ISBN 978-7-01-016520-2　定价：78.00元

邮购地址　100706　北京市东城区隆福寺街99号
人民东方图书销售中心　电话（010）65250042　65289539

代 序

在党中央、国务院的正确领导下，面对严峻复杂的国内外经济形势，我国制造业保持持续健康发展，实现了“十二五”的胜利收官。制造业的持续稳定发展，有力地支撑了我国综合实力和国际竞争力的显著提升，有力地支撑了人民生活水平的大幅改善提高。同时，也要看到，我国虽是制造业大国，但还不是制造强国，加快建设制造强国已成为今后一个时期我国制造业发展的核心任务。

“十三五”时期是我国制造业提质增效、由大变强的关键期。从国际看，新一轮科技革命和产业变革正在孕育兴起，制造业与互联网融合发展日益催生新业态新模式新产业，推动全球制造业发展进入一个深度调整、转型升级的新时期。从国内看，随着经济发展进入新常态，经济增速换挡、结构调整阵痛、动能转换困难相互交织，我国制造业发展也站到了爬坡过坎、由大变强新的历史起点上。必须紧紧抓住当前难得的战略机遇，深入贯彻落实新发展理念，加快推进制造业领域供给侧结构性改革，着力构建新型制造业体系，推动中国制造向中国创造转变、中国速度向中国质量转变、中国产品向中国品牌转变。

“十三五”规划纲要明确提出，要深入实施《中国制造 2025》，促进制造业朝高端、智能、绿色、服务方向发展。这是指导今后五年我国制造业提质增效升级的行动纲领。我们要认真学习领会，切实抓好贯彻实施工作。

一是坚持创新驱动，把创新摆在制造业发展全局的核心位置。当前，我国制造业已由较长时期的两位数增长进入个位数增长阶段。在这个阶段，要突破自身发展瓶颈、解决深层次矛盾和问题，关键是要依靠科技创新转换发展动力。要加强关键核心技术研发，通过完善科技成果产业化的运行机制和激励机制，加快科技成果转化步伐。围绕制造业重大共性需求，加快建立以创新中心为核心载体、以公共服务平台和工程数据中心为重要支撑的制造业创新网络。深入推进制造业与互联网融合发展，打造制造企业互联网“双创”平台，推动互联网企业构建制造业“双创”服务体系，推动制造业焕发新活力。

二是坚持质量为先，把质量作为建设制造强国的关键内核。近年来，我国制造业质量水平的提高明显滞后于制造业规模的增长，既不能适应日益激烈的国际竞争的需要，也难以满足人民群众对高质量产品和服务的热切期盼。必须着力夯实质量发展基础，不断提升我国企业品牌价值和“中国制造”整体形象。以食品、药品等为重点，开展质量提升行动，加快国内质量安全标准与国际标准并轨，建立质量安全可追溯体系，倒逼企业提升产品质量。鼓励企业实施品牌战略，形成具有自主知识产权的名牌产品。着力培育一批具有国际影响力的品牌及一大批国内著名品牌。

三是坚持绿色发展，把可持续发展作为建设制造强国的重要着力点。绿色发展是破解资源、能源、环境瓶颈制约的关键所在，是实现制造业可持续发展的必由之路。建设制造强国，必须要全面推行绿色制造，走资源节约型和环境友好型发展道路。要强化企业的可持续发展理念和生态文明建设主体责任，引导企业加快绿色改造升级，积极推行低碳化、循环化和集约化生产，提高资源利用效率。通过政策、标准、法规倒逼企业加快淘汰落后产能，大幅降低能耗、物耗和水耗水平。构建绿色制造体系，开发绿色产品，建设绿色工厂，发展绿色园区，打造绿色供应链，壮大绿色企业，强化绿色监管，努力构建高效清洁、低碳循环的绿色制造体系。

四是坚持结构优化，把结构调整作为建设制造强国的突出重点。我国制造业大而不强的主要症结之一，就是结构性矛盾较为突出。要把调整优化产业结构作为推动制造业转型升级的主攻方向。聚焦制造业转型升级的关键环节，推广应用新技术、新工艺、新装备、新材料，提高传统产业发展的质量效益；加快发展3D 打印、云计算、物联网、大数据等新兴产业，积极发展众包、众创、众筹等新业态新模式。支持有条件的企业“走出去”，通过多种途径培育一批具有跨国经营水平和品牌经营能力的大企业集团；完善中小微企业发展环境，促进大中小企业协调发展。综合考虑资源能源、环境容量、市场空间等因素，引导产业集聚发展，促进产业合理有序转移，调整优化产业空间布局。

五是坚持人才为本，把人才队伍作为建设制造强国的根本。新世纪以来，党和国家深入实施人才强国战略，制造业人才队伍建设取得了显著成绩。但也要看到，制造业人才结构性过剩与结构性短缺并存，高技能人才和领军人才紧缺，基础制造、高端制造技术领域人才不足等问题还很突出。必须把制造业人才发展摆在更加突出的战略位置，加大各类人才培养力度，建设制造业人才大军。以提高现代经营管理水平和企业竞争力为核心，造就一支职业素养好、市场意识强、熟悉国内外经济运行规则的经营管理人才队伍。组织实施先进制造卓越工程师培养计划和专业技术人才培养计划等，造就一支掌握先进制造技术的高素质的专业技术人才队伍。大力培育精益求精的工匠精神，造就一支技术精湛、爱岗敬业的高技能人才队伍。

“长风破浪会有时，直挂云帆济沧海”。2016 年是贯彻落实“十三五”规划的关键一年，也是实施《中国制造 2025》开局破题的关键一年。在错综复杂的经济形势面前，我们要坚定信念，砥砺前行，也要从国情出发，坚持分步实施、重点突破、务求实效，努力使中国制造攀上新的高峰！

工业和信息化部部长 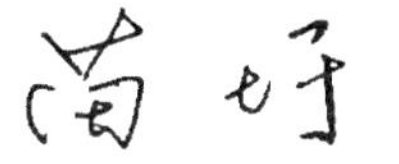

2016 年 6 月

前 言

消费品工业是国民经济和社会发展的基础性、民生性、支柱性、战略性产业，涵盖了轻工、纺织、食品、医药等工业门类。改革开放30多年以来，我国消费品工业稳步、快速发展，规模持续壮大，结构不断变化，技术装备水平稳步提高，已经建立了较为完善的产业体系，国际化程度日趋加深，成为世界消费品制造和采购中心，对国内外消费需求的保障和引领作用进一步增强。

2015年是“十二五”规划收官之年，面对复杂严峻的国际和国内环境，消费品工业按照稳中求进的工作总基调，以加快转型升级为抓手，以扩大内需和创新驱动为战略基点，以各项重大政策措施落实为机遇，更加注重推进改革攻坚，更加注重推进产业结构调整，更加注重推进实施扩大内需战略，更加注重推动实施创新驱动战略，更加注重推进应急保障工作，攻坚克难，创新进取，保持了消费品工业持续稳定发展。全年消费品工业增加值同比增长6.41%，略高于全部工业增速0.31个百分点；消费品工业增加值占全部工业的比重达31.9%。

进入2016年，我国消费品工业发展面临的形势更加严峻。从国内看，我国消费品工业面临的国内环境存在不少困难。主要是经济下行压力加大，部分企业生产经营困难，传统产业产能过剩，产业发展方式粗放、自主创新能力低下、自主品牌发展滞后、产能利用率下降等供给侧结构性顽疾凸显。从国际看，我国消费品工业面临的外部困难和风险在增多。主要是世界经济总体放缓，全球市场总需求增速下降，全球贸易保护主义抬头，地缘政治等非经济因素干扰全球经济，消费品工业出口困难增加。

为全面把握过去一年我国消费品工业的发展态势，总结评述消费品工业领域一系列重大问题，中国电子信息产业发展研究院消费品工业研究所在2014年积极探索实践的基础上，继续组织编撰了《2015—2016年中国消费品工业发展蓝皮书》。该书基于全球化视角，对过去一年中我国及世界主要国家消费品工业的发展态势进行了重点分析，梳理并剖析了国家相关政策及其变化对消费品工业发展的影响，预判了2016年世界主要国家以及主要消费品行业的发展走势。全书共分为综合篇、政策篇、行业篇、区域篇、园区篇、企业篇、展望篇七个部分。

综合篇。从整体、区域和重点国家重点行业三个层面分析了2015年全球消费品工业的发展情况，然后从发展环境、运行状况以及存在问题三个维度分析2015年我国消费品工业的发展状况。

政策篇。梳理总结了2015年我国消费品工业领域出台的重点政策，并进行评析。然后就2015年我国消费品领域的若干热点事件进行分析，探讨这些事件对我国消费品工业相关行业发展的影响。

行业篇。选取纺织、医药、食品和家电四大消费品行业，分析行业发展态势，剖析存在的突出问题。在发展态势上，重点从运行、效益以及重点产品或重点领域三个维度展开分析。

区域篇。从整体、主要行业、重点省（区、市）三个维度，分析2015年我国东部、中部、西部三大区域消费品工业的发展情况，重点分析运行、出口、效益等指标的基本情况。

园区篇。以新型工业化产业示范基地为蓝本，重点选取了黑龙江穆棱经济开发区、景德镇陶瓷工业园、重庆涪陵工业园、广东珠海金湾区生物医药产业园等进行分析和整理。

企业篇。选取了医药、食品、轻工等行业中发展较好，具有代表性的五家企业，就其发展历程、发展战略以及经验借鉴进行了分析和归纳。

展望篇。首先梳理了国内主要研究机构对2016年我国消费品工业发展形势的预判。其次，从整体、重点行业两个方面对2016年我国消费品工业的发展态势进行预判。

分析新一年我国消费品工业发展，既面临着困难挑战，也不乏有利因素。为促进消费品工业平稳健康发展，必须全面贯彻落实党的十八届三中、四中、五中全会精神，坚持依法行政，主动适应和引领经济发展新常态，着力推进五个方面工作：一是促进改革和立法工作，培育行业发展新动力；二是落实供给侧结构性改革，增加有效供给；三是促进产业结构优化，推进产业向中高端迈进；四是实施创新驱动战略，增强内生发展活力；五是实施“三品”战略，促进行业健康稳定发展。

作为消费品工业领域的一家专业研究机构，中国电子信息产业发展研究院消费品工业研究所拥有一批专业人才，具备了较强的研究能力，成立5年多以来先后承担了多项课题的研究，对我司工作给予了大力支持。此次编撰的《2015—2016年中国消费品工业发展蓝皮书》内容丰富，资料翔实，具有一定参考价值。但由于消费品工业行业众多，国家间、行业间、地区间差异大，需要深入研究探讨和专题研究的问题很多，因此疏漏和不足在所难免，希望读者以爱护和支持的态度不吝批评指正。

目 录

区 域 篇

园 区 篇

企 业 篇

政策篇

热点篇

展望篇

综合篇

第一章　2015年全球消费品工业发展状况

2015 年，全球需求疲软、大宗商品价格下降、投资环境不确定性增加等因素抑制全球经济增长，经济增速继续放缓，制造业增速进一步探底。过去几年，发展中国家一直是全球制造业增长的引擎，但在 2015 年，由于大宗商品价格下跌、美元升值、区域冲突加剧等因素，多个发展中国家国内经济增长放缓，特别是中国经济进入新常态，制造业增速降至 2005 年以来的最低值，对原材料和中间品的进口下降加剧了其他发展中国家的经济下滑。可喜的是，受益于内需稳步增长，美国经济复苏加快，制造业亦快速增长，而欧盟受益于石油价格降低和货币贬值引起的出口增加，制造业亦出现恢复增长态势。展望 2016 年，美国、欧洲等发达国家制造业复苏的迹象更加明显，发展中国家制造业受累于美元升值、投资不确定性增加等因素将有可能进一步放缓，全球消费品工业亦将整体表现增速继续放缓。

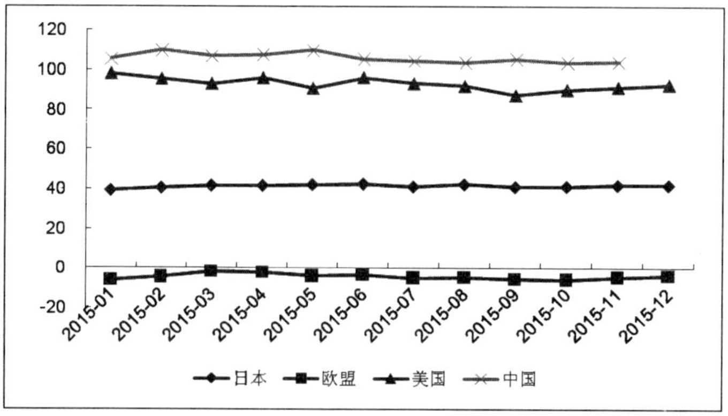

图1-1　2015年1—12月主要经济体消费者信心指数变化情况

资料来源：Wind 数据库，2016 年 1 月。

第一节　整体态势

全球需求疲软、大宗商品价格下降、投资环境不确定性增加很大程度上影响全球经济增长。2015 年，全球制造业增速继续下滑，但下滑趋势放缓。2015 年第 3 季度，整体制造业仅同比增长 2.7%，低于 2014 年同期 0.3 个百分点。在此背景下，消费品工业整体增长疲软，行业增速分化明显，烟草、印刷与出版等行业增速呈现负增长态势。

与整体制造业相比，消费品行业增长呈现分化态势。2015 年第 3 季度，除食品与饮料、服装、橡胶与塑料、家具及其他制造业增速高于整体制造业，增速分别为 3.6%、3.6%、3.4% 和 5.4% 外，烟草、纺织、皮革与鞋帽、木材加工（不含家具）、造纸、印刷与出版增速均低于整体制造业，特别是烟草、印刷与出版两个行业，增速为负，分别同比下降 1.5% 和 0.8%。

与第 1、2 季度相比，行业增速变化趋势亦整体呈现分化态势。相比第 1 季度，第 3 季度除烟草、纺织、皮革与鞋帽、印刷与出版增速继续下滑，分别下滑 2.4、0.2、0.8 和 0.4 个百分点外，其他行业增速均逐步走高。

相比 2014 年，第 3 季度除食品与饮料、服装、造纸、橡胶与塑料四个行业增速分别高于 2014 年同期 0.8、2.4、0.3 和 0.5 个百分点外，其他行业增速均低于 2014 年同期。

表 1–1　2015 年前 3 季度全球主要消费品行业产出同比增速

行业	2014Q1	2014Q2	2014Q3	2014Q4	2015Q1	2015Q2	2015Q3
食品与饮料	4.0%	4.0%	2.8%	3.5%	2.7%	3.0%	3.6%
烟草	18.7%	9.4%	7.3%	6.0%	0.9%	3.6%	–1.5%
纺织	4.9%	5.1%	3.8%	3.2%	2.8%	3.0%	2.6%
服装	7.2%	3.5%	1.2%	3.3%	2.7%	3.0%	3.6%
皮革与鞋帽	7.1%	4.1%	4.2%	2.2%	1.1%	1.2%	0.3%
木材加工（不含家具）	3.0%	4.2%	3.3%	2.9%	1.9%	1.7%	2.2%
造纸	4.9%	1.4%	1.4%	–2.4%	0.5%	1.0%	1.7%

（续表）

行业	2014Q1	2014Q2	2014Q3	2014Q4	2015Q1	2015Q2	2015Q3
印刷与出版	1.2%	1.3%	1.6%	–0.2%	–0.4%	–0.4%	–0.8%
橡胶与塑料制品	6.2%	4.7%	2.9%	2.8%	2.9%	3.1%	3.4%
家具及其他制造业	9.0%	5.5%	6.1%	7.1%	4.4%	4.6%	5.4%
整个制造业	4.8%	3.4%	3.0%	3.8%	2.9%	2.6%	2.7%

资料来源：UNIDO，2016 年 1 月。

第二节　发达国家与金砖国家及其他发展中国家的比较

在全球制造业继续探底的背景下，发达国家与发展中国家消费品工业增速继续放缓，但下降程度收窄。相比较而言，发达国家部分消费品行业增长接近停滞甚至多个出现负增长，而发展中国家消费品工业增速（除服装行业）明显高于发达国家。

一、发达经济体

2015 年，在整体制造业进一步放缓的背景下，发达经济体消费品工业延续不景气态势，部分行业增长停滞甚至负增长，且未来形势不乐观。

与整体制造业相比，2015 年第 3 季度，除食品和饮料、服装、橡胶与塑料、家具与其他制造业增速高于整体制造业，增速分别为 2.8%、5.0%、1.4% 和 1.2% 外，其他行业增速均低于整体制造业，特别是烟草、纺织、皮革与鞋帽、印刷与出版呈现负增长态势，增速分别为 –4.4%、–1.5%、–4.3% 和 –1.6%。

与第 1、第 2 季度相比，第 3 季度行业增速分化明显。相比第 1 季度，食品和饮料、烟草、服装、造纸呈现复苏态势，分别相比第 1 季度增速增加 2.1、6.9、10.4 和 0.5 个百分点，而其他行业增速均呈现不同程度的放缓趋势。

从区域角度及其原因来看，发达经济体消费品工业增长的贡献主要来源于美国和欧盟消费品工业的复苏。美国受益于内需稳步增长，消费品工业增速加快，而欧盟受益于石油价格降低和货币贬值引起的出口增加，消费品工业亦出现恢复增长态势。

表 1-2　2015 年前 3 季度发达经济体主要消费品行业产出同比增速

行业	2014Q1	2014Q2	2014Q3	2014Q4	2015Q1	2015Q2	2015Q3
食品和饮料	2.1%	2.0%	1.3%	2.6%	0.7%	2.0%	2.8%
烟草	-2.3%	-1.4%	-2.1%	-6.4%	-11.3%	-8.7%	-4.4%
纺织	2.8%	1.8%	0.9%	-0.6%	-1.3%	-1.3%	-1.5%
服装	1.2%	0.8%	-5.8%	-0.6%	-5.4%	0.2%	5.0%
皮革与鞋帽	-0.8%	4.4%	1.7%	-1.8%	-2.5%	-5.7%	-4.3%
木材加工（不含家具）	2.6%	2.2%	1.8%	-1.3%	1.2%	0.2%	0.5%
造纸	0.6%	0.0%	0.0%	-6.3%	-0.5%	-0.6%	0.0%
印刷与出版	-0.3%	-1.0%	-0.3%	-1.3%	-1.1%	-0.9%	-1.6%
橡胶与塑料	5.5%	3.9%	2.6%	2.1%	1.4%	1.1%	1.4%
家具及其他制造业	4.0%	3.2%	2.9%	3.2%	1.9%	1.1%	1.2%
整个制造业	2.5%	1.5%	1.2%	1.5%	1.2%	0.9%	1.2%

资料来源：UNIDO，2016 年 1 月。

二、EIE及其他发展中国家

2015 年，EIE 及其他发展中国家制造业增速下滑明显，消费品工业增长低于预期，且增速持续下滑。

2015 年第 3 季度，EIE 及其他发展中国家整体制造业同比增长 5.1%。与整体制造业相比，消费品工业增长分化，其中，木材加工（不含家具）、橡胶与塑料、家具及其他制造业增速高于整体制造业，增速分别为 5.5%、6.6% 和 9.0%，而食品和饮料、烟草、纺织、服装、皮革与鞋帽、造纸、印刷与出版增速均低于整体制造业，增速分别为 4.4%、-1.2%、4.1%、3.1%、2.1%、4.9% 和 3.0%。

与第 1、2 季度相比，第 3 季度行业增速亦分化明显。相比第 1 季度，食品和饮料、烟草、纺织、服装、皮革与鞋帽增速低于第 1 季度，而木材加工（不含家具）、造纸、印刷与出版、橡胶与塑料、家具及其他制造业增速高于 1 季度。

从区域角度及其原因来看，EIE 及其他发展中国家消费品工业增速走低主要原因是中国和拉丁美洲消费品工业增速下滑。2015 年，经济新常态背景下，中国制造业进一步疲软，增速降至 2005 年以来最低值，拉低 EIE 及其他发展中国家消费品工业整体增速。此外，由于中国制造业增速的放缓，其他向中国出口原料的发展中国家亦面临制造业下滑态势，国内经济增速放缓，需求疲软。特别是拉丁美洲，许多国家经济陷入衰退，包括阿根廷、巴西和智利，巴西制造业部门连续六个季度增速下滑，阿根廷和智利受累于石油价格下降，经济呈现负增长。

表 1–3　2015 年前 3 季度 EIE 及其他发展中国家主要消费品行业产出同比增速

行业	2014Q1	2014Q2	2014Q3	2014Q4	2015Q1	2015Q2	2015Q3
食品和饮料	6.3%	6.4%	4.8%	4.5%	5.2%	4.1%	4.4%
烟草	22.0%	10.8%	8.4%	7.6%	2.7%	5.0%	-1.2%
纺织	5.7%	6.2%	4.9%	4.6%	4.2%	4.4%	4.1%
服装	9.5%	4.5%	3.9%	4.9%	5.5%	4.0%	3.1%
皮革与鞋帽	10.8%	3.9%	5.1%	3.8%	2.5%	3.9%	2.1%
木材加工（不含家具）	3.9%	8.0%	6.3%	6.0%	3.3%	4.5%	5.5%
造纸	13.1%	4.1%	4.0%	5.2%	2.6%	4.0%	4.9%
印刷与出版	9.6%	11.8%	10.4%	5.2%	2.4%	1.7%	3.0%
橡胶与塑料	7.5%	5.9%	3.3%	3.8%	5.4%	6.3%	6.6%
家具及其他制造业	13.9%	7.7%	9.0%	10.5%	6.9%	8.0%	9.0%
整个制造业	8.6%	7.3%	6.9%	7.3%	5.4%	5.4%	5.1%

资料来源：UNIDO，2016 年 1 月。

三、主要国家重点行业情况

（一）纺织服装业

1. 意大利

意大利服装品牌全球出名，包括阿玛尼（Armani）、范思哲（Versace）、Gucci、Prada、杜嘉班纳（Dolce & Gabbana）、Missoni、杰尼亚（Zegna）、Diesel 等知名品牌。依托其品牌优势，纺织服装工业在意大利制造业中占有重要地位，特别是服装行业。2015 年，意大利纺织服装工业企业数量 45429 家，产值 491 亿欧元，就业人数 277402 人，分别占制造业的 11.2%、5.7% 和 8.7%。

表 1–4　意大利纺织与服装行业生产指标

	制造业	纺织	服装
企业数量（家）	407344	14767	30662
销售收入（亿欧元）	8724.8	210.6	285.1
产值（亿欧元）	8534.9	208.8	281.8
就业人数（人）	3202822	110251	167151

资料来源：Eurostat，2016 年 1 月。

意大利是全球重要的纺织与服装行业出口大国，纺织与服装均居全球领先地位。2014 年，意大利纺织、服装出口分别居全球第四位、第二位。纺织行业总出口 181.5 亿美元，其中前十大出口国或地区分别为德国、法国、罗马尼亚、西班牙、英国、美国、中国香港、瑞士、土耳其和中国，累计份额为 56.2%。服装行业总出口 191.3 亿美元，其中前十大出口国或地区分别为德国、法国、罗马尼亚、西班牙、英国、美国、中国香港、瑞士、土耳其、中国，累计份额为 67.96%。

表 1-5　2014 年意大利纺织行业出口情况

	出口（亿美元）	占总出口份额
德国	21.0	11.6%
法国	17.9	9.9%
罗马尼亚	10.9	6.0%
西班牙	10.5	5.8%
英国	9.2	5.1%
美国	8.3	4.6%
中国香港	6.9	3.8%
瑞士	6.3	3.5%
土耳其	5.6	3.1%
中国	5.4	3.0%

资料来源：Comtrade，2016 年 1 月。

表 1-6　2014 年意大利服装行业出口情况

	出口（亿美元）	占总出口份额
法国	19.4	10.1%
德国	17.1	8.9%
美国	16.0	8.3%
瑞士	15.4	8.1%
中国香港	12.3	6.5%
俄罗斯	12.3	6.4%
英国	12.1	6.3%
西班牙	9.8	5.1%
日本	8.7	4.6%
中国	6.2	3.2%

资料来源：Comtrade，2016 年 1 月。

2015年，意大利经济扭转负增长态势，四个季度GDP增长率分别为0.1%、0.5%、0.8%、1.0%，各季度增速均高于2014年同期。纺织服装行业作为重要的消费品行业，与宏观经济走势密切相关。

从生产来看，意大利纺织服装工业增长乏力，恢复至2010年的水平仍待时日。2015年1—12月，纺织服装工业生产指数呈现下滑态势，各月均低于90，相比2014年，整体变化不大。相比整体制造业，纺织服装工业相对更加不景气。2015年1—12月，纺织服装工业生产指数各月均低于同期整体制造业，当然整体制造业亦增长乏力，各月生产指数略大于90。分行业来看，纺织行业与服装行业均不景气，特别是服装行业。1—12月，服装行业生产指数由76.6震荡降低到76.1，而纺织行业生产指数在85下方波动。

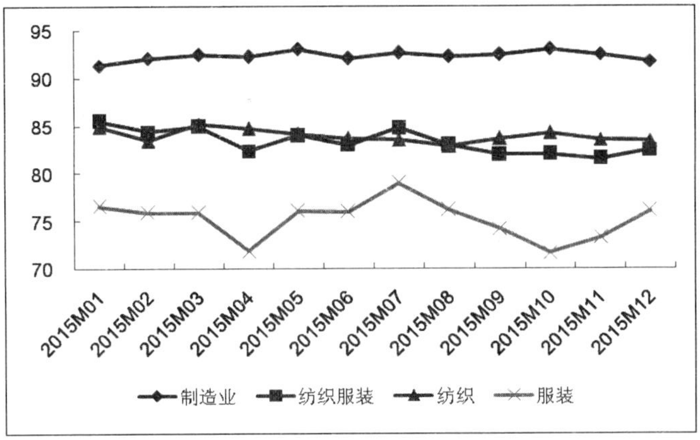

图1-2 2015年1—12月意大利纺织服装行业生产指数变化情况（2010=100）

资料来源：Eurostat，2016年1月。

从销售来看，意大利纺织服装销售明显好于2014年，同时表现好于整体制造业。1—12月，纺织服装工业销售收入指数整体不变，但各月略有波动，相比2014年，其中8个月份指数均高于2014年同期。但相比整体制造业，各月销售收入指数均高于制造业同期水平，其中制造业仍没有恢复至2010年的销售水平。分行业来看，虽然服装行业销售整体呈现震荡上升态势，但远不及纺织行业，纺织行业销售已恢复至2010年的水平，而服装行业仍未恢复至2010年水平。从销售目的地来看，国内销售依然延续不景气态势，而纺织服装国外销售已经超过2010年的生产水平，且显著好于2014年，销售收入指数达到129.4。

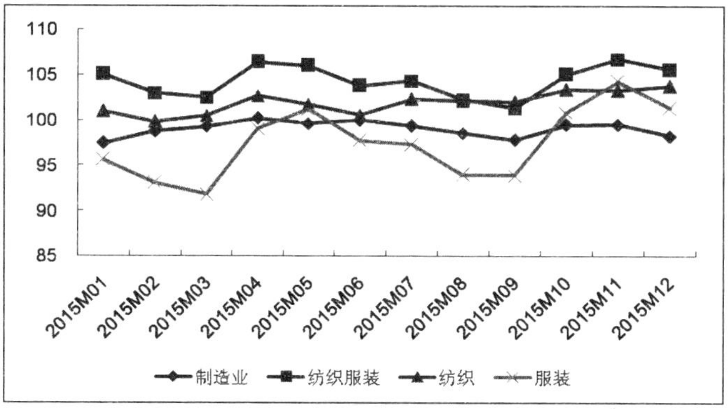

图1-3 2015年1—12月意大利纺织服装行业销售收入指数变化情况（2010=100）

资料来源：Eurostat，2016 年 1 月。

从价格来看，纺织服装价格变化不大，略好于 2014 年。1—12 月，纺织服装价格指数均为 109 左右，各月相比 2014 年同期均略有上升。分行业来看，纺织行业与服装行业价格走势与纺织服装工业价格走势相同，都表现为 2015 年各月变化不大，略高于 2014 年同期。

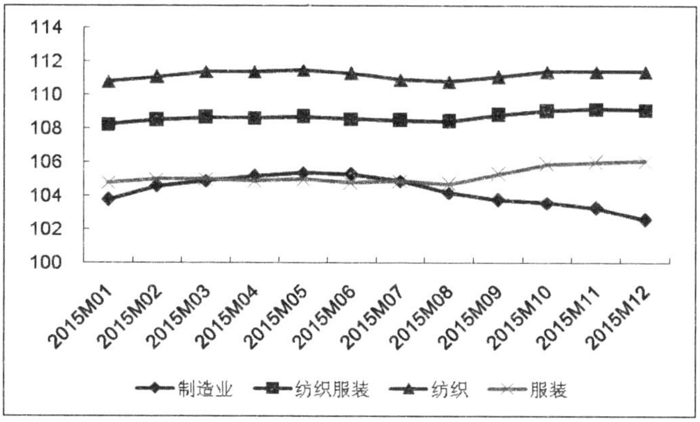

图1-4 2015年1—12月意大利纺织服装行业出厂价格指数变化情况（2010=100）

资料来源：Eurostat，2016 年 1 月。

2. 印度

纺织服装工业是印度的重要经济支柱，也是最大的出口创汇部门之一。目前，印度纺织行业就业人数 4500 万人，产值占工业总产值的 14%，增加值占 GDP 的 4%，出口约为总出口的 12%。

印度是全球重要的纺织、服装出口国家。2014 年，印度纺织、服装出口分别居全球第二位和第三位。纺织行业总出口 205.8 亿美元，其中前十大出口国或地区分别为美国、中国、阿联酋、孟加拉、德国、英国、斯里兰卡、意大利、法国、土耳其，累计份额为 59.3%。服装行业总出口 144.7 亿美元，其中前十大出口国或地区分别为美国、阿联酋、英国、德国、法国、西班牙、意大利、荷兰、丹麦、沙特阿拉伯，累计份额为 73.9%。

表 1–7　2014 年印度纺织行业出口情况

	出口（亿美元）	占总出口份额
美国	41.4	20.1%
中国	16.6	8.0%
阿联酋	15.1	7.4%
孟加拉	12.8	6.2%
德国	9.2	4.5%
英国	9.1	4.4%
斯里兰卡	5.0	2.4%
意大利	4.7	2.3%
法国	4.6	2.2%
土耳其	3.6	1.8%

资料来源：Comtrade，2016 年 1 月。

表 1–8 2014 年印度服装行业出口情况

	出口（亿美元）	占总出口份额
美国	30.8	21.3%
阿联酋	19.4	13.4%
英国	16.6	11.5%
德国	11.6	8.0%
法国	7.7	5.3%
西班牙	6.9	4.8%
意大利	4.8	3.3%
荷兰	4.0	2.8%
丹麦	2.7	1.8%
沙特阿拉伯	2.5	1.7%

资料来源：Comtrade，2016 年 1 月。

进入2015年,从生产来看,纱线增速加快,增速高于2013和2014年。2015年,纱线产量331.6万吨，相比2014年同期增长5%。其中，棉纱、混纺纱、化纤纱产量分别为243.6万吨、55.8万吨和32.2万吨，分别同比增长5%、5%和7%。

从价格来看，除棉花和传统纱线价格上升外，其他含化纤的混合纱多数呈下降趋势。1—12月，胶纱价格由225.4卢比/千克下降到224.8卢比/千克，尼龙棉花混纺纱由190卢比/千克降低到174卢比/千克，变形纱由105.2卢比/千克下降至92.8卢比/千克，而棉花由84.7卢比/千克上升到89.5卢比/千克。

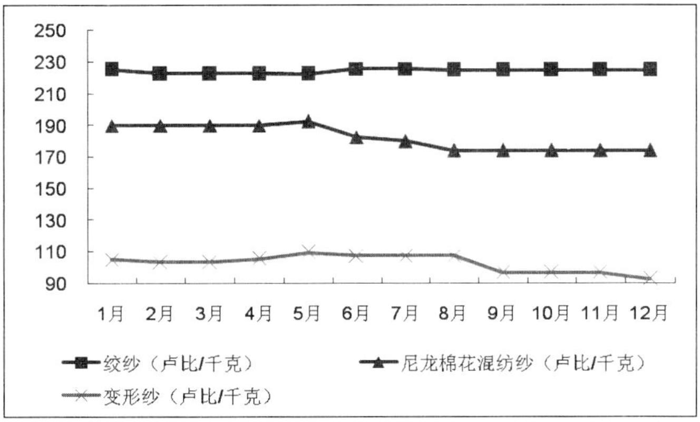

图1-5 2015年1—12月印度纺织服装行业出厂价格指数变化情况

资料来源：印度纺织部，2016年1月。

3. 越南

凭借着原料和劳动力成本优势，纺织行业与服装行业成为越南的传统优势出口部门。2014年，越南纺织行业总出口89.4亿美元，其中前十大出口国或地区分别为美国、中国、日本、韩国、柬埔寨、加拿大、土耳其、中国香港、德国、印度尼西亚，累计份额为79.1%。2014年，越南服装行业总出口159.3亿美元，其中前十大出口国或地区分别为美国、韩国、日本、德国、西班牙、英国、加拿大、荷兰、中国、比利时，累计份额为89.0%。

表1-9 2014年越南纺织行业出口情况

	出口（亿美元）	占总出口份额
美国	30.41	34.0%
中国	13.52	15.1%
日本	11.69	13.1%

	出口（亿美元）	占总出口份额
韩国	6.19	6.9%
柬埔寨	2.00	2.2%
加拿大	1.45	1.6%
土耳其	1.42	1.6%
中国香港	1.35	1.5%
德国	1.34	1.5%
印度尼西亚	1.32	1.5%

资料来源：Comtrade，2016 年 1 月。

表 1–10　2014 年越南服装行业出口情况

	出口（亿美元）	占总出口份额
美国	74.09	46.5%
韩国	18.53	11.6%
日本	18.21	11.4%
德国	7.00	4.4%
西班牙	6.39	4.0%
英国	5.23	3.3%
加拿大	3.92	2.5%
荷兰	3.41	2.1%
中国	3.27	2.1%
比利时	1.76	1.1%

资料来源：Comtrade，2016 年 1 月。

2015 年，越南经济快速增长，增速持续上升。GDP 同比增长 6.68%，高于 6.2% 的预期增长目标，实现了近四年的最高增速。

从生产来看，受益于经济快速增长，纺织服装工业以及整个制造业呈现出良好的增长态势。2015 年，纺织行业与服装行业产量分别同比增长 13.9% 和 5.6%。1—12 月，纺织行业生产指数从 121.7 上升到 146.2，服装行业生产指数从 152.0 上升到 180.4。与 2014 年相比，纺织与服装各月生产指数均高于 2014 年同期。与整体制造业相比，纺织行业生产指数高 3.2，而服装行业生产指数低 5.1。从主要产品来看，棉织品和化纤织物产量分别为 325.5MN m^2、661.9 MN m^2，相比

2014 年分别同比增长 3.7% 和 –4.3%，衣服产量 3208.4 百万件，同比增长 5.2%。生产的快速增长带动了就业增长。相比 2013 年，2014 年纺织品与服装的就业指数分别为 106.7 和 109.6。

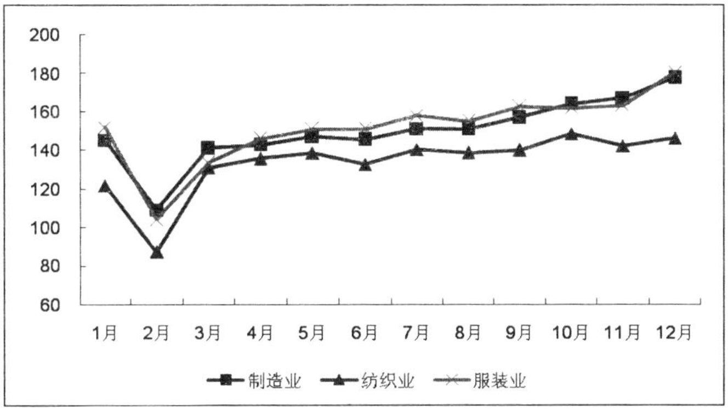

图1–6　2015年1—12月越南纺织服装行业生产指数变化情况（2010=100）

资料来源：越南统计局，2016 年 1 月。

但是，行业库存情况不容乐观，特别是服装行业。服装行业库存增长高于生产增长，反映出国内需求不足。相比 2014 年，2015 年纺织品与服装的消费指数分别为 101.3 和 104.4，库存指数分别为 111.7 和 120.0。

（二）食品工业

1. 法国

法国是欧盟第二大食品市场，其食品工业在制造业中的地位非常重要，特别是食品行业。2015 年，法国食品行业的企业数量、产值和就业人数分别为 57478 个、1375.6 亿欧元和 528674 人，分别占整体制造业的 26.8%、21.9% 和 20.6%。

表 1–11　2015 年法国食品工业经济指标

	制造业	食品	饮料
企业数量（个）	226372	57478	3125
销售收入（亿欧元）	8772.5	1547.0	281.2
产值（亿欧元）	7438.1	1375.6	252.0
就业人数（人）	2903732	528674	69626

资料来源：Eurostat，2016 年 1 月。

2014年，法国食品出口550.3亿美元，位居全球第四。从出口目的地来看，法国食品主要出口到发达国家，其中前十大出口国或地区分别为德国、英国、比利时、意大利、西班牙、美国、荷兰、中国、日本、瑞士，累计份额为68.2%。

表1-12　2014年法国食品行业出口情况

	出口（亿美元）	占总出口份额
德国	62.6	11.4%
英国	59.1	10.7%
比利时	57.3	10.4%
意大利	45.7	8.3%
西班牙	40.7	7.4%
美国	36.4	6.6%
荷兰	29.2	5.3%
中国	17.1	3.1%
日本	13.8	2.5%
瑞士	13.4	2.4%

资料来源：Comtrade，2016年1月。

2015年，受益于投资和出口快速增长拉动，法国经济持续上行，经济显著好于2014年同期。四个季度GDP增长率分别为0.9%、1.1%、1.1%和1.4%，出口分别增长5.7%、8.0%、6.1%和4.5%。

与宏观经济走势类似，食品工业缓慢复苏，但复苏迹象依然脆弱。从生产来看，法国食品工业生产整体呈平稳态势，但略好于制造业整体水平。与2014年相比，2015年食品工业略好于2014年，略超出2010年的生产水平。2015年1—12月，食品工业生产指数在100上小幅波动，除2、9和12月外，其他月份均略高于2014年同期。相比整体制造业，食品工业生产指数均高于整体制造业。食品和饮料生产情况均接近食品工业整体生产水平，但饮料生产情况相对好于食品。

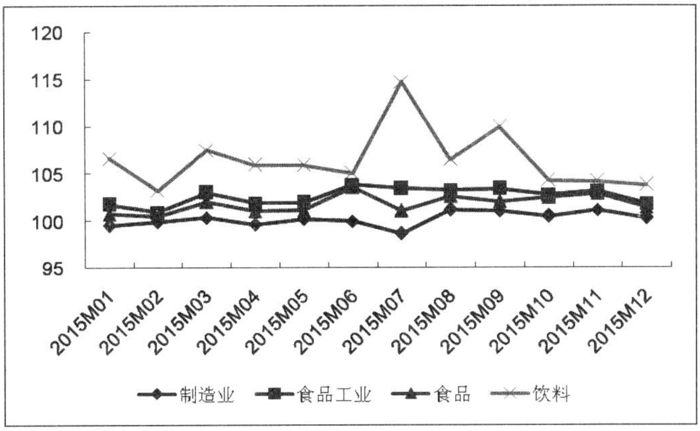

图1-7　2015年1—12月法国食品工业生产指数变化情况（2010=100）

资料来源：Eurostat，2016 年 1 月。

从销售来看，食品工业销售情况略好于 2014 年。2015 年 1—12 月，各月食品工业销售收入指数约为 115，多个月份销售收入指数均高于 2014 年同期。同样，食品工业销售情况显著好于整体制造业。分销售区域来看，国外销售情况显著好于国内销售，且好于 2014 年同期。

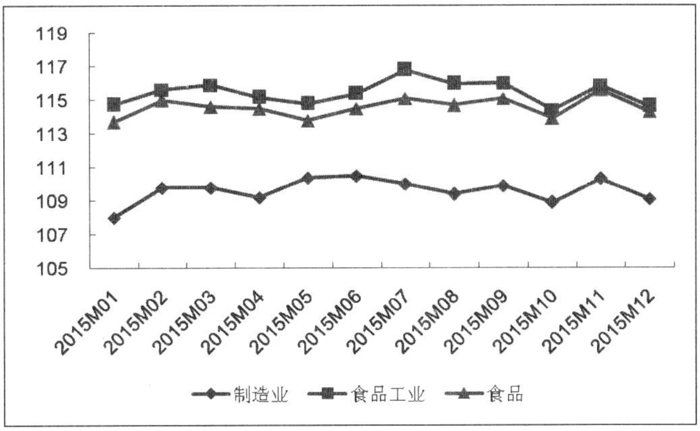

图1-8　2015年1—12月法国食品工业销售收入指数变化情况（2010=100）

资料来源：Eurostat，2016 年 1 月。

从价格走势来看，受需求疲软影响，全年价格较为稳定。2015 年 1—12 月，食品价格出厂价格指数在 109 左右小幅波动，整体呈平稳态势。食品与饮料价格走势相对分化，食品价格整体呈平稳态势，而饮料价格略有回升。

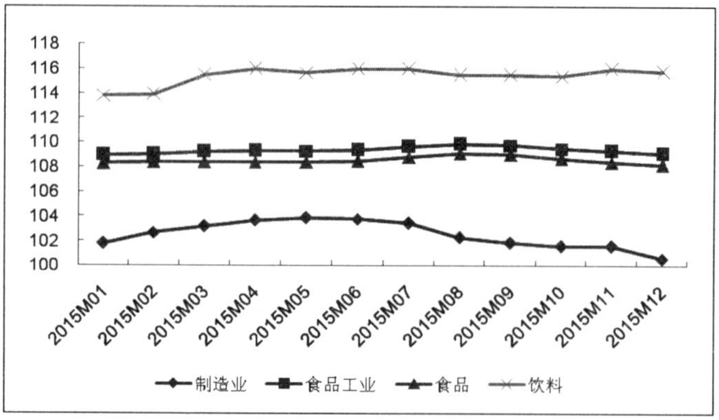

图1-9　2015年1—12月法国食品工业出厂价格指数变化情况（2010=100）

资料来源：Eurostat，2016 年 1 月。

2. 英国

食品工业是英国制造业中的重要部门，特别是食品行业。2015 年，英国食品行业的企业数量、产值和就业人数分别为 6889 个、850.7 亿欧元和 363788 人，分别占整体制造业的 5.4%、14.8% 和 14.9%。

表 1-13　2015 年英国食品工业经济指标

	制造业	食品	饮料
企业数量（个）	127943	6889	1341
销售收入（亿欧元）	6109.6	913.3	—
产值（亿欧元）	5757.5	850.7	—
就业人数（人）	2440974	363788	—

资料来源：Eurostat，2016 年 1 月。

从出口目的地来看，英国食品工业出口集中度较高，主要集中在欧盟内部的爱尔兰、法国、荷兰和德国四国。2014 年，英国食品工业总出口 281.9 亿美元，其中前十大出口国或地区分别为爱尔兰、法国、美国、荷兰、德国、西班牙、意大利、比利时、中国香港、中国，累计份额为 64.3%。

表 1–14　2014 年英国食品行业出口情况

	出口（亿美元）	占总出口份额
爱尔兰	50.2	17.8%
法国	29.0	10.3%
美国	27.5	9.7%
荷兰	20.1	7.1%
德国	18.6	6.6%
西班牙	10.0	3.6%
意大利	7.7	2.7%
比利时	7.5	2.7%
中国香港	5.8	2.1%
中国	4.7	1.7%

资料来源：Eurostat，2016 年 1 月。

2015 年，受投资严重放缓，英国经济恢复进程减慢，经济存在下行压力加大。四个季度 GDP 增长率分别为 2.6%、2.4%、2.1% 和 1.9%，投资增长率分别为 9.6%、0.8%、1.2% 和 1.5%。

食品工业生产整体放缓，价格亦延续下行态势。从生产来看，食品行业生产情况不如 2014 年。2015 年 1—12 月，食品行业生产指数震荡下行，从 105.5 下滑到 104.5，其中 7 个月份生产指数均低于 2014 年同期。与整体制造业相比，食品行业生产表现较好。相比制造业，除 4 月份外，各月食品行业生产指数均高于同期制造业。

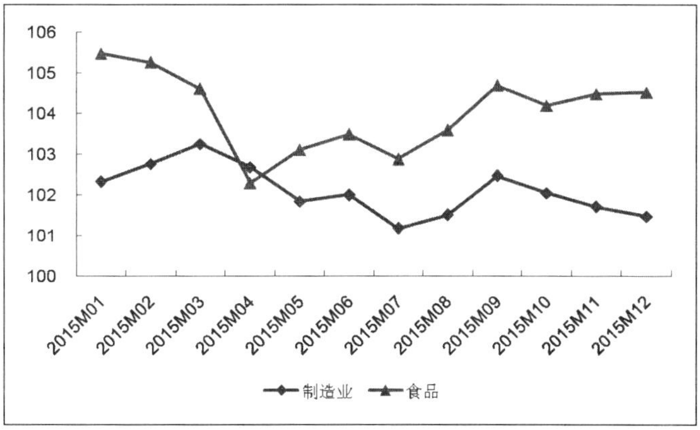

图1–10　2015年1—12月英国食品工业生产指数变化情况（2010=100）

资料来源：Eurostat，2016 年 1 月。

从价格来看，食品价格仍维持低位。2015 年 1—12 月，食品工业出厂价格指数持续走低，从 108.9 降低到 105.9，而且各月份价格指数均低于 2014 年同期。分产品来看，食品与饮料价格继续延续 2014 年的下行态势。2015 年 1—12 月，食品出厂价格指数从 109.1 降低到 107.1，饮料出厂价格指数从 105.4 降低到 101.1。

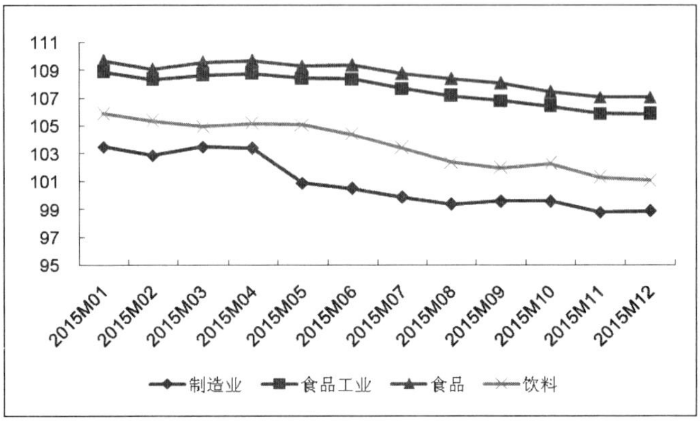

图1-11　2015年1—12月英国食品工业出厂价格指数变化情况（2010=100）

资料来源：Eurostat，2016 年 1 月。

（三）医药工业

1. 德国

德国是全球第三大、欧盟第一大医药市场，其中 2013 年医药市场规模为 551.6 亿美元。自欧元区经济危机以来，德国医药工业增速放缓。特别是 2013 年，国内通过延长药品价格控制的法案。根据该法案，拥有专利权的昂贵药品的价格仍将会维持在 2009 年水平，该项法案使部分医药企业收入和利润减少。

德国医药工业是制造业的重要经济部门，企业平均产值显著高于整体制造业。2015 年，德国医药企业 643 家，其中基本药物企业和制剂企业分别为 89 家和 554 家；产值 478.5 亿欧元，其中基本药物和制剂产值分别为 14.9 亿欧元和 463.6 亿欧元；就业 12.6 万人，其中基本药物和制剂就业人员分别为 6258 人和 11.9 万人。与整体制造业相比，医药企业数量占制造业 0.28%，但产值达到 2.47%，医药企业平均产值为整体制造业 9 倍。

表 1–15　2015 年德国医药工业经济指标

	制造业	医药工业	基本药物	制剂
企业数量（个）	202824	643	89	554
销售收入（亿欧元）	19758.3	478.5	14.9	463.6
产值（亿欧元）	17483.4	428.3	14.4	413.9
就业人数（人）	7061226	125662	6258	119404

资料来源：Eurostat，2016 年 1 月。

从行业结构来看，德国医药企业以小企业为主，市场竞争较为激烈。2012 年，德国企业 561 家，250 人以上的企业 84 家，仅占比 15.0%。但从产值来看，这 84 家就业人数 250 人以上的企业总产值占总产值比例达到 88.56%。主要医药企业包括勃林格殷格翰、默克集团、拜耳医药保健、Noxxon Pharma 等全球知名企业。

德国是全球第一大医药出口国，占全球总出口的 15% 左右。从出口目的地来看，凭借着产品质量优势，德国医药主要出口到发达国家。2014 年，德国医药总出口 825.7 亿美元，其中前十大出口国或地区分别为美国、荷兰、英国、瑞士、法国、比利时、意大利、日本、俄罗斯、西班牙，累计份额为 68.1%。

表 1–16　2014 年德国医药工业出口情况

	出口（亿美元）	占总出口份额
美国	139.7	16.9%
荷兰	85.9	10.4%
英国	81.5	9.9%
瑞士	56.0	6.8%
法国	47.2	5.7%
比利时	43.0	5.2%
意大利	33.0	4.0%
日本	26.6	3.2%
俄罗斯	25.3	3.1%
西班牙	23.7	2.9%

资料来源：Comtrade，2016 年 1 月。

2015 年，受制于居民消费支出和投资增速放缓，德国经济低速增长，略低于 2014 年同期。四个季度 GDP 增长率分别为 1.1%、1.6%、1.7% 和 1.3%，居民消费支出增长率分别为 2.0%、2.1%、2.1% 和 1.4%。

德国医药工业恢复加快，主要经济指标显著好于 2014 年。从生产来看，制药工业生产明显好于 2014 年。2015 年多个月份生产指数均高于 2014 年，特别是 5、6、7 三个月份，生产指数分别为 122.5、128.5 和 125.8，分别高于 2014 年同期 12.8、17.2 和 14.1 个百分点。与整体制造业相比，制药工业生产整体好于整体制造业，各月份生产指数均高于整体制造业。从制药工业的结构来看，制药工业生产增加的贡献主要来源于制剂部门，而基本药物部门生产不乐观，不仅没有恢复到 2010 年的生产水平，且低于 2014 年同期。

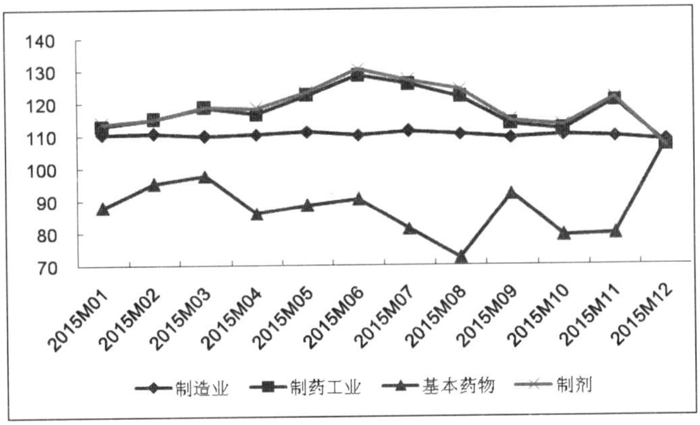

图1-12　2015年1—12月德国制药工业生产指数变化情况（2010=100）

资料来源：Eurostat，2016 年 1 月。

从销售来看，销售亦好于 2014 年。今年各月销售收入指数在 120 左右小幅波动，与 2014 年相比，多个月均高于 2014 年同期，特别是上半年显著高于 2014 年同期。与整体制造业相比，上半年制药工业销售好于整体制造业，但下半年销售收入指数均低于 2014 年同期。从制药工业的结构来看，与生产情况不同，制药工业销售增加的贡献主要来源于基本药物，而非制剂。与医药工业相比，基本药物销售收入指数除 11 月份外，其他各月均高于同期医药工业。与制剂相比，除 6 月份外，基本药物销售收入指数均高于同期制剂销售收入指数，特别是 4 月份和 12 月份，基本药物销售收入指数分别高于制剂 21.0 和 26.6 个百分点。从销售目的地来看，销售收入的增加主要来源于国外销售，而不是国内销售。与国内销售收入指数相比，国外销售收入指数各月明显高于国内，各月均高 30.0 左右。

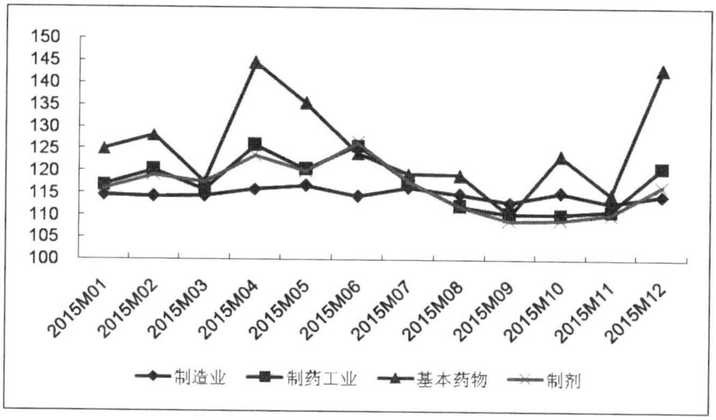

图1-13　2015年1—12月德国制药工业销售收入指数（2010=100）

资料来源：Eurostat，2016 年 1 月。

从就业和产品价格来看，就业情况和出厂价格亦好于 2014 年。与 2014 年相比，就业指数和出厂价格指数各月均高于 2014 年同期。分产品来看，基本药物出厂价格指数低于 2014 年，而制剂出厂价格指数高于 2014 年。

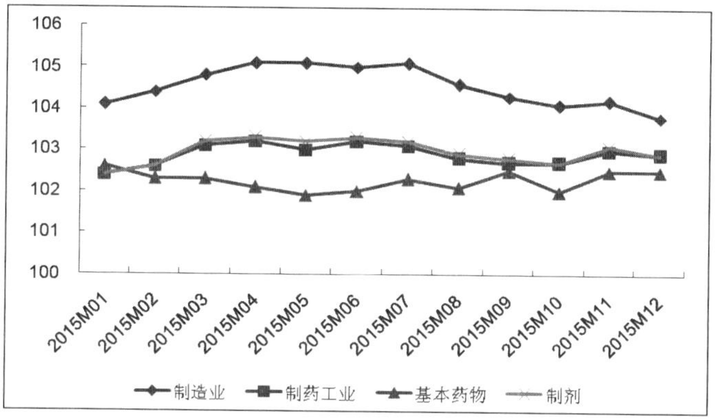

图1-14　2015年1—12月德国制药工业出厂价格指数（2010=100）

资料来源：Eurostat，2016 年 1 月。

2. 比利时

比利时是全球知名的制药产业技术中心和药品分销中心。国内大型药企主要为优时比制药（UCB）、欧米茄制药、杨森制药（1961 年已经并入美国强生集团，属于强生集团的全资子公司）等公司，此外，在比利时大量投资的大型跨国药企有百特、先灵葆雅、辉瑞制药、健赞制药、赛诺菲－安万特、罗氏制药、雅培公司以及葛兰素史克等大型跨国药企。

比利时是全球第三大医药出口国，仅次于德国和瑞士。与德国医药工业类似，比利时医药工业出口目的地亦主要为发达国家。2014 年，比利时医药工业总出口额为 558.9 亿美元，其中出口前十位国家分别为美国、法国、德国、英国、意大利、荷兰、西班牙、日本、俄罗斯、加拿大，占总出口额的 72.3%。

表 1–17　2014 年比利时医药工业出口情况

	出口（亿美元）	占总出口份额
美国	91.2	16.3%
法国	80.7	14.4%
德国	69.2	12.4%
英国	53.3	9.5%
意大利	40.7	7.3%
荷兰	15.3	2.7%
西班牙	15.2	2.7%
日本	14.5	2.6%
俄罗斯	12.6	2.3%
加拿大	11.2	2.0%

资料来源：Comtrade，2016 年 1 月。

目前，医药工业产值和就业人数均为整体制造业的 4% 左右。从市场结构和企业结构来看，比利时医药企业以中小企业为主，大企业垄断了医药市场，其中制剂为医药工业的主要产品。2015 年，比利时医药工业企业 115 家，超过 250 人企业 9 家，这 9 家企业产值占整个行业产值的 93.45%。分产品来看，整体制剂企业生产效率显著高于基本药物生产企业。

表 1–18　2015 年比利时医药工业经济指标

	制造业	医药工业	基本药物	制剂
企业数量（个）	33468	115	30	85
销售收入（亿欧元）	2672.7	126.7	1.0	125.6
产值（亿欧元）	2536.2	151.4	1.0	150.4
就业人数（人）	481964	22779	491	22288

资料来源：Eurostat，2016 年 1 月。

2015年，受政府支出和投资不振因素影响，比利时经济增长接近停滞，整体低于2014年同期，四个季度GDP增长率分别为1.3%、1.5%、1.3%和1.4%。

从生产来看，医药工业增速大幅波动，情况显著不如2014年。2015年1—12月，医药工业生产指数整体呈下降态势，由1月份的151.1下降到12月份的145.6。相比2014年，多个月份生产指数低于2014年同期，特别是2月份和7月份，指数分别低于2014年同期41.1个和48.0个百分点。与整体制造业相比，医药工业增长迅速，在制造业的地位进一步提升。各月医药工业生产指数均高于整体制造业，尤其是下半年，医药工业增速优势尤为明显。

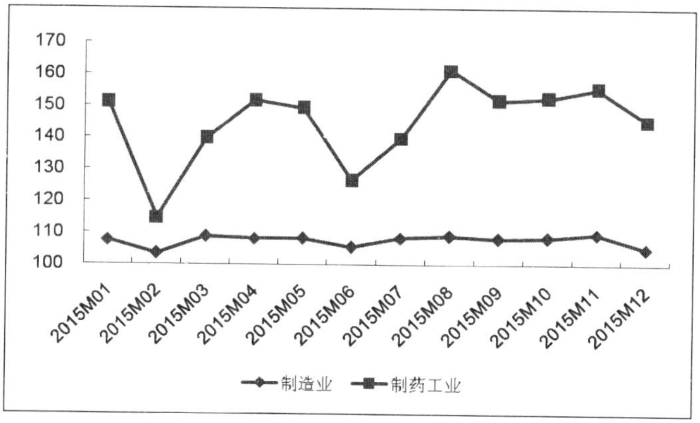

图1-15　2015年1—12月比利时制药工业生产指数（2010=100）

资料来源：Eurostat，2016年1月。

从销售来看，医药销售稳步增加，情况亦显著好于2014年。2015年1—11月，医药销售收入指数由158.6稳步上涨到162.0。相比2014年各个月份销售收入指数均高于2014年同期，特别是1月和9月，销售收入指数分别高于2014年同期均接近60。与整体制造业相比，医药销售呈现良好态势，全年各个月份各月销售收入指数均高于同期整体制造业。

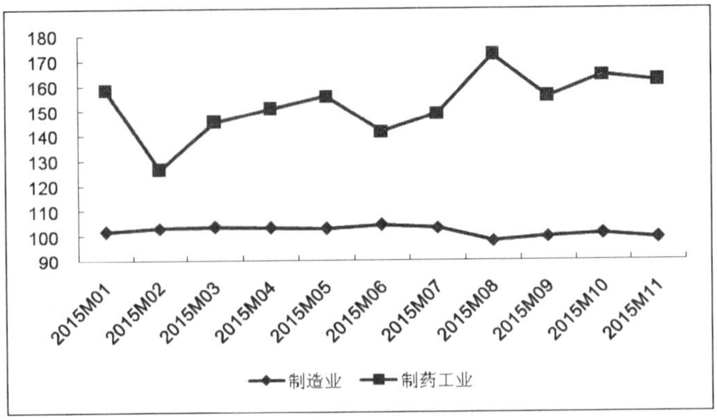

图1-16　2015年1—12月比利时制药工业销售收入指数（2010=100）

资料来源：Eurostat，2016 年 1 月。

从出厂价格来看，由于专利到期和成本控制措施因素，医药价格逐渐平稳。2015 年 1—12 月，医药出厂价格指数整体平稳在 105.6。与 2014 年相比，今年药品价格整体高于 2014 年同期，且已经恢复至 2010 年的价格水平。与整体制造业相比，医药工业销售情况显著高于整体制造业，而制造业销售收入指数整体未恢复到 2010 年水平。

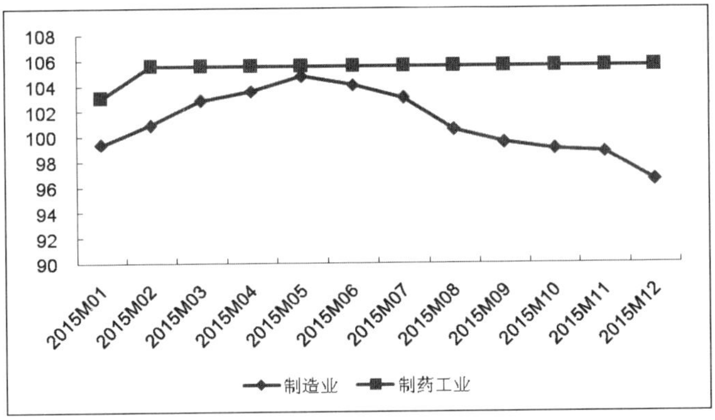

图1-17　2015年1—12月比利时制药工业出厂价格指数

资料来源：Eurostat，2016 年 1 月。

第二章　2015年中国消费品工业发展状况

2015年是我国消费品工业发展形势较为严峻的一年，生产增速持续回落，出口交货值增速大幅下滑，内需增长明显不足。因此，仍需从财税政策、结构调整、扩大内需、优化出口环境等方面加大政策支持，推进供给侧结构改革，促进我国消费品工业持续平稳健康发展。

第一节　发展状况

一、运行情况

（一）生产增速整体放缓

2015年1—12月，消费品工业增加值增速整体呈明显的下滑态势，轻工、医药和纺织三大行业工业增加值增速分别为6.4%、9.8%和6.3%，分别较2014年同期下降1.8、2.7和0.7个百分点。从各子行业看，除了酒、饮料和精制茶与化学纤维制造业外，其他行业均出现不同程度的下滑，其中，农副食品加工和纺织服装服饰行业下滑最为明显，分别较2014年同期下降2.2和2.8个百分点。

表2-1　2015年1—12月主要消费品行业工业增加值增速

行业	2013年1—12月	2014年1—12月	2015年1—12月
工业	9.7%	8.3%	6.1%
轻工	9.9%	8.2%	6.4%
农副食品加工	9.4%	7.7%	5.5%
食品制造	10.0%	8.6%	7.5%

（续表）

行业	2013年1—12月	2014年1—12月	2015年1—12月
酒、饮料和精制茶	10.2%	6.5%	7.7%
造纸及纸制品	8.4%	6.5%	5.3%
医药	12.7%	12.5%	9.8%
纺织	8.3%	7.0%	6.3%
纺织业	8.7%	6.7%	7.0%
纺织服装、服饰	7.2%	7.2%	4.4%
化学纤维	10.3%	8.5%	11.2%

资料来源：国家统计局，2016 年 1 月。

（二）出口增速下滑明显

2015 年 1—12 月，消费品工业除医药和轻工的部分行业外，出口交货值增速整体呈现下滑态势，大部分行业出口三年来首次呈现负增长，消费品工业出口形势不容乐观。与工业整体水平相比，三大行业中，纺织行业出口交货值增速下滑最为明显，增速低于工业整体水平，医药工业出口形势相对较好。值得关注的是，子行业中，家具、印刷、皮革制造业的出口交货值增速势头较好，其他行业均呈现不同程度的下滑。其中，下滑最为明显的行业是文教体育用品、化学纤维、造纸等行业，三大行业出口交货值增速分别为 –10%、–8.8% 和 –6.7%，远低于 2014 年的同期水平。

表 2–2　2015 年 1—12 月主要消费品行业出口交货值同比增速

行业	2013年1—12月	2014年1—12月	2015年1—12月
工业	5.0%	6.4%	–1.8%
轻工	5.8%	7.2%	–1.4%
农副食品加工业	8.8%	4.4%	–1.8%
食品制造	8.7%	4.5%	1.1%
酒、饮料和精制茶	5.2%	5.0%	–1.9%
皮革、毛皮、羽毛及其制品和制鞋业	5.8%	5.7%	3.4%
家具制造业	6.9%	4.9%	5.0%
造纸及纸制品	4.1%	4.0%	–6.7%

（续表）

行业	2013年1—12月	2014年1—12月	2015年1—12月
印刷和记录媒介复制业	–0.7%	8.2%	6.8%
文教、工美、体育用品	5.8%	18.6%	–10%
家用电器	6.3%	5.4%	0.8%
医药	6.0%	6.4%	4.6%
纺织	7.2%	2.2%	–2.3%
纺织业	7.3%	1.0%	–3.9%
服装、鞋、帽制造业	7.4%	3.0%	–0.4%
化学纤维	4.0%	3.1%	–8.8%

资料来源：国家统计局，2016 年 1 月。

（三）固定资产投资增速有所放缓

2015 年 1—12 月，我国消费品各行业投资增速有所放缓。1—12 月，除纺织业、纺织服装服饰、文教工美体育和娱乐用品制造业外，其他行业固定资产投资较 2014 年同期有明显下滑，其中，下滑最为明显是农副食品加工、食品制造、酒、饮料和精制茶、造纸及纸制品以及家具等行业，分别较 2014 年同期下降了 11 个、7.6 个、12.5 个、6 个和 9.4 个百分点。

表 2–3　2015 年 1—12 月主要消费品行业固定资产投资增速

行业	2013年1—12月	2014年1—12月	2015年1—12月
农副食品加工	26.5%	18.7%	7.7%
食品制造业	20.7%	22.0%	14.4%
酒、饮料和精制茶	30.4%	16.9%	4.4%
纺织业	18.3%	12.4%	12.8%
纺织服装、服饰	23.6%	19.2%	22%
皮革、毛皮、羽毛及制鞋业	30.3%	15.6%	10%
家具制造业	27.2%	27.1%	17.7%
造纸及纸制品	18.8%	6.4%	0.4%
印刷和记录媒介复制业	22.0%	26.8%	15.1%
文教、工美、体育和娱乐用品	24.1%	26.9%	29.7%
医药制造业	26.5%	15.1%	11.9%

资料来源：国家统计局，2016 年 1 月。

（四）内需增长有所放缓

2015 年，受国民经济下行压力加大和工资收入增长放缓影响，内需增速依然回落。消费需求方面，消费者信心指数基本稳定，2015 年 3—10 月，我国居民消费信心指数和消费满意指数同比增长均为正增长，11 和 12 月份消费信心指数有所下降，12 月居民消费信心指数为 103.7，较 2014 年同期下降了 1.98%。从社会消费品零售额看，2015 年以来我国全社会消费品零售总额同比增速比较稳定，1—12 月，我国社会消费品零售总额 30.1 万亿元，同比增长 10.7%，低于 2014 年同期 1.3 个百分点。

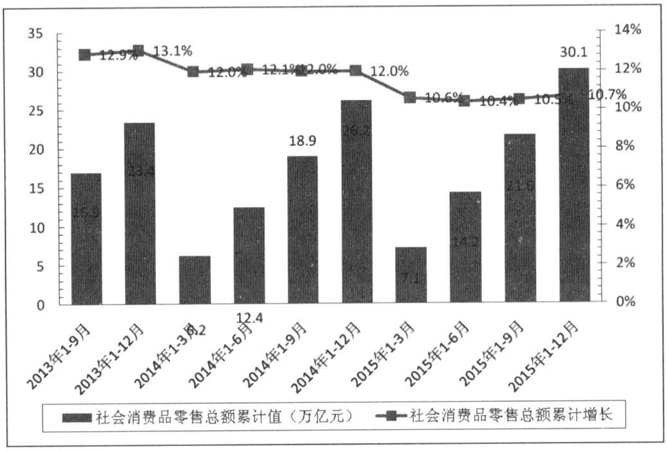

图2-1　2013—2015年全社会消费品零售总额累计同比增速

资料来源：国家统计局，2016 年 1 月。

二、经济效益情况

（一）盈利能力分析

2015 年 1—12 月，消费品工业累计实现主营业务收入 335096.8 亿元，利润总额达到了 22780.6 亿元。

表 2-4　2015 年 1—12 月消费品工业盈利能力

	主营业务收入（亿元）	主营业务收入同比增速	利润总额（亿元）	利润总额同比增速
轻工	230674.3	4.6%	14913.1	7.7%
烟草	9350.8	5.5%	1220.6	-1.4%

（续表）

	主营业务收入（亿元）	主营业务收入同比增速	利润总额（亿元）	利润总额同比增速
医药	25537.1	9.1%	2859.9	12.2%
纺织	69534.6	5.0%	3787.0	5.4%

资料来源：国家统计局，2016 年 1 月。

就子行业来看，2015 年 1—12 月，轻工行业企业实现主营业务收入为 230674.3 亿元，同比增长 4.6%，利润总额为 14913.1 亿元，同比增长 7.7%；烟草行业企业实现主营业务收入为 9350.8 亿元，同比增长 5.5%，利润总额为 1220.6 亿元，同比下降 1.4%。医药行业企业实现主营业务收入为 25537.1 亿元，同比增长 9.1%，利润总额为 2859.9 亿元，同比增长 12.2%；纺织行业企业实现主营业务收入为 69534.6 亿元，同比增长 5.0%，利润总额为 3787 亿元，同比增长 5.4%；其中，医药行业企业在主营业务收入增速和利润总额增速方面的表现要优于其他行业企业，相比之下，烟草行业利润增速不理想。

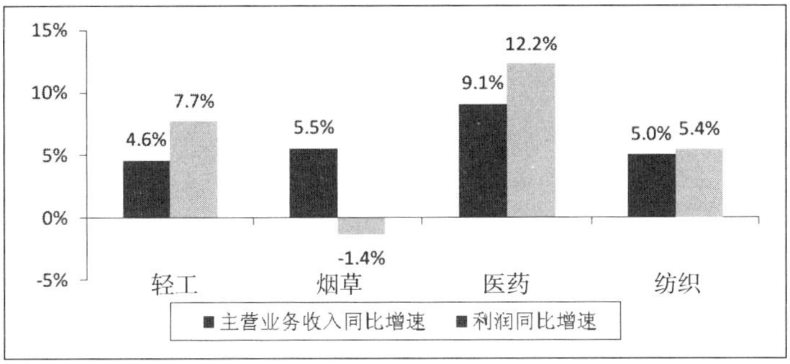

图2-2　2015年1—12月消费品工业主营业务收入和利润总额增长率及其变化

资料来源：国家统计局，2016 年 1 月。

（二）偿债能力分析

1. 资产负债率略有下降

2015 年 1—12 月，我国消费品工业资产合计为 227422.5 亿元，负债合计 110039.4 亿元，资产负债率为 48.4%，较 2014 年同期下降 1.1 个百分点。消费品工业整体总资产与总负债同比增速大致相同，资产负债率比较稳定，说明我国消费品工业长期偿债能力保持稳定。

就各行业来看，轻工行业资产合计为149498.7亿元，负债合计74531.3亿元，资产负债率为49.9%；纺织行业资产合计为44221.2亿元，负债合计23074.2亿元，资产负债率为52.2%；医药制造行业资产合计为24545.4亿元，负债合计10122.7亿元，资产负债率为41.2%；烟草行业资产合计为9157.2亿元，负债合计2311.2亿元，资产负债率为25.2%。

表2-5　2015年1—12月主要消费品行业资产负债率情况

行业	资产合计（亿元）	负债合计（亿元）	资产负债率
轻工	149498.7	74531.3	49.9%
烟草	9157.2	2311.2	25.2%
医药	24545.4	10122.7	41.2%
纺织	44221.2	23074.2	52.2%

资料来源：国家统计局，2016年1月。

2. 亏损程度依然严重

2015年1—12月份，我国消费品工业累计共有16140户企业发生亏损，亏损企业占企业总数（154432户）的比重（亏损面）为10.4%，较2014年同期增长了0.4个百分点；亏损企业累计亏损额为1028.7亿元，亏损深度为4.6%，较2014年（4.8%）下降了0.2个百分点。

就各子行业看，2015年1—12月，轻工行业累计企业个数为109151家，其中亏损企业个数达11074家，亏损面为10.1%，较2014年同期增加了0.4个百分点。亏损总额达757.5亿元，亏损深度为5.1%，较2014年同期下降了0.2个百分点；烟草行业累计企业个数为129家，其中亏损企业个数达11家，亏损面为8.5%，较2014年同期下降了0.7个百分点。亏损总额达1.6亿元，亏损深度为0.1%，较2014年同期水平持平；医药行业累计企业个数为7116家，其中亏损企业个数达742家，亏损面为10.4%，较2014年同期上升了0.7个百分点，亏损总额达85.5亿元，亏损深度为3.3%，较2014年同期增加了0.2个百分点；纺织行业累计企业个数为38036家，其中亏损企业个数达4313家，亏损面为11.3%，较2014年同期下降了0.2个百分点，亏损总额达184.1亿元，亏损深度为4.9%，较2014年同期降低了0.8个百分点。由此可见，由于独特的行业属性，烟草行业中亏损的情况比较少见，亏损的程度并不深，受各种经济环境影响，子行业中纺织行业和轻工行业的亏损情况相对严重，纺织行业亏损情况较 2014 年有所缓解。

表 2-6　2015 年 1—12 月消费品工业及主要行业亏损企业亏损情况比较

行业	企业数（户）	亏损企业数（户）	亏损面	利润总额（亿元）	亏损总额（亿元）	亏损深度
轻工	109151	11074	10.1%	14913.1	757.5	5.1%
烟草	129	11	8.5%	1220.6	1.6	0.1%
医药	7116	742	10.4%	2627.3	85.5	3.3%
纺织	38036	4313	11.3%	3787.0	184.1	4.9%

资料来源：国家统计局，2016 年 1 月。

（三）营运能力分析

1. 资金利用效率较低

2015 年 1—12 月，消费品工业主营业务收入得到较快增长，累计实现 335096.8 亿元，同比增长 4.5%。在主营业务收入较快增长的同时，消费品工业的应收账款增速也明显增长。1—12 月份，消费品工业应收账款 26403.5 亿元，同比增长 8.7%。可见，虽然主营业务收入增速实现较快增长，但增速低于应收账款增速 4.2 个百分点，说明消费品工业资金利用效率有所下降。

就各子行业看，2015 年 1—12 月，医药行业主营业务收入同比增速最高，为 9.1%，居各子行业之首；轻工行业主营业务收入同比增速最低，为 4.6%。从应收账款看，烟草和医药行业应收账款同比增速较大，分别达到 78.9% 和 11.3%。四大行业应收账款同比增长均高于主营业务收入的增长，表明行业资金利用率较低。

表 2-7　2013—2015 年消费品工业主要行业应收账款、主营业务收入情况

行业	2013年		2014年		2015年	
	主营业务收入同比增长	应收账款同比增长	主营业务收入同比增长	应收账款同比增长	主营业务收入同比增长	应收账款同比增长
轻工	13.6%	13.6%	8.7%	10.0%	4.6%	8.1%
烟草	9.6%	8.7%	7.4%	–10.8%	5.5%	78.9%
医药	17.9%	20.1%	13.1%	15.3%	9.1%	11.3%
纺织	11.6%	8.5%	6.9%	7.5%	5.0%	5.4%

资料来源：国家统计局，2016 年 1 月。

2. 存货压力明显减小

就存货来看，2015 年 1—12 月，消费品工业存货总量为 32733.9 亿元，同比增长 2.9%，库存压力较 2014 年同期下降 5.8 个百分点。其中，轻工行业存货为 19329.3 亿元，同比增长 1.1%；纺织行业存货为 6333.7 亿元，同比增长 2.6%；医药行业存货为 2784.9 亿元，同比增长 7.2%；烟草行业存货为 4286 亿元，同比增长 10.5%。四大行业存货同比增速均低于 2014 年同期水平，其中，医药工业存货压力较 2014 年明显减小。

表 2-8　2013—2015 年消费品工业存货情况

行业	2013年		2014年		2015年	
	存货（亿元）	同比增长	存货（亿元）	同比增长	存货（亿元）	同比增长
轻工	17492.7	10.0%	18945.9	7.2%	19329.3	1.1%
烟草	3360.3	24.4%	3867.5	14.9%	4286	10.5%
医药	2423.8	13.4%	2811.2	14.8%	2784.9	7.2%
纺织	6082.0	8.3%	6183.2	2.9%	6333.7	2.6%

资料来源：国家统计局，2016 年 1 月。

（四）成长能力分析

1. 所有者权益增长放缓

2015 年，消费品工业及各主要行业所有者权益增速放缓。2015 年 1—12 月，消费品工业累计所有者权益达到 117383.1 亿元，同比增速为 9.4%，较 2014 年同期下降了 5.5 个百分点。这表明，消费品工业的增长态势较 2014 年有所放缓。分行业来看，2015 年 1—12 月，轻工行业所有者权益为 74967.4 亿元，同比增长 10.7%，较 2014 年同期下降了 4.4 个百分点；纺织行业所有者权益为 21147 亿元，同比增长 7.1%，较 2014 年同期下降了 7.5 个百分点；医药行业所有者权益为 14422.7 亿元，同比增长 7.8%，较 2014 年同期下降了 10.2 个百分点；烟草行业所有者权益为 6846 亿元，同比增长 5.6%，较 2014 年同期下降了 3.1 个百分点。

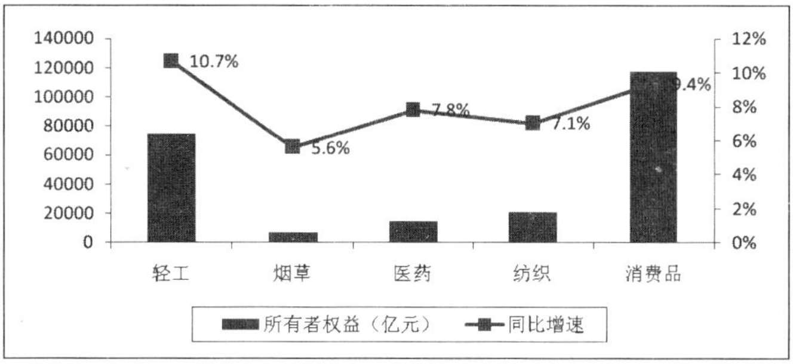

图2-3　2015年消费品工业主要行业所有者权益情况

资料来源：国家统计局，2016 年 1 月。

2. 从业人员增速平稳

消费品工业是国民经济和社会发展的战略性、民生性、支柱性产业，涵盖了轻工、纺织、食品、医药等工业门类，产业关联度和资源配置效率极高，且多是传统产业，行业门类多、进入门槛低、产能规模大、企业数量多、产业链长、市场竞争激烈，属于较为典型的劳动密集型行业。2015 年 1—12 月，我国消费品工业全部从业人员增速平稳，表明消费品工业的就业贡献能力较强。由于纺织行业和烟草行业分别属于传统劳动密集型行业和管制型行业，吸纳就业人员的能力相对饱和有限，而轻工行业和医药行业中的新兴领域则能提供相对更多的就业岗位。

第二节　存在问题

一、经济发展下行压力加大，企业发展形势严峻

2016 年，我国经济发展下行压力将持续增大，消费品工业企业发展形势更加严峻。一是要素供给约束不断加大。2016 年，用工成本持续上涨、物流成本不断攀升、信贷成本居高不下的问题仍将延续，长期以来支撑我国消费品工业快速发展的要素优势将继续被稀释。截至 2015 年 9 月，全国已有 14 个地区再次上调最低工资标准，劳动力成本的持续上涨使得劳动密集型的消费品工业发展压力持续不减。二是企业节能减排和环境保护压力进一步加大。随着人们环保意识的增强和新环保法的深入实施，造纸、皮革、印染、原料药制造等环境敏感型的消费品工业企业节能减排压力持续增大，企业节能减排改造中依然面临着投资大、

融资难、回报周期长等问题。三是随着药品价格放开和新版 GMP 认证大限将至，医药企业重新洗牌不可避免。2015 年 5 月 5 日，国家发改委、卫计委等七部门联合发布《推进药品价格改革的意见》，标志着药品价格正式放开。此外，医药企业新版GMP改造将于2015年12月31日截止。2016年这些政策效果将持续发酵，势必对产业发展带来一系列重大影响。

二、出口环境有所改善，但出口形势并不乐观

进入 2016 年，随着全球经济回暖以及我国与周边国家和地区一系列战略合作的推进将给消费品工业出口带来契机。“一带一路”战略的深入实施，《中国—韩国自由贸易协定》和《中国—澳大利亚自由贸易协定》的签署，孟中印缅、中巴经济走廊建设等战略的推进落实，都将给外贸增长带来动力。但与此同时，我国消费品工业出口面临的形势并不乐观。一是进入 2016 年，欧盟、美国、日本等发达国家和地区迫于国内经济、政治和就业压力，将进一步加大对国内劳动密集型产业的保护，这对我国消费品工业企业的出口极为不利。商务部数据显示，仅 2015 年上半年，我国就遭遇 14 个国家和地区 37 起贸易救济调查，其中轻工业是重灾区。二是随着我国劳动力、原料成本优势的丧失，纺织、轻工等劳动密集型企业逐步向东南亚、南亚等具备劳动力和成本优势的国家和地区转移，我国消费品出口将面临更为激烈的国际竞争。

三、内需动力不足，消费增长乏力

进入 2016 年，我国消费品工业依然面临着内需不足，消费增长乏力的问题。一是宏观经济下行制约了投资增速回暖，企业家信心明显不足。2015 年第 3 季度，我国 GDP 增速下降至 6.9%，同期企业家信心指数和企业景气指数分别跌至 50.5 和 49.4，较第 2 季度分别下跌了 7.8 和 2.4。进入 2016 年，伴随着经济下行压力的持续，这一趋势或将延续。二是消费需求增长动力不足。受经济下行和收入增长的制约，2015 年前三季度，我国消费者信心指数、消费者预期指数和消费者满意指数同比增速回落，消费需求的内在动力明显不足，尤其是中高端白酒、烟草、保健品等消费继续大幅下滑，2016 年这一基本面将难以逆转。三是国家流动性整体偏紧，消费品工业企业融资难问题依然存在。2015 年 10 月，中国人民银行再次下调金融机构人民币存贷款基准利率和存款准备金率，以增加流动性，但在现有融资环境下，消费品工业企业融资难问题仍将延续。

第三节　对策建议

一、加强财税政策扶持力度

一是保证目标价格补贴制度落到实处。严格按照要求，保证国家有关东北及内蒙古大豆、新疆棉花目标价格补贴试点政策落到实处，加强政策落实情况跟踪，并积极研究目标价格试点扩展到全国。二是深入推进农业信贷担保体系建设，落实《关于财政支持农业信贷担保体系的指导意见》，建立由财政支持的农业信贷担保体系，引导推动金融资本进入农业，进一步放大财政支农政策效应，解决农业“融资难、融资贵”的问题。三是扩大“营改增”试点地区和行业范围，切实解决消费品企业原料进项税额难以抵扣的问题。四是保证小微企业政策和减负工作落到实处。严格执行财政部《关于进一步扩大小型微利企业所得税优惠政策范围的通知》，对年应纳税所得额在 20 万—30 万元（含 30 万元）的小型微利企业，其所得减按 50% 计入应纳税所得额，按 20% 的税率缴纳企业所得税。五是规范排污权出让收入管理，落实执行《排污权出让收入管理暂行办法》，建立健全环境资源有偿使用制度，发挥市场机制作用促进污染物减排。六是加强劳动力成本上涨对企业负担的影响研究，建立劳动力成本上涨与税收调节的联动机制，缓解劳动力成本上涨对企业发展的消极影响。

二、深入推进产业结构调整

一是紧抓京津冀一体化、丝绸之路经济带、长江经济带等区域经济发展的有利时机，有序推进消费品工业产业转移和区域经济协同发展。优化产业布局，持续推进纺织、食品等劳动密集型企业向中西部地区转移。二是进一步淘汰落后产能，推进节能减排和清洁生产，鼓励优势企业跨地区、跨行业兼并重组，提高行业集中度。深入推进造纸、制革、印染、化纤、铅蓄电池等环境敏感型企业节能减排改造和淘汰落后产能工作。三是继续推进医药企业新版 GMP 改造，进一步梳理总结医药企业 GMP 改造完成情况，加大对新版 GMP 改造的引导和支持，积极协调金融机构增加对医药企业实施新版 GMP 的金融支持，缓解企业资金压力。

三、促进内需稳定增长

一是贯彻落实消费金融公司试点推广，鼓励有条件的企业、国内外银行机构及民间资本设立消费金融公司，释放消费潜力，促进消费升级。二是深入挖掘消费增长潜力，以新型城镇化建设为契机，推进农村商品和服务消费。增强信贷对农村消费的支持力度，扩大信贷规模，简化贷款流程，延长贷款时限。三是借力电子商务新业态，鼓励发展面向健康型、改善型、便捷型的精细化消费和个性化消费，促进消费结构转型升级，释放新的消费需求。四是推进品牌建设和提升工程，发挥企业品牌建设主体作用，加大品牌宣传力度，推进食品、纺织和轻工产品自主品牌建设，刺激消费需求释放。五是深化社会保障制度改革，推进医药卫生体制改革，加快推进公立医院改革，改进医保支付方式，健全网络化城乡基层医疗卫生服务运行机制。

四、进一步优化出口环境

一是加强区域贸易合作，加快推进“一带一路”、中蒙俄经济走廊、孟中印缅、中巴经济走廊建设，积极开拓新兴经济体市场。加快中日韩自贸协定、中国—挪威自贸协定、中国—海合会自贸协定谈判，结合我国消费品工业发展现状，制定科学合理的贸易规则，减少贸易摩擦，扩大进出口贸易。二是加大对出口企业的金融支持，降低企业出口相关的行政事业性收费，鼓励和支持有条件的纺织、轻工企业“走出去”，规避贸易壁垒，减少摩擦。三是积极应对贸易摩擦，引导行业协会和企业解决贸易争端，维护企业合法权益。规范进出口经营秩序，引导和支持企业积极应对反倾销、反补贴调查，增强贸易救济能力。四是深入推进跨境贸易人民币结算。提高跨境贸易人民币结算便利化水平，扩大结算规模，降低企业因汇率变动带来的风险。

行 业 篇

第三章　纺织工业

第一节　发展情况

一、运行情况

（一）生产增速趋缓，化纤行业表现突出

2015 年，纺织工业增加值累计增长 6.3%，较之上年同期下降 0.7 个百分点；占全国比重为 5.9%，较之上年同期增加 0.2 个百分点。总体来看，纺织工业仍面临严峻的下行压力。分行业看，纺织工业增速放缓主要受累于纺织服装服饰业下滑，仅同比增长 4.4%，增速与上年同期相比下降 38.9%。而纺织业、化学纤维制造业增加值分别同比增长 7% 和 11.2%，增速较之上年同期分别提高 4.5% 和 31.8%。

表 3–1　2015 年纺织工业增加值累计增速与上年之比

行业	3月	6月	9月	12月
纺织工业	91.8%	90.7%	91.7%	90.0%
其中：纺织业	100.0%	102.9%	110.8%	104.5%
纺织服装服饰业	71.8%	60.7%	59.5%	61.1%
化学纤维制造业	148.5%	150.0%	140.5%	131.8%

注：2014 年均为正增长。

资料来源：国家统计局，2016 年 1 月。

从产量层面看，2015 年纺织工业主要大类产品产量保持增长态势，但增幅明显收窄，部分产品产量出现负增长。与上年同期相比，除布、毛机织物、无纺

布、化学纤维等产品外，其余产品产量增速均出现不同程度的下滑。需要指出的是，由于工业用纺织品出口和内需市场的快速增长，行业投资热情高涨，支持产品生产增长的动力强劲，无纺布产量增速明显高于其他产品，达到14.6%。化学纤维行业也在经历深度调整的阵痛之后出现向好势头，产量增速达到12.5%。

表3-2　2015年纺织工业主要产品产量累计增速与上年之差

产 品	3月	6月	9月	12月
纱	–2.2%	–5.9%	–3.3%	–0.9%
布	1.4%	0.6%	0.6%	3.6%
印染布	–8.8%	–10.3%	–14.3%	—
绒线	1.1%	–6.4%	–3.7%	—
毛机织物	4.5%	–2.4%	–2.7%	—
无纺布	6.2%	1.7%	10.4%	—
服装	0.9%	–2.5%	–1.8%	—
化学纤维	7.1%	4.2%	3.6%	6.1%

资料来源：国家统计局，2016年1月。

（二）出口形势严峻，国际贸易结构持续优化

2015年，纺织工业出口交货值为9356.6亿元，同比下降2.3%，出口形势较为严峻。全年来看，受汇率波动、出口订单和产能向周边国家转移的影响，纺织产品国际需求疲软，出口持续负增长，但随着行业结构调整的持续推进，下降幅度呈收窄趋势。此外，部分产品出口量价齐跌，1—9月对欧盟出口的梭织服装平均价格同比下降397%，其中化纤制梭织服装平均价格同比下降405%[1]。

表3-3　2015年纺织工业出口交货值累计增速

行 业	3月	6月	9月	12月
纺织工业	–2.0%	–2.5%	–2.7%	–2.3%
其中：纺织业	–3.1%	–3.6%	–4.1%	–3.9%
纺织服装服饰业	–0.1%	–1.1%	–1.0%	–0.4%
化学纤维制造业	–11.3%	–8.9%	–8.7%	–8.8%

资料来源：国家统计局，2016年1月。

[1] 资料来源：中国纺织品进出口商会。

2015年，我国纺织工业出口对传统市场的依赖程度进一步下降，对“一带一路”沿线国家和部分新兴市场的出口份额有所扩大。1—9月，我国对非洲、中东地区的纺织品出口增幅分别为6.8%和5.5%，对菲律宾、伊朗、孟加拉、巴基斯坦等国家的出口增幅达到10%以上。

（三）投资平稳增长，子行业结构性分化

在制造业全面收缩的大背景下，棉花临时收储政策退出、加速折旧政策扩围、产业转移加快等因素为纺织工业发展注入新的动力，行业投资信心逐渐回归。2015年，纺织工业固定资产投资增速达到15.4%，高于2014年同期1.4个百分点，高出制造业同期水平7.3个百分点。

分行业看，纺织业、纺织服装服饰业投资延续高速增长态势，化学纤维业延续低增速增长，投资增速呈现结构性分化态势。2015年1—12月，纺织业、纺织服装服饰业、化学纤维制造业固定资产投资分别同比增长12.8%、22%和1.2%。其中，纺织业、纺织服装业投资增速高于2014年0.4个和2.8个百分点，而化学纤维业低于2014年同期1.9个百分点。

表3-4　2015年纺织工业固定资产投资累计增速与上年之差

行业	3月	6月	9月	12月
制造业	–4.8%	–5.1%	–5.5%	–5.4%
纺织工业	2.0%	–0.8%	3.2%	1.4%
其中：纺织业	–6.4%	–4.1%	1.0%	0.4%
纺织服装服饰业	12.8%	7.5%	7.2%	2.8%
化学纤维制造业	7.6%	–11.6%	–2.1%	–1.9%

资料来源：国家统计局，2016年1月。

（四）经济下行压力加大，消费需求持续低迷

在全社会消费品需求不振背景下，纺织服装消费需求亦不乐观。2015年，限额以上企业服装鞋帽、针、纺织品类商品零售总额累计13483.5亿元，同比增长9.8%，增速低于消费品零售额增速0.9个百分点，且低于上年同期1.1个百分点。其中，服装类商品零售总额为9588.1亿元，同比增长9.3%，低于上年同期1.5个百分点。未来，住房、医疗、教育费用的上涨速度将高于多数家庭收入增速，挤占消费者对纺织服装产品的消费能力，我国纺织内需将在一段时间内处于低迷状态。

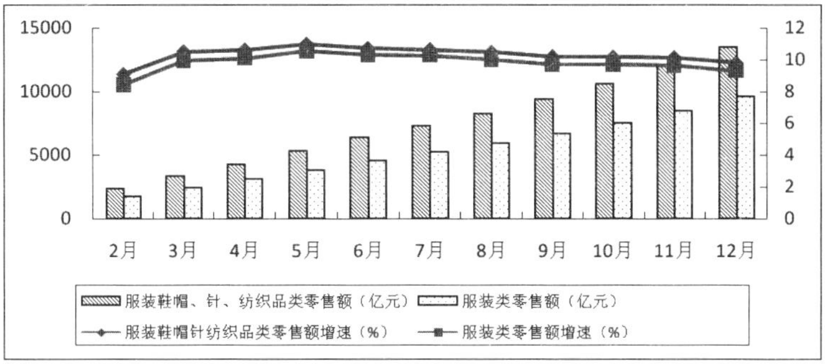

图3-1　2015年限上企业纺织类商品零售总额及增速

资料来源：国家统计局，2016 年 1 月。

二、效益情况

（一）收入利润稳步增长，纺织和服装行业盈利能力下降

随着国家"一带一路""互联网 +"战略的持续推进，以及棉花收储政策改革、税收政策调整等利好政策的进一步落实，纺织工业运行质量和效益进一步改善。2015 年，纺织工业实现主营业务收入 69534.4 元，利润总额 3787.2 亿元，同比分别增长 5.2% 和 5.5%，高出同期工业平均水平 4.4 和 7.8 个百分点。分行业看，纺织业发展相对稳定，收入和利润增速维持在 5% 以上的水平。纺织服装服饰业由于库存和需求低迷等因素的影响，收入和利润增速均明显下滑，较之上年同期分别下降 2.4 和 6.6 个百分点。化学纤维制造业收入增速则仅达到 1.2% 的水平，但需要指出的是，随着行业结构调整和转型升级的不断深化，行业利润增速由上年同期的 11.2% 上升到 15.2%，远高于其他两个子行业。从盈利结构看，纺织业仍占整个纺织工业的 50% 以上，高附加值的纺织服装服饰业和化学纤维制造业比重不高，行业结构仍待进一步优化。从盈利能力看，纺织业和纺织服装服饰业的销售利润率小幅下降，成本压力对行业发展的负面影响越来越明显。

表 3-5　2015 年纺织工业盈利情况与上年比较

行 业	收入增速		利润增速		收入占纺织工业的比重		利润占纺织工业的比重	
	2014年	2015年	2014年	2015年	2014年	2015年	2014年	2015年
纺织工业	5.4%	5.2%	4.9%	5.5%	—	—	—	—
其中：纺织业	7.0%	5.4%	3.6%	5.1%	57.7%	57.8%	57.5%	57.2%

（续表）

行 业	收入增速		利润增速		收入占纺织工业的比重		利润占纺织工业的比重	
	2014年	2015年	2014年	2015年	2014年	2015年	2014年	2015年
纺织服装服饰业	8.0%	5.6%	10.6%	4.0%	31.4%	31.7%	34.7%	34.5%
化学纤维制造业	3.5%	1.2%	11.2%	15.2%	10.9%	10.5%	7.7%	8.3%

资料来源：国家统计局，2016 年 1 月。

表 3-6　2015 年纺织工业销售利润率与上年之比

行 业	3月	6月	9月	12月
纺织工业	106.1%	104.5%	104.4%	100.2%
其中：纺织业	101.7%	101.0%	102.5%	99.6%
纺织服装服饰业	106.0%	102.5%	102.2%	98.5%
化学纤维制造业	145.9%	144.1%	130.4%	111.7%

注：2014 年均为正增长。
资料来源：国家统计局，2016 年 1 月。

（二）亏损压力有所缓解，化纤行业面临严峻考验

2015 年，纺织工业共有 4315 家企业发生亏损，亏损面为 11.3%，较上年同期下降 0.2 个百分点。亏损企业累计亏损额为 204.9 亿元，亏损深度为 4.9%，较上年同期下降 0.8 个百分点。与工业平均水平相比，经历深度调整的纺织工业亏损状况明显好转。分行业看，化学纤维制造业的亏损面和亏损深度虽较上年同期有所下降，但仍远高于纺织业和纺织服装服饰业。与其 15.2% 的利润相比，化纤行业两极分化现象严重，中小企业面临更为严峻的发展困境。

表 3-7　2015 年纺织工业亏损情况与上年比较

行 业	亏损面		亏损深度	
	2014年	2015年	2014年	2015年
工 业	11.9%	13.2%	10.7%	14.3%
纺织工业	11.5%	11.3%	5.7%	4.9%
其中：纺织业	10.9%	10.7%	5.0%	4.3%
纺织服装服饰业	11.4%	11.1%	4.1%	3.9%
化学纤维制造业	18.0%	19.9%	18.0%	12.6%

资料来源：国家统计局，2016 年 1 月。

三、重点领域情况

（一）“互联网 +”助力服装行业转型升级

由于宏观经济增速放缓、新型商业模式冲击，服装行业自 2012 年开始一直处于举步维艰的发展困境。进入 2015 年，受市场需求低迷、汇率波动、成本高企等因素的影响，服装行业发展形势仍不容乐观。第 4 季度，中经服装产业景气指数为 95.4，较上季度下滑 0.3 个百分点；预警指数 73.3，处于偏冷的浅蓝灯区。

面对经营困境，服装企业开始利用“互联网 +”转型升级。2015 年，服装行业 25 起并购案例中，有 32% 与互联网布局有关。从红领的个性化定制到红豆集团的智慧服装应用系统，大数据、智能制造、互联网技术逐渐成为服装行业未来发展的关键助力。借助“互联网 +”，传统服装行业在提高生产效率、拓展销售渠道、强化品牌建设、优化管理模式等方面获得显著成效，虽仍经历转型阵痛，但是向好趋势不会改变。

（二）化纤行业继续深度调整

2015 年，受石油价格走低、下游纺织、服装行业需求低迷、产业结构调整压力大等因素的影响，化纤行业仍处于深度调整中。本轮调整中，行业优胜劣汰的格局逐渐形成，呈现两大特点：

一是两极分化现象严重。2015 年，化纤行业利润增速达到 15.2%，为三大子行业之首。同时，亏损面和亏损深度达到 19.9 % 和 12.6%，远高于其他两个子行业。主要因为在市场的大浪淘沙中，龙头企业能够通过产业链拓展和产品差异化提升竞争优势，而那些产能落后、资金链吃紧的中小企业则只能在市场竞争中处于劣势，亏损日益严重。

二是部分中小企业盈利能力逐渐恢复。与前两年的全面亏损不同，一些专注产品创新和差异化的中小企业，在市场竞争中逐渐找到了自身的一席之地。虽然同样面临宏观经济下行和行业结构调整的压力，盈利能力仍基本恢复到 2011 年的水平。

第二节　存在问题

一、全球经济仍存在下行风险

我国纺织工业外向程度高，全球经济的走势密切影响着我国纺织工业的走势。虽然 IMF 预测 2016 年全球经济整体回暖，但是也认识到全球经济下行风险加大，如果风险叠加，全球经济增长前景可能受到影响。2015 年上半年全球经济增速低于 2014 年下半年，反映出新兴经济体增速放缓，发达经济体复苏仍脆弱。特别是美联储量化政策退出后，2016 年美元加息的预期增加，将导致大量资金从发展中国家流向美国，加上美国、德国等发达国家意图重塑制造业生产格局、全球大宗商品价格下跌因素，全球经济增长的不确定性和风险加大，全球纺织服装贸易增长变化空间加大。2015 年前三季度，我国出口极为不乐观，反映出国际经济和进口需求放缓，加大了 2016 年全球经济和贸易增长的变数。据商务部《中国对外贸易形势报告（2015 年秋季）》，2015 年前三季度，中国出口 10.24 万亿元，比上年同期下降 1.8%。

二、行业用工困难

随着中国人口红利逐渐消失，用工贵、招工难、留人更难成为纺织行业面临的突出问题。近年，农村剩余劳动力逐渐减少，纺织行业用工成本快速上涨，特别是东部沿海，年均增速超过 10%，企业微薄利润进一步挤压。一项针对近百家棉纺织企业的调查显示，近五年工资支出总额年均增长 7% 左右，而全国从业人数年均降幅 5.7%，这意味着人均工资年均增长 13%，高于全社会工资 12% 的增幅。受传统观念、工作环境等因素影响，即使工资高于其他部分行业，多数年轻人也不愿意到纺织服装企业工作，加上纺织行业工人流失率高、培训期需要 1—2 月左右，纺织企业面临培训成本高、招工难、留人更难问题。

三、产能过剩问题突出

近年，我国纺织工业面临产能过剩问题，且过剩局面不断加剧，特别是化学纤维行业，拖累纺织行业利润率难以走高。金融危机后，为拉动经济增长，我国纺织工业大量投资，导致出现一大批低水平重复建设，甚至部分产能现在仍没有完全消化，造成巨大产能浪费。新阶段下，纺织产业加快向中西部转移，中西部多数省份加快纺织产业园建设，在政策的支持下，企业纷纷扩建厂房和购买设备，其中新购买的设备中多为进口全球一流的生产设备，企业生产能力和水平快速提高。但是，在市场需求结构短期难以改变的背景下，纺织企业生产的快速扩张，特别是高端生产线的纷纷上马，造成多数高端设备生产低附加值的产品，产能利用率较低。据调研，在企业新建的国内外一流水平的棉纺生产线中，产品依然主要是30—40支纱线，并且由于市场不景气，部分企业没有完全开工。

四、环保压力加大

纺织工业排放量较高，在工业行业中排名第4位，在我国加大环境治理的背景下，纺织工业的环保压力不断加大。环境保护部和国家质量检验检疫总局2012年下发《纺织染整工业水污染物排放标准》《缫丝工业水污染物排放标准》《毛纺工业水污染物排放标准》和《麻纺工业水污染物排放标准》4项排放标准，要求新建企业要求自2013年1月1日起实施新标准，现有企业也必须在2015年1月1日达到新建企业的污染控制水平。但从行业发展角度来看，我国纺织新产品、新染化料、新工艺的开发力度加大，虽然质量、生产效率和节水效率不断提高，但是水中污染物的浓度也伴随着不断提高，这意味企业治污减排成本大幅增加，环保带来的压力剧增。

五、印染行业短缺制约中西部纺织产业发展

印染行业是纺织产业链中的关键环节，附加值高、技术要求高，也是节能减排、环境保护的重点行业。由于我国排放标准不断提高，而且监管力度不断加大，印染行业发展空间收窄，特别是中西部地区难以上马印染项目，造成整个产业链中处于弱势地位。根据《纺织染整工业水污染排放标准》，要求自2015年1月1日起，现有印染企业COD直接排放需控制在80mg/L，间接排放控制在200mg/L，造成部分印染企业面临关闭。为发展整个纺织工业，绝大多数中西部纺织企业不得不把布匹运输到山东、江苏、浙江等地印染，然后再运输回去销售，物流成本高，且印染价格缺乏话语权，印染行业链条短缺限制中西部纺织工业发展凸显。

第四章　医药工业

第一节　发展情况

一、运行情况

（一）工业增加值降速增长

2015 年，无论全工业还是医药行业工业增加值增速相比 2014 年都有所下降，主要是受宏观经济运行低迷、债务紧缩、部分产品产能过剩、医保控费和出口市场不景气等因素影响。1—12 月，全工业工业增加值增速在 6%—6.5% 区间浮动，医药行业工业增加值增速在 10% 左右浮动。2015 年 1—12 月，全国规模以上工业增加值同比增长 6.1%，增速同比下降 2.2 个百分点。医药工业增加值同比增长 9.9%，增速同比下降 2.6 个百分点，比工业平均水平高 3.8 个百分点，在各工业门类中排名前列。但与整个工业相比，医药行业增速下降幅度大于工业平均水平。

表 4-1　2014—2015 年 1—12 月工业和医药行业增加值增速比较

时间	工业		医药行业	
	2014年	2015年	2014年	2015年
1—2月	8.6%	6.8%	12.3%	10.5%
1—3月	8.7%	6.4%	12.8%	10.8%
1—4月	8.7%	6.2%	12.6%	11.0%
1—5月	8.8%	6.2%	13.2%	10.5%
1—6月	8.8%	6.3%	13.5%	10.1%
1—7月	8.8%	6.3%	13.3%	10.1%

（续表）

时间	工业		医药行业	
	2014年	2015年	2014年	2015年
1—8月	8.5%	6.3%	13.0%	10.1%
1—9月	8.5%	6.2%	12.8%	10.2%
1—10月	8.4%	6.1%	12.5%	10.2%
1—11月	8.3%	6.1%	12.5%	10.1%
1—12月	8.3%	6.1%	12.5%	9.9%

资料来源：国家统计局，2016 年 1 月。

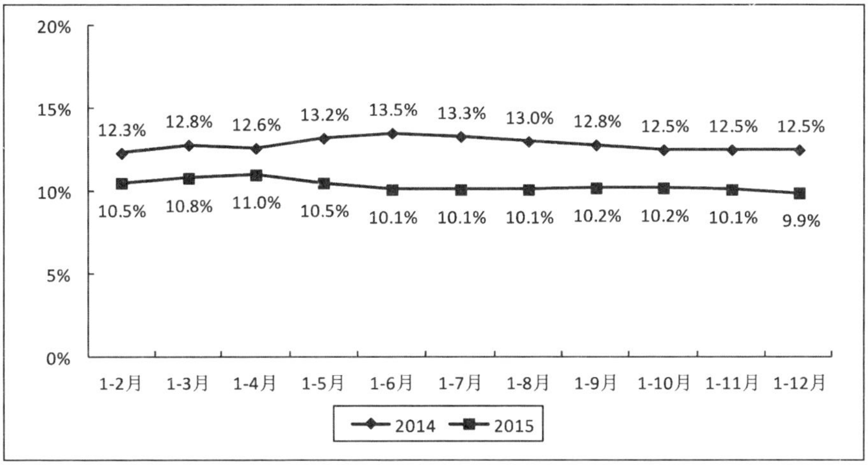

图4-1　2015年1—12月医药行业增加值增速与2014年同期比较

资料来源：国家统计局，2016 年 1 月。

（二）投资规模不断扩大，但增速有所回落

2015 年医药行业固定资产投资相比 2014 年继续增大，这主要是受到新版 GMP 最后时限等政策影响。2015 年 1—12 月，医药制造业完成固定资产投资 5811.9 亿元，同比增长 11.9%，较 2014 年 15.1% 的增速略有下降。这主要是由于 2015 年我国依靠投资拉动经济发展模式发生转变，同时全国范围内已基本完成无菌药品生产企业的 GMP 改造，剩下需要在 2015 年 12 月 31 日前完成新版 GMP 认证的企业数量相比之前明显减少。1—12 月投资增速较 1—2 月下降了 5.4 个百分点。

表 4-2　2014—2015 年 1—12 月医药行业固定资产投资比较

时间	2014年		2015年	
	投资额（亿元）	比上年同期增长	投资额（亿元）	比上年同期增长增长
1—2月	295.8	21.2%	346.9	17.3%
1—3月	691.0	14.5%	798.49	15.5%
1—4月	1103.9	15.8%	1232.8	11.7%
1—5月	1610.3	14.6%	1760.2	9.3%
1—6月	2265.9	16.4%	2479.9	9.4%
1—7月	2757.7	16.6%	3011.1	9.2%
1—8月	3268.4	16.8%	3591.4	9.9%
1—9月	3782.9	14.4%	4203.5	11.1%
1—10月	4277.1	14.7%	4780.6	11.8%
1—11月	4716.5	15.5%	5294.9	12.3%
1—12月	5205.4	15.1%	5811.9	11.9%

资料来源：国家统计局，2016 年 1 月。

（三）化学原料药市场回暖，终端市场需求不容乐观

2015 年，化学原料药产量增速表现为上半年弱势，下半年强势。上半年增速最高为 1—2 月的 3.9%，1—3 月和 1—4 月都出现了负增长，从 5 月开始，化学原料药市场开始回暖，到了下半年，增速最高逼近 20%，这说明化学原料药市

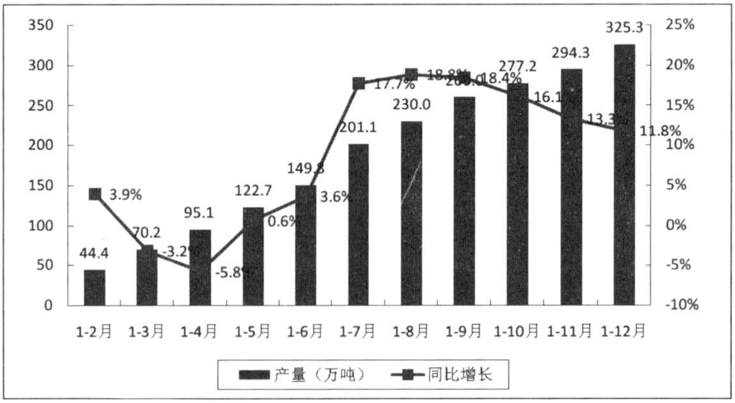

图4-2　2015年1—12月化学药品原料药产量及同比增速

资料来源：国家统计局，2016 年 1 月。

场出现回暖。1—12 月化学药品原料药产量 325.3 万吨，同比增长 11.8%，较 1—2 月上升了 7.9 个百分点，较 1—4 月上升了 17.6 个百分点。

从需求情况看，2015 年 1—12 月，受医保控费、公立医院降低药品占比及医院去库存等因素的影响,中西药品零售额增速出现明显下滑。2015 年 1—12 月，中西药品零售额为 7895.5 亿元,同比增长 14.5%,增速较上年同期的 15.0 下降了 0.5 个百分点。可见,医药消费市场面临的形势依然比较复杂,市场有效需求有待提升。

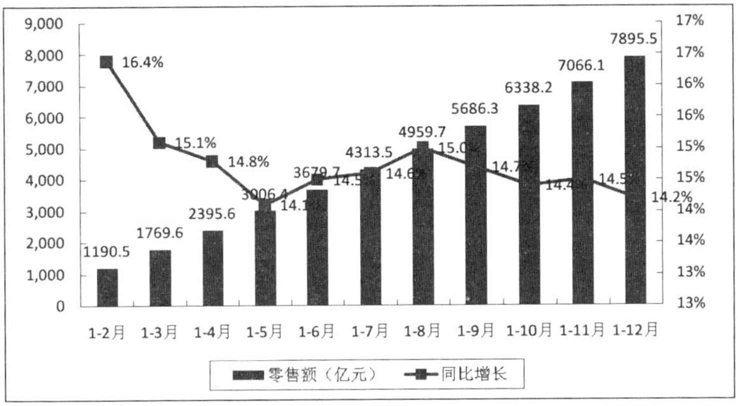

图4–3　2015年1—12月中西药品零售额及同比增速

资料来源：国家统计局，2016 年 1 月。

（四）出口形势低迷，行业间差异明显

2015 年 1—12 月,国外环境复杂,美国 FDA 再一次发布关于药品进口的警告,重点提出对包括我国在内的部分地区部分药企的进口警示，欧盟和日本的出口环境相对乐观，但是一些发展中国家和地区的价格竞争依旧严峻，受此影响，医药工业企业实现出口交货值 1832.2 亿元，同比增长 3.8%，较 2014 年增速下降 2.6 个百分点。

从细分行业看，2015 年 1—12 月，除中成药生产出口交货值较上年同期有所下降外，其他子行业出口交货值均实现不同程度增长，尤其以中药饮片加工增长最为明显。其中，中药饮片加工和生物药品制造出口交货值增速分别为 15.9% 和 10.5%，且高于医药行业整体水平。从贡献率来看，化学药品原料药制造业对医药行业出口交货值贡献最大，占比为 32.3%，而中药饮片加工业对医药行业出口交货值贡献较小，占比仅为 1.7%。

表 4-3　2015 年 1—12 月医药行业及主要子行业出口交货值情况

行业名称	出口交货值（亿元）	比上年同期增长
医药行业	1832.2	3.8%
化学药品原料药制造	592.1	1.8%
化学药品制剂制造	150.0	2.7%
中药饮片加工	31.1	15.9%
中成药生产	63.7	-0.3%
生物药品制造	272.7	10.5%
卫生材料及医药用品制造	184.9	5.8%
医疗仪器设备及器械制造	488.6	1.7%

资料来源：国家统计局，2016 年 1 月。

二、效益情况

（一）盈利能力分析

1. 收入和利润增速回暖

2015 年 1—12 月，医药工业企业实现主营业务收入 25537.1 亿元，同比增长 9.1%，增速相比 2014 年的 13.1% 有所下降，但高于全国工业平均增速 3 个百分点，较上年增速下滑 4 个百分点。利润总额 2627.3 亿元，同比增长 12.9%，较上年增速上升 0.81 个百分点。2015 年全年，医药行业利润增速高于主营业务收入增速，同比上年增速上升较大。

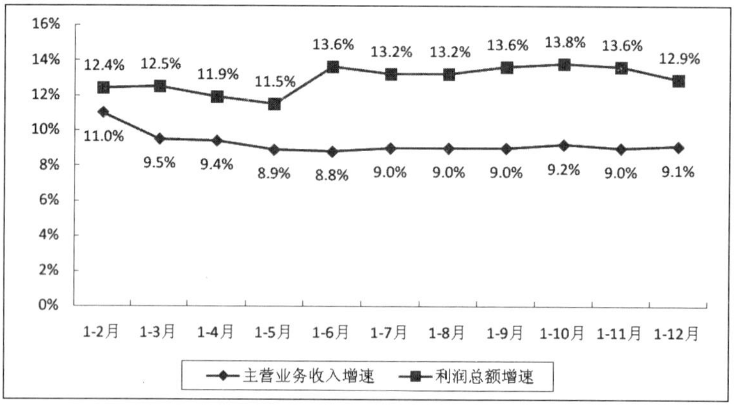

图4-4　2015年1—12月医药行业收入和利润增速

资料来源：国家统计局，2016 年 1 月。

2015 年 1—12 月，八个子行业中，主营业务收入最多的是化学药品制剂制造，其次为中成药生产，中药饮片加工最少。增速方面，中药饮片加工、卫生材料及医药用品制造、医疗仪器设备及器械制造和生物药品制造四个细分行业增速超过 10%，中成药生产增速低于当期行业平均增速。

表 4–4　2015 年 1—12 月医药行业及主要子行业主营业务收入情况

行业名称	主营业务收入（亿元）	比2014年同期增长
医药行业	25537.1	9.1%
化学药品原料药制造	4614.2	9.8%
化学药品制剂制造	6816.0	9.3%
中药饮片加工	1699.9	12.5%
中成药生产	6167.4	5.7%
生物药品制造	3164.2	10.3%
卫生材料及医药用品制造	1858.9	10.7%
医疗仪器设备及器械制造	2382.5	10.3%

资料来源：国家统计局，2016 年 1 月。

2015 年 1—12 月，利润总额方面，化学药品制剂制造和中成药生产表现突出，中药饮片加工利润总额最小。增速方面，中药饮片加工和生物药品制造表现最为突出，均超过 15%，医疗器械增速最低，为 5.3%。

表 4–5　2015 年 1—12 月医药行业及主要子行业利润总额情况

行业名称	利润总额（亿元）	比2014年同期增长
医药行业	2627.3	12.9%
化学药品原料药制造	351.0	15.3%
化学药品制剂制造	816.9	11.2%
中药饮片加工	123.9	18.8%
中成药生产	668.5	11.4%
生物药品制造	386.5	15.8%
卫生材料及医药用品制造	169.9	13.0%
医疗仪器设备及器械制造	232.6	5.3%

资料来源：国家统计局，2016 年 1 月。

2. 销售利润率情况分析

2015 年 1—12 月，医药工业利润率 10.3%，较上年全年的 10.0% 有所上升，全年销售利润率基本稳定在10%，只有4月、5月和8月销售利润率低于10%。

从细分行业方面看，2015年1—10月，生物药品制造业销售净利率为12.4%，位居各子行业首位，表明其盈利能力最强；化学药品原料药制造业和中药饮片加工业的主要利润率指标居各子行业后两位，均为7.1%，表明其盈利能力相对较弱，这主要受环保成本升高以及中药材降价的影响。

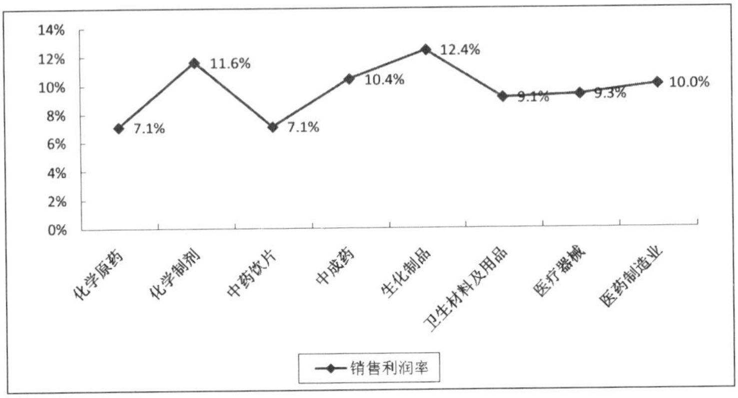

图4-5 2015年1—10月医药行业主要子行业利润率比较

资料来源：国家统计局，2016年1月。

3. 成本费用控制压力上升

2015年1—10月，全国工业企业成本费用利润率为5.8%，而医药工业为11.1%。各子行业中，化学制剂和生化制品成本费用利润率分别高达13.2%和

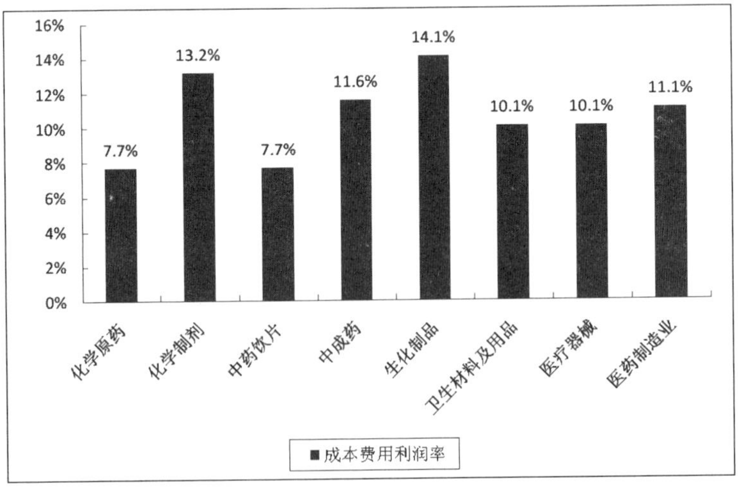

图4-6 2015年1—10月医药工业主要子行业成本费用利润率

资料来源：国家统计局，2016年1月。

14.1%，医药行业成本费用远远高于全工业总本。分析其中的原因，主要是过去几年大规模固定资产投资带来成本增加，此外企业融资成本上涨严重，贷款难，贷款利率高，给一些中小企业带来很大的压力。新产品增长慢，由于国家医保目录多年未调整以及进地方医保难，一些近年上市的新药开发市场面临难度。

（二）偿债能力分析

1. 资产负债情况

2015 年以来，医药工业总资产增长速度快于总负债增长速度，资产负债率相比 2014 年呈现降低的态势，长期偿债能力有所缓解。2015 年 1—12 月，医药工业资产同比增长 13.6%；同期，医药行业负债同比增长 8.1%。

表 4–6 2015 年 1—12 月医药工业资产负债情况

时间	资产同比增长	负债同比增长
1—2月	15.4%	12.9%
1—3月	15.3%	11.6%
1—4月	14.9%	10.0%
1—5月	15.2%	9.9%
1—6月	14.5%	9.4%
1—7月	14.9%	9.1%
1—8月	14.6%	9.5%
1—9月	14.2%	9.4%
1—10月	14.3%	9.2%
1—11月	13.9%	7.8%
1—12月	13.6%	8.1%

资料来源：国家统计局，2016 年 1 月。

从横向比较来看，作为轻资产及固定资产通用性较高的产业，医药行业杠杆率普遍偏低，债务负担较轻，资产负债率低于 45%，而煤炭、化工、造纸等行业的资产负债率普遍大于 50%，炼钢、汽车等行业的资产负债率则高达 70%。

从细分行业看，环保压力导致化学原料药行业的固定资产投资增加，在医药行业的细分行业中，资产负债率处于较高水平，高于行业平均水平，达到 47.0%。生化制品的资产负债率在各细分行业中最低，仅为 34.1%，长期偿债能力较强。其他细分行业资产负债率均匀分布于 40% 上下，远远低于煤炭、化工、炼钢等行业。

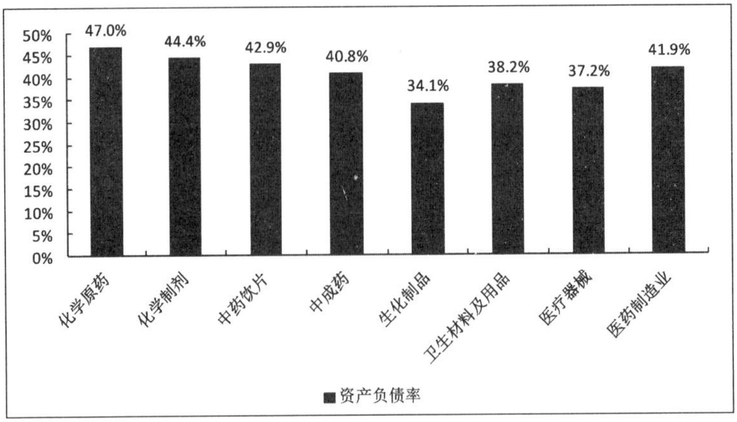

图4–7　2015年1—10月医药工业主要子行业资产负债率比较

资料来源：国家统计局，2016 年 1 月。

2. 行业亏损情况

2015 年 1—12 月，医药工业企业数为 7116 家，其中亏损企业数 742 家，亏损面为 10.4%，相比 2014 年的 9.6% 有所提高。亏损企业累计亏损额为 85.5 亿元，亏损深度为 3.3%，相比 2014 年的 3.1% 有所提高。从细分子行业看，化学原料药行业亏损面最大，为 15.9%，高于医药制造业 5.5 个百分点，中药饮片和卫生材料及医药用品行业亏损面较小，分别为 7.1% 和 8.3%，分别低于医药工业 3.3 和 2.1 个百分点。亏损深度方面，医疗器械高达 8.3%，紧随其后的是化学原料药达到 7.4%，卫生材料及医药用品为 1.6%，在细分行业中最低。

表 4–7　2015 年 1—10 月医药工业主要子行业亏损情况

行业	亏损面	亏损深度
医药制造业	10.4%	3.3%
化学原料药	15.9%	7.4%
化学制剂	15.3%	3.3%
中药饮片	7.1%	2.1%
中成药	13.8%	2.4%
生物药品	12.2%	3.8%
卫生材料及医药用品	8.3%	1.6%
医疗器械	15.0%	8.3%

资料来源：国家统计局，2016 年 1 月。

（三）营运能力分析

1. 应收账款经营效率小幅提升

2015 年以来，由于平均收账期缩短，坏账损失减少，医药行业应收账款周转率快于上年同期，对应收账款的经营效率小幅提升。国家统计局数据显示，2015 年 1—12 月，医药行业应收账款净额为 2889.2 亿元，同比增长 11.3%。与上年同期相比，应收账款净额增加，同比增长率降低。

表 4-8　2014—2015 年医药工业应收账款净额增长情况

时间	2014年	2015年
1—2月	15.6%	15.9%
1—3月	16.9%	14.9%
1—4月	15.1%	14.8%
1—5月	16.1%	14.9%
1—6月	15.0%	14.5%
1—7月	14.7%	14.4%
1—8月	15.4%	14.7%
1—9月	16.1%	13.4%
1—10月	13.9%	13.7%
1—11月	14.4%	12.5%
1—12月	15.0%	11.3%

资料来源：国家统计局，2016 年 1 月。

从细分子行业看，化学药品原料药制造业和生物药品制造业应收账款周转率较快，有助于其营运能力的提升；化学药品制剂制造业应收账款周转率较慢，对其营运能力造成不利影响。

2. 流动资产周转次数较为稳定

2015 年以来，医药行业对流动资产的利用效率相对较为稳定。国家统计局数据显示，2015 年 1—12 月，医药行业流动资产合计为 12787.00 亿元，同比增长 11.1%，增速相比上年同期的 14.4% 有所下降。2015 年 1—10 月，流动资产周转次数为 1.9 次，与上年同期相比略低。

表 4-9　2015 年 1—12 月医药工业流动资产情况

时间	流动资产同比增长	流动资产周转次数
1—2月	13.8%	1.8
1—3月	12.9%	1.9
1—4月	13.9%	1.9
1—5月	14.0%	1.9
1—6月	13.5%	1.9
1—7月	13.7%	1.9
1—8月	12.7%	1.9
1—9月	12.2%	1.9
1—10月	12.2%	1.9
1—11月	11.7%	—
1—12月	11.1%	—

资料来源：国家统计局，2016 年 1 月。

从细分子行业看，中药饮片加工业流动资产周转次数最高，对流动资产的利用最为充分，进而有助于其营运能力的提升；化学药品制剂制造业流动资产周转次数相对较低，这与其现金流的改善不明显有直接关系，进而对其营运能力造成不利影响。

三、重点领域情况

（一）化学制药行业收入增速延续下滑趋势

2015 年以来，化学制药行业收入和利润增速均出现大幅下滑。一方面，部分大宗化学原料药产能过剩仍然严重，低迷状态仍在延续。另一方面，公立医院控制药费占比政策致使 2015 年出现退换货现象，对行业利润水平带来不利影响，化学制剂行业盈利水平受到一定影响，利润增速下降明显。从主营业务收入看，2015 年 1—10 月化学药品原料药制造业实现主营业务收入 3689.1 亿元，同比增长 10.0%，增速较上年同期下滑 0.7 个百分点；化学药品制剂制造业实现主营业务收入 5548.4 亿元，同比增长 9.5%，增速较上年同期下滑 3.8 个百分点。从行业利润看，2015 年 1—10 月化学药品原料药制造业实现利润总额 262.8 亿元，同比增长 15.0%，增速较上年同期上升 2 个百分点；化学药品制剂制造业实现利润总额 646.0 亿元，同比增长 12.2%，增速较上年同期下降 3.9 个百分点。

（二）中成药制造业出口和利润两重天

2015 年以来，中成药制造业利润增速出现缓慢上升，而出口交货值增速呈现大幅下降趋势，截至 2015 年 10 月，出口交货值出现负增长。出口方面，受到国外经济低迷、摩擦增多和欧盟等地区传统草药制品限售法令出台等的影响，出口交货值相比 2014 年出现负增长；利润方面，新版基药目录新增中药品种，在扩容中药市场需求的同时，也在一定程度上降低了中成药价格。从出口交货值看，2015 年以来，中成药制造业出口交货值出现明显回落。2015 年 1—10 月，实现出口交货值 48.6 亿元，同比增长 –3.8%，比上年同期增速降低 39.1 个百分点；从行业利润看，2015 年 1—10 月，中药制造业实现利润总额 506.0 亿元，同比增长 12.4%，增速比上年同期上升 1.4 个百分点。

（三）生物药品制造业利润明显回升

受益于药品市场继续扩容及国家对于战略性新兴产业和高新技术行业的支持力度加大的影响，生物药品制造业利润增速继续保持回升态势。此外，国内主要生物制药企业开始加大生物制药领域的研发投入，新产品推出速度开始加快，也在一定程度上提高了盈利水平。从行业利润看，2015 年 1—10 月，我国生物药品制造业实现利润总额 310.0 亿元，同比增长 17.0%，增速较上年同期上升 5.1 个百分点。从销售利润率看，2015 年 1—10 月，生物药品制造业销售利润率为 12.4%，高于 2014 年 1—10 月份 0.6 个百分点，位列医药各子行业首位，分别高于化学原料药、化学制剂和中成药制造行业 5.3、0.8 和 2.0 个百分点。

第二节　存在问题

一、研发创新能力依旧薄弱

我国企业创新能力差，研究能力不足，以生产仿制药为主，在创新药尤其是技术含量较高的生物药方面与国外差距较大。目前我国生物药市场上的主流销售产品依旧是十几年前开发的白细胞介素 –2 等老品种，当今国际市场上的主流产品并无企业有能力研发生产。以单抗类产品为例，目前我国共有 19 个单抗类产品上市，其中进口产品 11 个，国内产品仅有 8 个。另一突出表现就是抗体表达水平低。以单抗技术为例，国外企业抗体的表达水平一般是 g/L 的水平，而我国大部分生产企业的抗体表达水平还在 μg/L 与 mg/L 的水平。三是规模生产技术落后。最突出的表现是发酵罐的差距。国外企业哺乳动物细胞培养发酵罐往往在 2000L 以上，有的高达 15000L，而我国企业的哺乳动物细胞培养发酵罐规模普遍在 1000L 以下。而发酵罐容量大小决定了企业是否可以实现规模生产。

二、EHS管理缺乏导致安全责任事故频发

从整体看，我国医药行业尚未形成完善的 EHS 管理体系，虽然有企业制定了大量 EHS 管理文件和技术标准，但存在“写一套、做一套”现象，生产过程只讲究效益，缺乏对环境保护、人文关怀和资源保护等方面重要性的认知。特别是一些中小企业，安全环保设施投入小，技术缺陷多，主要表现为清洁生产和污染防治技术水平低，危险化学品风险控制水平落后，劳动保护用品和应急救援、应急防护设施投入不足，没有充分利用限位开关、连锁装置来确保设备的工作安全。2015 年 4 月 6 日，福建漳州 PX 项目（PX 即英文二甲苯 para-xylene 的简称，是一种无色透明、带有芳香气味的液体，也是药用胶囊的重要原料）因为漏油起火爆炸，造成严重的环境污染，附近多个自然村居民被迫撤离。此前，2014 年 12 月 25 日，山东鲁抗医药被曝大量偷排抗生素污水，造成周围饮用水严重污染。这两起事故都可归纳为 EHS 管理不善导致的安全责任事故。

三、多重因素导致药品面临断供风险

首先，随着仿制药一致性评价新政的出台，低价药和小品种药等利润空间小的产品将面临停产的危机。在仿制药需要通过一致性评价才能上市的情况下，企业首先会考虑成本产出比，会优先选择销量大价格高的品种进行仿制药一致性评价。而低价药和小品种药，进行一致性评价会增加企业成本，企业会倾向选择放弃一致性评价，低价药和小品种药存在断供风险。

其次，环保因素继续制约部分化学原料药企业生产。化学原料药行业属于高环境污染行业，生产过程会产生大量的废水废气。生产企业为了节约成本往往环保投入较低，近年来，随着国家环保压力的加大，全国和处地环保部门都加大了环保检查和处罚力度，一些污染物不能达标排放的企业被勒令停产或减少产量，这就导致大量化学原料药生产企业的关停。上游化学原料药企业的关停直接导致下游制剂生产企业由于原料缺乏而停产。

最后，医药控费相关政策的出台影响企业生产意愿，小品种药市场短缺或将进一步凸显。近几年，儿童药、罕见病用药等小品种药的市场短缺问题已经逐步显现出来。随着医药控费新政的实施以及“唯低价是取”的集中采购惯性，药品价格降低成为必然，这将导致企业放弃生产利润微薄的小品种药物，市场短缺问题会进一步加剧。

四、受政策影响中药饮片行业遭遇重新洗牌

首先，2015 年是新版 GMP 执行的最后期限，中药行业被吊销 GMP 认证最多。据《2015 年全国收回药品 GMP 证书情况统计》显示，2015 年全国共有 140 家药企 144 张 GMP 证书被收回，其中在 140 家企业中有 63 家是中药和中药饮片企业。这是因为，中药饮片企业的生产特点是产品种类多、单批次产量小，这种生产特点使得中药饮片企业的生产线相比化药和中药制剂企业较多，需要进行 GMP 改造的费用投入也较大。而中药饮片行业企业规模偏小，年销售额过亿的企业仅占约 30%，中小企业占比较大，所以新版 GMP 认证带来的巨大成本使得大多数中药饮片企业放弃认证。

其次，2015 年 12 月 1 日新版《药典》开始执行，药典对中药材要求提高，对中药饮片增加了安全性检测的手段，在农残检测方面采用了新的方法，质量控制方面加强了对二氧化硫残留、农药残留、重金属及有害元素，黄曲霉毒素、色素、微生物和内源性有害物质的检测，这使得不少中药饮片企业遭遇退货潮，面临货源积压的局面，一部分中药饮片企业将会对产品质量进行自我调整，达到新版《药典》要求，一部分中小中药饮片企业有可能会破产。

五、降低药品占比直接消减药品生产企业积极性

首先，降低药品占比会抑制企业创新活力。目前，与仿制药相比，创新药较难进医保目录库，随着医药控费新政的实施，创新药进入医保目录的难度将进一步加大，预计降低药品价格将是众多创新药生产企业普遍采取的应对措施。鉴于创新药研发投入高，其经济成本要远远超过一般仿制药，这是计价的重要基础，因此创新药进入医保目录的价格也会相对较高。在集中采购和二次议价中，与仿制药同层次竞争，创新药价格不占优势，易被价格相对较低、疗效相对较差的替代药物取代，进而导致医疗机构创新药需求减少，销量下降，使得创新药生产企业研发成本回收期会更长，企业新药研发创新的动力将会被削弱。利益驱动下，

大部分医药企业将减少或放弃对创新药的研制，更多选择生产仿制药品，这将会影响到药品市场的供给结构，一定程度上减缓我国医药工业核心竞争力的提升。

其次，降低药品占比会挤压企业利润空间。由于医药控费新政限制了药品的报销占比，在集中采购和二次议价的压力下，多数药企的应对措施就是降价求市场，导致市场竞争进一步加剧，部分药品价格虚低在所难免。同时，为了应对国家新版 GMP 的实施要求以及仿制药一致性评价等相关政策，企业在技改和仿制药一致性评价方面的投入也在增加。即在药品销售收益下降时，投入与成本压力的不断增加，会造成企业的利润空间被进一步挤压，生存空间萎缩。

第五章　食品制造业

第一节　发展情况

一、运行情况

（一）固定资产投资增速平稳

近年来，在世界经济缓慢复苏和我国经济增速逐渐步入新常态的背景下，我国食品制造业呈缓慢向好发展态势，尤其以食品制造业固定资产投资呈稳步增长之势，投资效益水平稳步上升。同时，受益于国家对食品安全诚信体系建设力度的不断加大，食品安全检验检测的要求不断提高，也增加了食品制造行业的固定资产投资水平。2015 年我国食品制品业固定资产投资项目累计实际完成投资总额 5043.8 亿元，同比增长 16.2%。与上半年相比，食品制品业固定资产投资同比增速下降 3.4 个百分点。

（二）食品制造业增加值增速稳中有升

2015 年，全球经济维持低速增长，我国经济在新常态下运行总体平稳，经济指标继续运行在合理区间。在此背景下，食品制造业增加值增速稳中有升。2015 年 1—12 月，我国食品制造业增加值累计增速为 7.5%，较 1—2 月上涨了 0.4 个百分点。产业政策环境继续利好，食品召回和停止经营监督管理办法征求意见出台；婴幼儿配方乳粉企业信用档案启动；农村食品安全整治工作全面展开。

表 5-1　2015 年 1—12 月食品制造业增加值增速

行业名称	1—2月	1—3月	1—4月	1—5月	1—6月	1—7月	1—8月	1—9月	1—10月	1—11月	1—12月
食品制造业	7.1%	6.4%	6.3%	6.5%	6.8%	6.8%	6.8%	7.1%	7.2%	7.4%	7.5%

资料来源：国家统计局，2016 年 1 月。

（三）产品产量呈增长态势

2015 年尽管我国食品制造业固定投资增速回升，且仍保持较快增长，虽受需求市场不振的影响，行业增加值增长乏力，但主要工业产品产量增速出现明显的增长态势。2015 年 1—12 月，乳制品产量达 837.6 万吨，较上年同期上涨了 0.9%，罐头同期产量达 321.2 万吨，较上年同期增长 1.0%，主要工业产品产量均呈现增长的态势。

表 5-2　2015 年 1—12 月食品制造业主要工业产品产量增速

主要工业产品名称	本月（万吨）	本月止累计（万吨）	比上年同月增长	比上年同期增长
乳制品	213.9	837.6	1.9%	0.9%
罐头	85.4	321.2	-2.6%	1.0%

资料来源：国家统计局，2016 年 1 月。

（四）出口交货值持续低位徘徊

由于外需市场前景依旧惨淡，2015 年我国食品制造业行业出口交货值持续低位徘徊。2015 年 12 月，食品制造业出口交货值为 111.9 亿元，同比下滑了 0.4%。1—12 月，食品制造业累计出口交货值 1141.8 亿元，同比增长 1.1%，这一增速较 2015 年上半年回落了 2.7 个百分点。

（五）质量体系逐步完善

2015 年，食品诚信体系建设稳步推进，国家相关部门组织指导 5000 家以上食品制造业企业建立诚信管理体系；婴幼儿配方乳粉、白酒、肉制品等行业质量安全追溯体系建设成效明显。其中，婴幼儿配方乳粉行业 100% 纳入食品质量安全追溯体系，实现了试点企业信息公开和产品生产、流通、使用等产业链全程信息实时跟踪；依托有技术资源优势的研究单位及高校，在北京、天津、江苏等省（自治区、直辖市）建立的 9 家食品企业质量安全检测技术及装备，取得了良好的技术示范与推广效果；食品安全恶意造假事件受到扼制并开始逐渐减少。

（六）研发创新投入加大

2015年，食品制造业科技研发投入持续增长，攻克了一批关键技术，先进生产技术加快推广，新型淀粉衍生物的创制与传统淀粉衍生物的绿色制造、基于干法活化的食用油脱色吸附材料开发与应用、花生低温压榨制油与饼粕蛋白高值化利用关键技术及装备制造、辣椒天然产物高值化提取分离关键技术与应用、新型香精制备与香气品质控制关键技术及应用等多个科研项目获国家科技奖励。专利申请数明显增加，食品、食物及处理领域的专利申请数、授权数稳定增长，分别达到15000项和5000项。基础研究支持不断强化，2015年度国家自然科学基金食品科学领域资助经费达3015亿元，是2010年的3.2倍。

二、效益情况

（一）主营业务收入增速高于利润总额增速，盈利能力仍显不足

2015年上半年，食品制造业在消费结构升级效应显现的利好作用下，主营业务收入和利润增速温和回升，但受制于成本压力，行业利润率仍未见起色，行业盈利能力低于预期。2015年1—12月，食品制造业实现主营业务收入为21700.3亿元，同比增长6.3%，与2015年上半年相比回落0.3个百分点；同期，行业利润总额为1832.2亿元，同比增长9.1%，较2015年上半年回落1.4个百分点，高于主营业务收入增速2.8个百分点。

表5-3　2015年1—12月食品制造业主要子行业主营业务收入和利润总额增长情况

	利润总额（亿元）	利润总额增长率	主营业务收入（亿元）	主营业务收入增长率
食品制造业	1832.2	9.1%	21700.3	6.3%
烘焙食品制造	243.1	18.1%	2820.2	9.4%
糖果、巧克力及蜜饯制造	152.1	-2.7%	1848.9	8.9%
方便食品制造	227.2	7.5%	3527.9	5.5%
液体乳及乳制品制造	241.7	7.7%	3328.5	1.7%
罐头制造	95.1	3.4%	1679.3	1.9%
调味品、发酵制品制造	271.0	20.1%	2870.0	9.0%
其他食品制造	602.1	6.7%	5625.5	7.2%

资料来源：国家统计局，2016年1月。

（二）资产负债率持续回落

2015 年 1—12 月，食品制造业资产总额为 14333.7 亿元，同比增长 10.4%；负债总额 6409.8 亿元，同比增长 6.1%，资产负债率为 44.7%，与 2015 年上半年的 46.5% 基本相当。资产增速快于负债增速，说明食品制造企业的生产经营状况有所改善，企业长期偿债能力得到提升。就各子行业，液体乳及乳制品制造业、罐头制造业和调味品制造业资产负债率高于食品制造业整体行业水平。其中液体乳及乳制品制造业资产负债率最高，2015 年 1—12 月，该行业资产负债率达到 51.2%，企业的债务风险明显高于其他子行业。总体来看，食品制造各子行业企业资产负债率均保持在可控范围之内，说明企业具备一定的防御债务风险能力。

表 5-4　2015 年 1—12 月食品制造业主要子行业资产负债率情况

	资产（亿元）	资产增长率	负债（亿元）	负债增长率	资产负债率
食品制造业	14333.7	10.4%	6409.8	6.1%	44.7%
烘焙食品制造	1567.2	15.4%	625.0	13.6%	39.9%
糖果、巧克力及蜜饯制造	1132.2	9.4%	436.2	9.0%	38.5%
方便食品制造	2102.0	10.1%	850.7	5.1%	40.5%
液体乳及乳制品制造	2565.0	11.0%	1314.2	4.6%	51.2%
罐头制造	971.3	12.2%	496.6	7.8%	51.1%
调味品、发酵制品制造	2282.1	8.8%	1025.5	3.0%	44.9%
其他食品制造	3713.8	8.0%	1661.5	6.1%	44.7%

资料来源：国家统计局，2016 年 1 月。

（三）亏损情况加剧

2015 年 1—12 月，食品制造业累计企业总数为 8266 个，其中累计亏损企业达到了 756 家，亏损面为 9.1%。就各子行业看，2015 年 1—12 月，液体乳及乳制品制造业亏损面最高，达到 16.1%。亏损的主要原因在于两个方面：一是原料成本与物流成本上涨；二是输入性因素的影响。由于婴幼儿配方乳粉的配料大部分进口，因此国际乳品价格的上涨将会驱动我国乳品企业生产成本的上涨，进而加剧企业的亏损。

表 5-5　2015 年 1—12 月食品制造业及主要子行业亏损企业亏损情况比较

行业	亏损企业数量（个）	企业亏损面	亏损企业亏损额同比增长（%）
食品制造业	756	9.1%	85.9
烘焙食品制造	127	9.0%	8.1
糖果、巧克力及蜜饯制	38	4.9%	1.3
方便食品制造	89	6.3%	6.2
液体乳及乳制品制造	103	16.1%	24.4
罐头制造	93	10.5%	13.6
调味品、发酵制品制造	72	6.3%	15.1

资料来源：国家统计局，2016 年 1 月。

三、重点领域情况

（一）各子行业发展呈分化之势

受不同因素的影响，食品制造业的各个子行业的发展呈现分化之势。其中，肉类加工业、乳品制造和方便食品制造的发展势头将更为强劲。肉类加工业方面，近年来国家政策主要集中在促进生产发展，提倡合理消费、保证质量安全和调整产业结构方面，促使肉类食品供给基本适应城乡市场的消费需求。乳品制造业方面，自 2010 年以来，国家不断加大对乳品行业的调控力度，国务院办公厅、工信部，国家发改委等相继发布了一系列密集的行业政策，旨在清理整顿淘汰一批落后企业，提高行业准入门槛。同时，随着国家对食品安全监管力度的加大，消费者对国产乳品的信任危机有望改善。在这两个方面的共同作用下，将会促进乳品行业的健康发展。方便食品制造方面，虽然速冻食品行业自 2011 年底遭受食品安全危机，但作为方便食品的重要部分，冷冻食品极大地满足了快节奏生活群体的消费需求，使方便食品保持良好的增长势头，成为食品制造业发展的重要推动力。

（二）肉类加工业生产稳步增长

近年来，肉类加工业在国家宏观政策的规范调控下，实现稳步增长。2014 年肉类总产量突破 8700 万吨，提前超额完全了“十二五”的规划目标。2015 年，肉类产品结构进一步适应消费需求的变化，市场供应充裕，肉价比较稳定。与此同时，国家加强了食品安全监督抽检，肉及肉制品合格率稳步提升。截至 2015

年底，全国屠宰及肉类加工行业稳定发展，规模以上企业达到3856家，比上年增加70家。按照国家有关标准规定，屠宰及肉类加工业共分为三个重点行业：一是牲畜屠宰业。2015年全国有规模以上牲畜屠宰企业1350家，比上年的1339家增加了11家；二是禽类屠宰业。2015年全国规模以上企业有845家，比上年减少了4家，变化不大；三是肉制品及副产品加工业。2015年全国规模以上企业有1666家，比上年增加了68家，在三个重点行业中增幅最大。

（三）乳品制造发展势头强劲

自2008年底颁布实施《奶业整顿和振兴规划纲要》以来，针对乳制品行业的政策接连出台。2010年，国务院办公厅发布了《关于进一步加强乳品质量安全工作的通知》要求；工信部、国家发改委发布了《乳制品工业产业政策（2009年修订）》相关准入要求，国家质检总局发布2010年版《企业生产婴幼儿配方乳粉许可条件审查细则》和《企业生产乳制品许可条件审查细则》。2013年5月31日，国务院总理李克强主持召开国务院常务会议，在我国婴幼儿配方乳粉行业面貌发生较大改变情况下，研究部署进一步加强婴幼儿配方乳粉质量安全工作。2014年6月13日，国务院办公厅转发了由工信部、发改委、财政部和食品药品监管总局联合制定的《推动婴幼儿配方乳粉企业兼并重组工作方案》（以下简称《工作方案》）。如此密集的行业政策意在清理整顿淘汰一批落后企业，提高行业准入门槛。可以预计，国家对乳品行业的调控力度还将加大，重复建设严重的局面将会得到改善。另外，随着国家对食品安全监管力度的加大，消费者对国产乳品的信任危机有望改善。在这两个方面的共同作用下，将会促进乳品行业的健康发展。

（四）方便食品制造业市场空间不断扩大

随着我国城市化率的提高以及城镇居民可支配收入水平的提高，方便食品作为食品制造行业的重要细分行业之一，极大满足了快节奏生活群体的消费需求，消费增长势头强劲，成为食品制造业发展的重要推动力。统计数据显示，方面食品制造行业销售收入由2003年的222亿元增加到2013年的571.9亿元。同时，由于我国方便食品制造业不断加快资本整合，市场格局也有所突破。2014年全国方便食品制造企业1293家，实现主营业务收入3463.9亿元，同比增长10%。其中，米面制品制造、速冻食品制造、方便面及其他方便食品制造业分别占方便食品制造主营业务收入的24.7%、22.6%和52.7%（米、面制品制造企业533家，实现主营业务收入 855.9 亿元，同比增长 15.6%。速冻食品制造企业 369 家，实现主营业务收入 782.3 亿元，同比增长 15.7%；方便面及其他方便食品制造企业实现主营业务收入 391 亿元，同比增长 5.3%）。同时，近年来粮食的丰产和粮价趋稳也降低了方便食品行业的成本变动风险，为食品工业的发展提供了重要的保障。作为食品制造业的基本原料，粮食产量的高低与粮价的走势将直接影响食品制造业的发展水平。粮食产量的增加将会带来粮价的趋稳，食品制造业的原料成本上涨将会得到遏制，进而促进了食品制造业的发展。

第二节　存在问题

一、行业处于成长期，集中度有待进一步提升

食品制造业是事关国计民生的重要产业，在扩大内需促进消费的政策下会对经济发展起到一定的推动作用。自 2005 年以来，我国食品制造业收入年复合增长率达到 22.38%，行业处于成长期。近年来，尽管我国食品制造企业组织结构和规模发生了显著变化，龙头企业数量大幅增加，行业生产集中度有所提高，至“十一五”期末，我国食品制造业已形成了大、中、小企业协作发展、企业组织结构不断优化的格局。但是由于食品制造业属劳动密集型产业，准入门槛低，精细加工程度较弱、造成产品同质化严重。同时，中小型企业仍占据了行业大半壁江山，大型企业数量依然偏小。随着城镇化的不断推进，食品制造业结构将进一步优化，行业集中度将进一步提升。

二、主要运行指标放缓，盈利能力不足

2015 年，食品制造业虽然总体呈现平稳发展态势，但是在经济增速放缓，市场需求萎缩的背景下，生产有所放缓，工业增加值、出口交货值和行业利润率等主要运行指标放缓。具体表现在，行业景气指数延续回落态势；行业固定资产投资中虽然增速回升，且保持较快增长，但受终端购买力下滑的影响，行业增加值持续走低，产品产量涨跌互现；由于外需市场前景依旧惨淡，行业出口交货值持续抵位徘徊。

三、产业政策环境利好，食品安全问题严峻

近年来，三聚氰胺、瘦肉精、银鳕鱼、毒蜜饯等一系列重大食品质量安全事

件的频频发生，引发了政府和民众对食品质量安全问题的高度重视和担忧，食品安全形势十分严峻。2015 年，我国经济在新常态下运行总体平稳，经济指标继续运行在合理区间。在此背景下，食品制造业增加值增速稳中微落，产业政策环境继续利好。从产业政策环境来看，为标本兼治食品安全问题，严惩重处食品安全违法犯罪，相关部门相继出台了 2015 年食品安全重点工作、诚信体系建设等一系列严厉监管政策，以确保食品行业健康稳定地发展。“国以民为本，民以食为天，食以安为先”，食品安全关系国计民生和社会和谐。要防范食品安全事件，其核心在于今后必须加快标准体系建设，完善食品安全监管体制，强化第三方检验检测制度，大力推进诚信和可追溯体系建设，建立信息披露及动态预警机制等。

第六章　家电制造业

第一节　发展情况

一、运行情况

（一）主营业务收入增速大幅下滑

2015 年 1—10 月，家电行业主营业务收入 11634.8 亿元，同比增长 1.8%。整体来看，2015 年家电销售增速大幅下滑，陷入低增长区间，全年各月份增速均低于 8%。相比 2014 年，2015 年 1—10 月增速比上年低 8.1 个百分点，其中各月家电主营业务收入增长均低于上年同期，特别是 1—9 月份低于上年同期 9 个百分点。

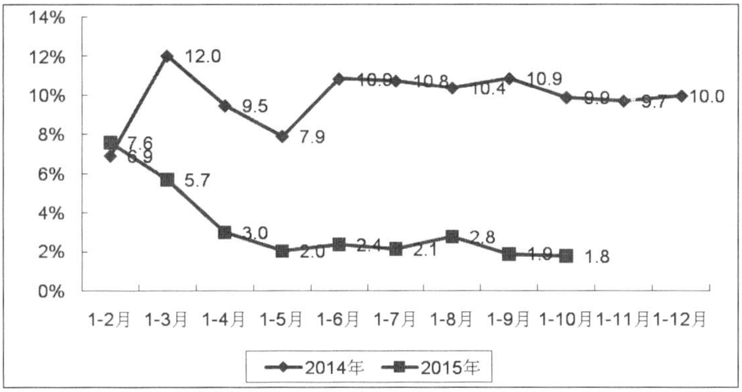

图6–1　2015年家电行业主营业务收入同比增长情况

资料来源：国家统计局，2016 年 1 月。

分行业来看，2015 年 1—10 月，除家用电力器具制造、家用制冷电器具制造主营业务收入相比上年同期下降外，其他子行业主营业务收入均高于 2014 年同期，其中家用厨房电器具制造、家用清洁卫生电器具制造增速最为明显，这两个行业主营业务收入分别为1611.9亿元、1236.1亿元，分别同比增长8.2%和7.3%。从结构来看，2015年1—10月家电行业主营业务收入主要来自家用制冷电器、家用空气调节器和家用厨房电器，占家电份额分别为24.3%、34.5%和13.9%，三行业累计份额为72.6%。

表6-1 2015年1—10月家电子行业主营业务收入增长情况及份额

	主营业务收入（亿元）	增速	份额
家用电力器具制造	11634.8	1.8%	100.0%
家用制冷电器具制造	2825.7	−0.8%	24.3%
家用空气调节器制造	4013.4	−2.1%	34.5%
家用通风电器具制造	355.6	6.0%	3.1%
家用厨房电器具制造	1611.9	8.2%	13.9%
家用清洁卫生电器具制造	1236.1	7.3%	10.6%
家用美容、保健电器具制造	274.5	5.9%	2.4%
家用电力器具专用配件制造	786.4	5.7%	6.8%
其他家用电力器具制造	531.2	5.6%	4.6%

资料来源：国家统计局，2016年1月。

（二）出口持续下滑

2015年1—10月，家电行业出口交货值2921.9亿元，仅同比增长1.1%。自1月份起，家电行业出口增速持续下滑，从5.3%下滑到1.1%。相比2014年，2015年1—10月出口增速显著低于上年，除3月、4月、5月外其他月份增速均低于上年同期。

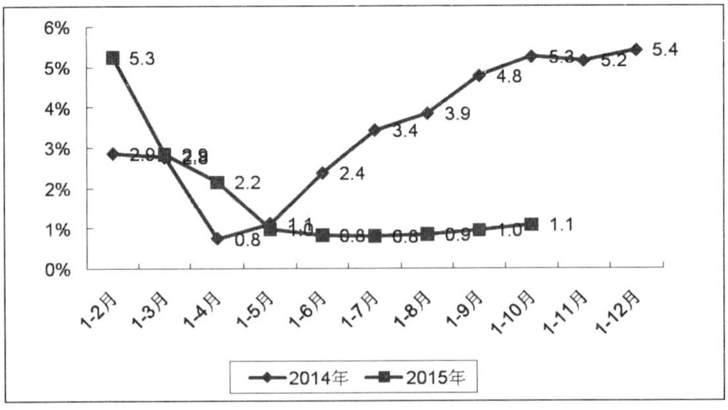

图6-2 2015年1—10月家电行业出口交货值同比增长情况

资料来源：国家统计局，2016年1月。

分行业来看，出口增速差异明显。2015 年 1—10 月，家用空气调节器制造，家用清洁卫生电器具制造，家用美容、保健电器具制造出口额分别为 980.2 亿元、348.1 亿元、157.8 亿元，同比增速分别为 5.3%、4.5% 和 3.3%，其他子行业增速均为负值。从出口结构来看，2015 年 1—10 月我国家电出口主要为家用空气调节器、家用厨房电器具、家用制冷电器具和家用清洁卫生电器具，出口份额分别为 33.5%、19.0%、16.1% 和 11.9%，四行业累计份额达到 80.6%。

表 6-2　2015 年 1—10 月家电子行业出口增长情况及份额

	出口（亿元）	出口增速	份额
家用电力器具制造	2921.9	1.1%	100.0%
家用制冷电器具制造	471.1	-4.0%	16.1%
家用空气调节器制造	980.2	5.3%	33.5%
家用通风电器具制造	129.2	-1.4%	4.4%
家用厨房电器具制造	554.7	-1.6%	19.0%
家用清洁卫生电器具制造	348.1	4.5%	11.9%
家用美容、保健电器具制造	157.8	3.3%	5.4%
家用电力器具专用配件制造	62.9	-6.7%	2.2%
其他家用电力器具制造	217.8	-1.3%	7.5%

资料来源：国家统计局，2016 年 1 月。

（三）主要产品增长情况不乐观，不同产品增长分化明显

监测的 12 种家电产品中，其中电饭锅、微波炉快速增长，增速分别为 27.3% 和 12.4%，而电冰箱、空气调节器、吸排油烟机、电热烘烤器具、电冷热饮水机、吸尘器 6 种产品产量同比下降，分别同比下降 -1.4%、-0.1%、-0.3%、-10.0%、-2.4% 和 -2.4%。

表 6-3　2015 年 1—10 月家电产品产量及增长情况

	产量	同比增长
家用电冰箱（万台）	7776.6	-1.4%
家用冷柜（家用冷冻箱）（万台）	1848.4	2.5%
房间空气调节器（万台）	13348.3	-0.1%
家用电风扇（万台）	13023.6	4.8%
家用吸排油烟机（万台）	2316.2	-0.3%

（续表）

	产量	同比增长
电饭锅（万个）	24100.6	27.3%
家用电热烘烤器具（万个）	13502.6	-10.0%
电冷热饮水机（万台）	2165.5	-2.4%
微波炉（万台）	7066.9	12.4%
家用洗衣机（万台）	5968.9	2.5%
家用电热水器（万台）	3160.8	5.5%
家用吸尘器（万台）	7129.1	-2.4%

资料来源：国家统计局，2016 年 1 月。

二、效益情况

（一）盈利能力分析

1. 利润增速上、下半年呈现分化态势，其中上半年增速持续下滑，而下半年逐渐上扬。2015 年 1—10 月，家电行业利润 746.6 亿元，同比增长 10.6%。其中上半年家电行业利润增速由 16.4% 下滑到 4.6%，而下半年逐渐上扬到 10.6%。相比上年同期，2015 年各月利润增速均明显低于上年。

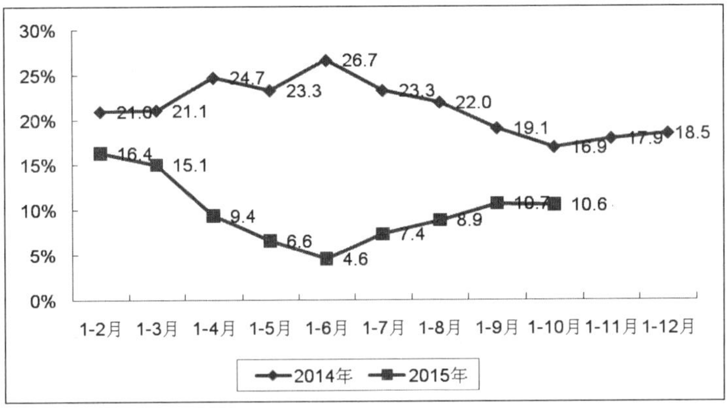

图6-3 2015年1—10月家电行业利润同比增长情况

资料来源：国家统计局，2016 年 1 月。

分行业来看，除家用电力器具专用配件外，其他子行业利润增速均较显著，特别是家用清洁卫生电器具和家用美容、保健电器具，利润增速分别高达 20.7%

和 26.5%。从结构来看，家电行业利润主要来源于家用制冷电器具和家用空气调节器，两者占家电份额分别为 20.9% 和 47.9%。

表 6-4　2015 年 1—10 月家电子行业利润增长情况及份额

	利润（亿元）	增速	份额
家用电力器具制造	746.6	10.6%	100.0%
家用制冷电器具制造	156.3	7.4%	20.9%
家用空气调节器制造	357.3	10.1%	47.9%
家用通风电器具制造	18.1	9.6%	2.4%
家用厨房电器具制造	69.2	11.5%	9.3%
家用清洁卫生电器具制造	80.9	20.7%	10.8%
家用美容、保健电器具制造	15.2	26.5%	2.0%
家用电力器具专用配件制造	26.4	0.8%	3.5%
其他家用电力器具制造	23.2	9.1%	3.1%

资料来源：国家统计局，2016 年 1 月。

2. 销售利润率持续走高。家电行业盈利能力逐渐好转，且略好于上年。2015 年 1—10 月家电行业销售利润率持续走高，由年初的 4.9% 持续上升到年末的 6.4%。相比 2014 年，各月销售利润率均高于 2014 年同期。

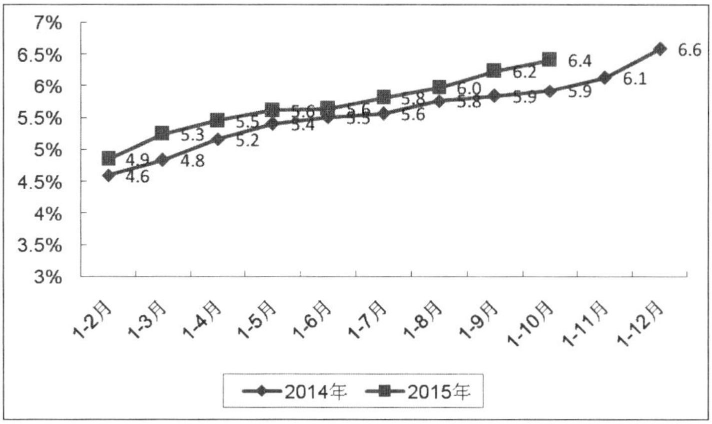

图6-4　2015年1—10月家电行业销售利润率变化情况

资料来源：国家统计局，2016 年 1 月。

3. 成本费用利润率稳步上升。与销售利润率走势相同，家电行业成本费用利润率反映出家电行业盈利能力逐渐好转，且略好于 2014 年。2015 年 1—10 月家电行业成本费用利润率持续走高，由年初的5.8%持续上升到年末的7.7%。相比2014年，各月成本费用利润率均高于2014年同期。

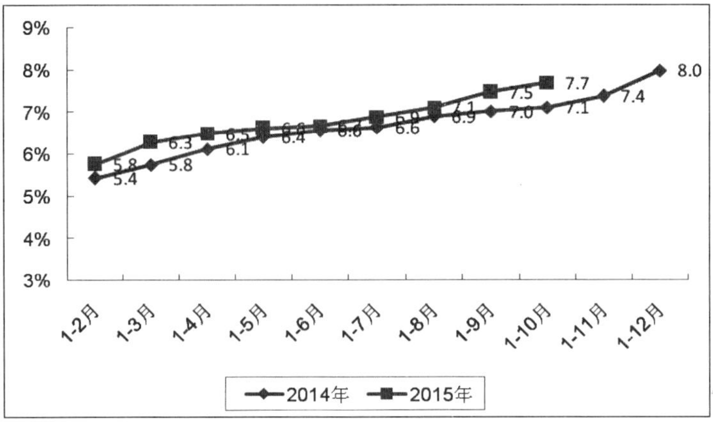

图6-5　2015年1—10月家电行业成本费用利润率变化情况

资料来源：国家统计局，2016年1月。

（二）偿债能力分析

（1）资产负债率逐渐走高。2015年1—10月家电行业资产负债率为66.9%。全年来看，资产负债率逐渐走高，由年初的65.3%逐渐上涨到年末的66.9%，表明偿债能力有所恶化，但仍处于安全可控水平。相比2014年，2015年各月份资产负债情况均不如2014年同期。

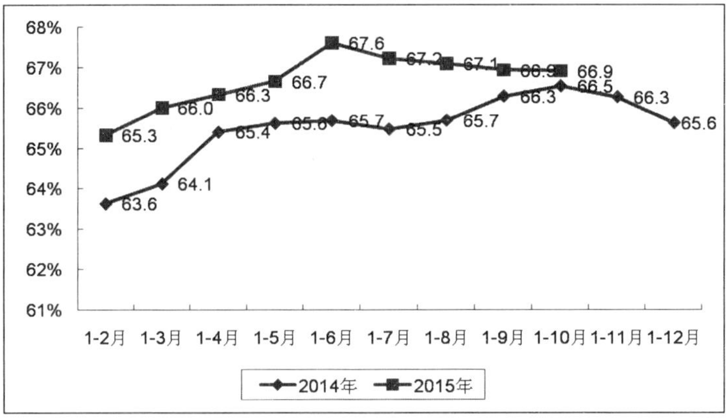

图6-6　2015年1—10月家电行业资产负债率变化情况

资料来源：国家统计局，2016年1月。

分解来看，2015 年资产同比增长 12.3%，而负债增长高于资产 1.1 个百分点。分阶段来看，第 4 季度负债的快速下滑拉动了全年资产负债情况的改善。

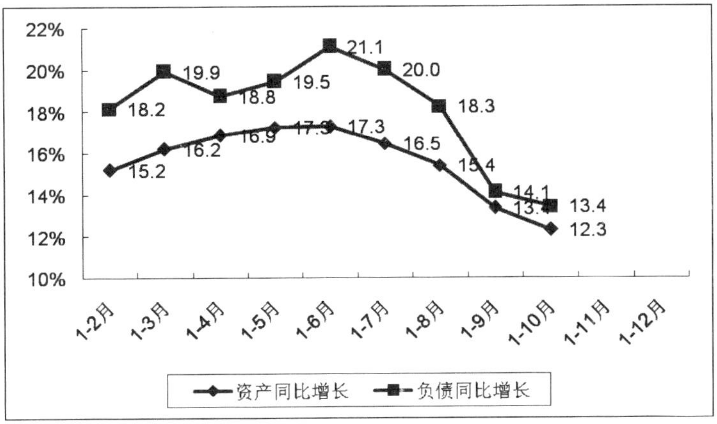

图6-7　2015年1—10月家电行业资产与负债同比增长情况

资料来源：国家统计局，2016 年 1 月。

相比其他细分行业，家用制冷电器具、家用空气调节器资产负债率相对较高，分别为 72.0% 和 70.2%。家用制冷电器具和家用空气调节器为负债规模最大的两个子行业，负债规模分别为 2573.3 亿元、2970.1 亿元，这两个行业负债规模及资产负债率均高于其他细分行业，须加强关注。

表 6-5　2015 年 1—10 月家电子行业资产负债情况

	资产（亿元）	负债（亿元）	资产负债率
家用电力器具制造	11513.5	7704.2	66.9%
家用制冷电器具制造	3573.7	2573.3	72.0%
家用空气调节器制造	4231.1	2970.1	70.2%
家用通风电器具制造	318.1	189.2	59.5%
家用厨房电器具制造	1249.6	750.3	60.0%
家用清洁卫生电器具制造	977.4	562.9	57.6%
家用美容、保健电器具制造	283.9	162.7	57.3%
家用电力器具专用配件制造	491.0	265.1	54.0%
其他家用电力器具制造	388.7	230.6	59.3%

资料来源：国家统计局，2016 年 1 月。

（2）亏损情况整体明显改善。从绝对指标来看，家电行业亏损企业数量增速加快，由年初的 -3.9% 上升到 23.0%，亏损总额亦呈现快速增加趋势，1—10 月亏损总额同比增长 38.2%。

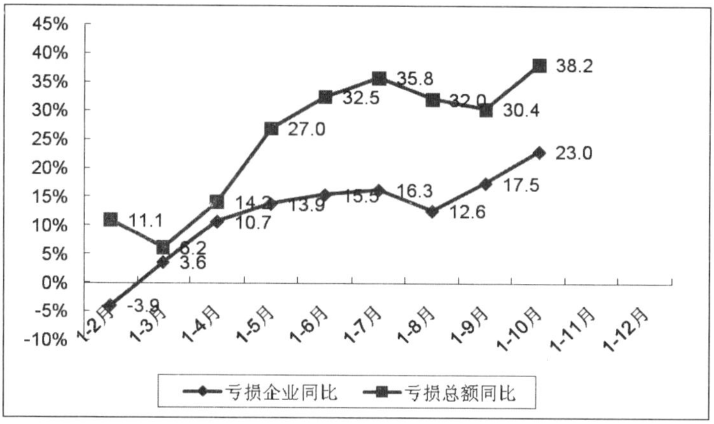

图6-8　2015年1—10月家电行业亏损企业数量及总额变化情况

资料来源：国家统计局，2016 年 1 月。

从相对指标来看，家电行业亏损情况明显改善，亏损面及亏损深度均持续减少。亏损面由年初的 26.5% 减少到 18.0%，亏损深度由 12.5% 减少到 3.3%。

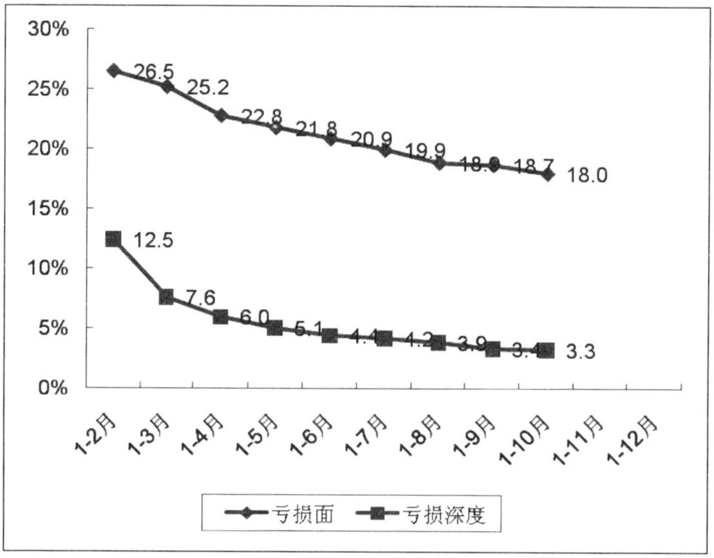

图6-9　2015年1—10月家电行业亏损面及亏损深度变化情况

资料来源：国家统计局，2016 年 1 月。

（三）营运能力分析

（1）流动资产周转次数小幅上涨。2015 年 1—10 月，家电行业流动资产周转次数由年初的 0.3 持续上涨到 1.4。相比上年，2015 年家电行业各月流动资产周转次数均低于上年同期，反映出营运能力弱于上年。

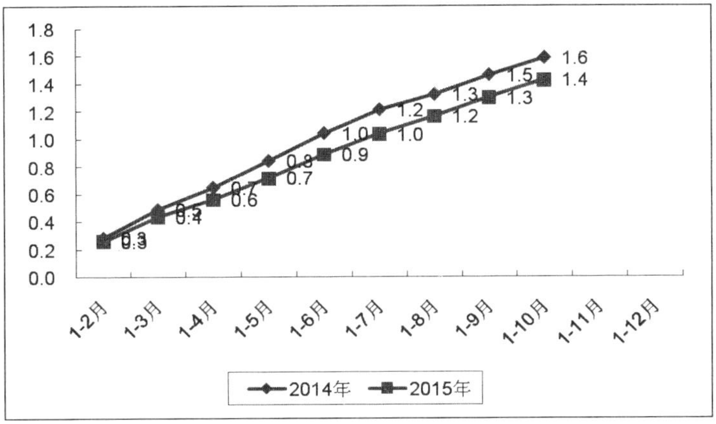

图6-10 2015年1—10月家电行业流动资产周转次数变化情况

资料来源：国家统计局，2016 年 1 月。

（2）产成品资金占用率显著下降。2015 年 1—10 月，家电行业产成品资金占用率由年初的 38.3% 持续下降到 5.9%。相比 2014 年，2015 年 1—10 月家电行业产成品资金占用率略上低于 2014 年同期的 6.1%，反映出营运能力略强于 2014 年。

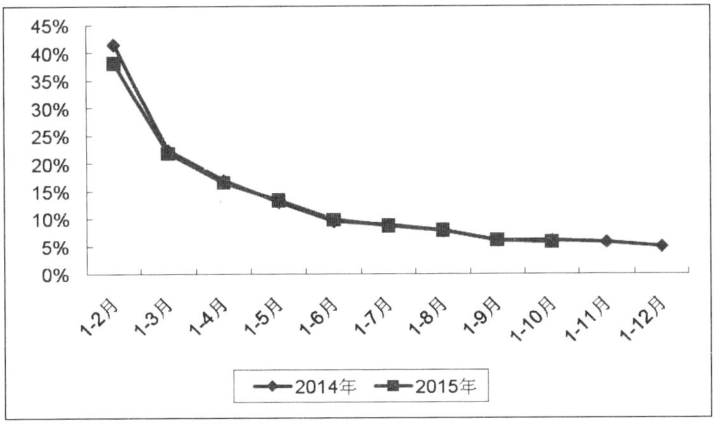

图6-11 2015年1—10月家电行业产成品资金占用率变化情况

资料来源：国家统计局，2016 年 1 月。

三、重点领域情况

2015 年，彩电产量 16206.7 万台，同比增长 14.7%。从季度运行情况来看，家电产量增速自 2 季度呈现上行态势，从 2 季度的 –0.1% 增加到全年的 14.7%。整体上来看，受第 4 季度产量大幅增加影响，2015 年家电产量增速明显高于 2014 年。

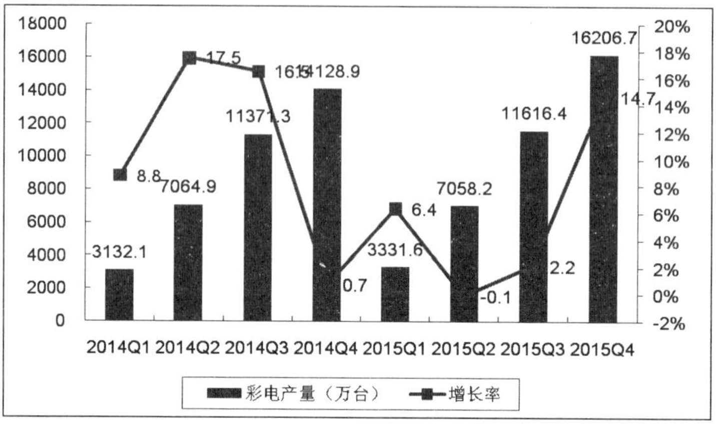

图6–12　2014—2015年彩电产量变化情况

资料来源：国家统计局，2016 年 1 月。

整体看，彩电销售情况不容乐观。2015 年前三季度，彩电销量 11571.9 万台，同比增长 1.9%。相比 2014 年，2015 年彩电销售明显不如 2014 年，各季度增速均低于上年同期。

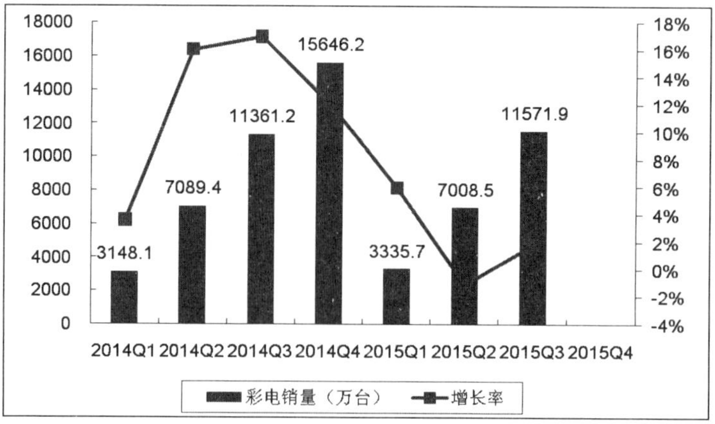

图6–13　2014—2015年彩电销量变化情况

资料来源：国家统计局，2016 年 1 月。

销量增速的走低拉高了库存增速。2015 年前三季度，彩电年末库存相比年初上升 1.2%。全年产销率呈现下行态势，产销率由 1 季度的 100.9 下降到 3 季度的 100.0。

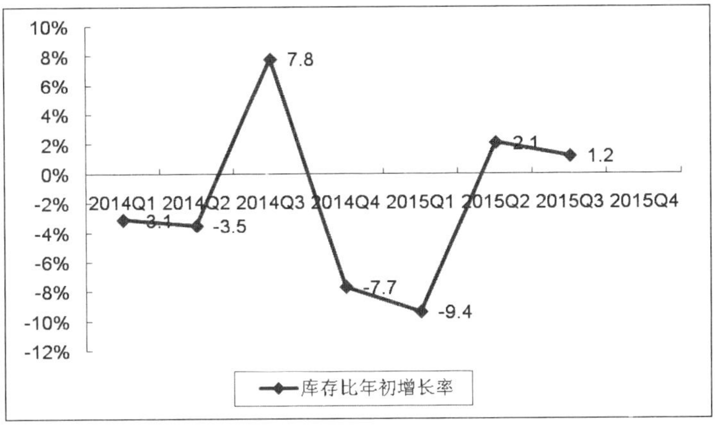

图6-14 2015年彩电库存变化情况

资料来源：国家统计局，2016 年 1 月。

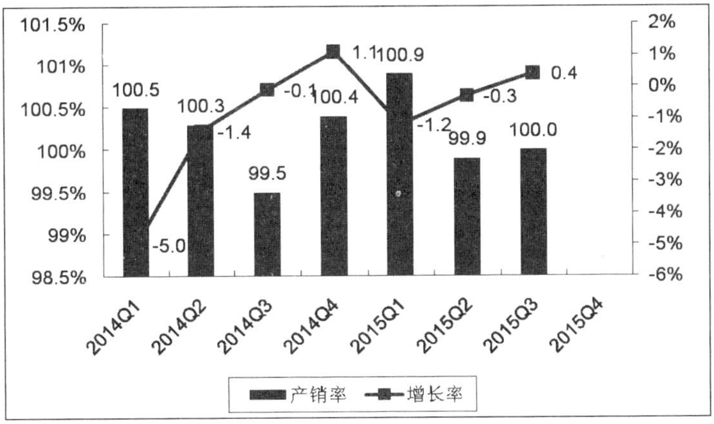

图6-15 2015年彩电产销率变化情况

资料来源：国家统计局，2016 年 1 月。

从销售目的地来看，受国内家电更新换代需求的增加和商品住宅现房销售的逐渐回暖拉动，我国彩电销量的增加主要来源于国内市场，而出口大幅下滑。2015 年 1—11 月，彩电出口 6578.7 万台，同比下降 4.4%。从出口额来看，2015

年彩电出口同比下降7.9%，远低于2014年25.5%的增速。

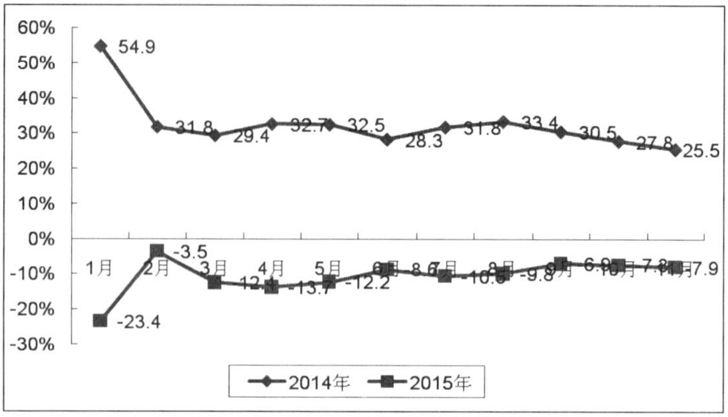

图6-16　2015年彩电出口额变化情况

资料来源：国家统计局，2016年1月。

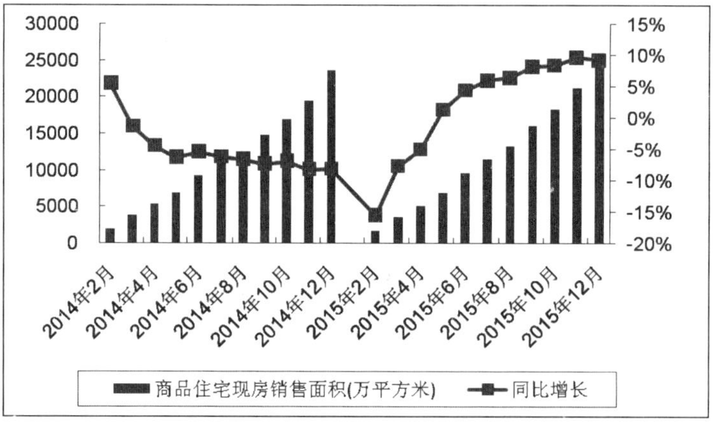

图6-17　2015年商品住宅现房销售面积变化情况

资料来源：国家统计局，2016年1月。

第二节　存在问题

一、价格战导致行业竞争异常激烈

整体来看，近年家电行业一直面临着产能过剩和供给结构不合理问题，传统家电产品过剩严重，不能与消费者需求升级相匹配，加上受国家经济下滑和房地产行业持续低迷影响，家电行业内外交困，多数企业采用价格战来解决销售放缓和库存走高难题，进而逐渐延伸至整个行业，造成家电价格下降但销量没有明显相应上升，特别是在厨电、彩电、空调、冰箱等行业，价格战严重削弱了企业可持续发展能力和整个行业盈利能力。

二、出口市场需求疲软

家电行业是典型的外向型行业，受国际环境影响较为明显，特别是在国内经济存在较大下行压力的背景下，出口环境的好坏对家电行业的发展更为重要。据计算，我国家电行业出口交货值与主营业务收入的比例接近25%。据《中国对外贸易形势报告（2015年秋季）》，2016年，虽然发达国家经济逐渐回暖，但是受累于大宗商品价格下跌、资本外流等因素，发展中国家经济下行压力将继续加大，全球经济低增长局面难有较大改变。

三、国内家电市场需求动力不足

前几年出台的家电以旧换新政策、家电下乡政策和节能家电补贴政策提前透支了我国部分家电市场，农村家电的保有量和普及率明显提高，未来再进一步提高的潜力减少，而城镇家电的部分更新换代需求也被提前透支。2016年，房地产销售增速难有明显提升，家电的刚性需求将被抑制，家电销售将继续放缓，加上出口市场不景气，整个行业仍将面临库存难以有效消化的难题。

区 域 篇

第七章　东部地区

第一节　东部地区消费品工业发展情况

一、生产情况

东部地区是我国消费品工业最为集中的地区，主营业务收入、出口交货值、利润总额和企业数等各项指标均排在四大区域之首。2015 年，面对经济新常态，东部地区的产业结构调整与转型升级也悄然进行着，纺织、食品等产业向中西部地区转移加快、新医药等高新技术占比上升等特点进一步凸显。

（一）生产增速全面收缩

2015 年，东部地区消费品工业生产规模稳步扩大，主营业务收入水平实现 5% 的增长。但是与上年同期相比，增速明显下滑，降低 3.2 个百分点。全国来看，东部地区消费品工业生产也有所放缓，增速低于全国平均水平 0.4 个百分点。细分行业看，除纺织工业收入增速与上年同期持平外，其他三个行业的收入增速均出现不同程度的下滑，且普遍低于全国平均水平。从在全国的地位看，东部地区主营业务收入占全国的比重仍超过 50%，但与上年同期相比下滑 0.2 个百分点。从收入构成来看，医药产业收入占比提升 0.3 个百分点，与国家产业政策调整目标一致。

表 7–1　2015 年 1—10 月东部地区主要消费品工业主营业务收入情况

行 业	同比增速	上年同期增速比较	全国增速比较	占全国比重	上年同期比重比较
消费品工业[1]	5.0%	–3.2%	–0.4%	59.4%	–0.2%
其中：轻工业	5.3%	–5.2%	–0.6%	66.6%	–0.4%

[1]　本章消费品工业统计口径包括：皮革、毛皮、羽毛及其制品和制鞋业；木材加工及木、竹、藤、棕、草制品业；家具制造业；造纸及纸制品业；印刷业和记录媒介的复制；文教、工美、体育和娱乐用品制造业；橡胶和塑料制品业；农副食品加工业；食品制造业；酒、饮料和精制茶制造业；纺织业；纺织服装、服饰业；化学纤维制造业；医药制造业等十四大类行业。

（续表）

行 业	同比增速	与上年同期增速比较	与全国增速比较	占全国比重	与上年同期比重比较
食品工业	3.8%	-4.7%	-0.5%	43.1%	-0.2%
纺织工业	4.5%	0.0%	-0.2%	75.4%	-0.1%
医药工业	9.1%	-1.5%	-0.6%	52.5%	-0.3%

注：增速比较和比重比较均为 2015 年数值减去 2014 年数值。
资料来源：国家统计局，2016 年 1 月。

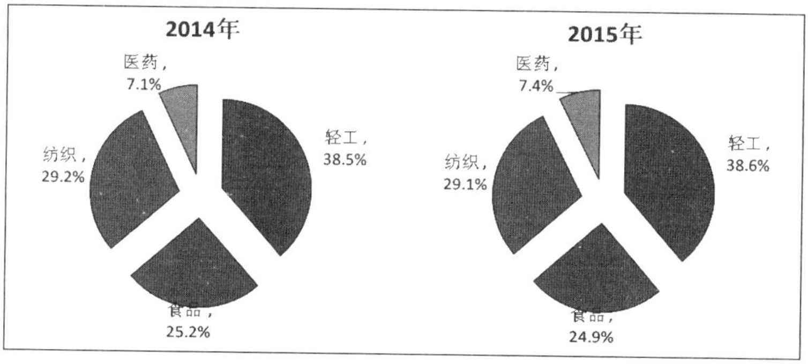

图7-1　2015年1—10月东部地区消费品工业主营业务收入构成与上年比较

资料来源：国家统计局，2016 年 1 月。

（二）多数产品产量增速下滑

在统计的 20 种主要消费品产品中，东部地区产量占全国 50% 以上的产品达到 12 种。2015 年，由于产业结构调整和市场需求下滑，东部地区消费品工业进入转型阵痛期，啤酒、软饮料、冷冻水产品、植物油、纸制品、家具、塑料制品等行业产量大幅下降，降幅达到 10% 以上。其他产品除乳制品、糖果、布、化学纤维、化学药品原料药外，产量增速也均出现不同程度的下滑。从全国占比来看，东部地区的发展重点偏向食品制造业和医药制造业，化学药品原料药、中成药、糖果、酱油等产品产量占比显著提升。

表 7-2　2015 年 1—10 月东部地区主要消费品生产情况

主要消费品	产量增速	与上年同期增速比较	与全国产量增速比较	占全国比重	与上年同期比重比较
白酒	-1.4%	-0.7%	-5.6%	22.1%	-1.3%
啤酒	-9.7%	-10.2%	-4.9%	43.9%	-2.4%

（续表）

主要消费品	产量增速	与上年同期增速比较	与全国产量增速比较	占全国比重	与上年同期比重比较
软饮料	0.9%	-14.2%	-3.3%	42.2%	-1.4%
速冻米面食品	3.9%	-7.7%	3.3%	20.5%	0.6%
乳制品	6.3%	8.4%	2.3%	39.1%	0.8%
冷冻水产品	4.5%	-38.5%	6.3%	73.6%	4.5%
冷冻饮品	-7.5%	-21.3%	-6.4%	23.5%	-1.6%
罐头	3.6%	-6.3%	0.3%	51.1%	0.2%
糖果	12.1%	3.6%	14.9%	63.8%	8.5%
酱油	13.3%	-6.4%	7.2%	67.5%	4.3%
植物油	-5.3%	-11.9%	-7.5%	46.7%	-3.7%
布	2.8%	1.6%	2.7%	76.6%	2.0%
纱	2.3%	-6.0%	-0.8%	59.5%	-0.5%
服装	1.3%	-9.7%	-0.7%	76.8%	-0.5%
化学纤维	9.2%	2.1%	1.0%	91.4%	0.8%
化学药品原料药	17.9%	5.6%	5.6%	62.8%	3.0%
中成药	3.2%	-9.5%	16.4%	19.1%	3.0%
纸制品	6.4%	-12.5%	1.0%	55.1%	0.5%
家具	-1.5%	-22.1%	-0.8%	79.6%	-0.7%
塑料制品	0.7%	-14.4%	-1.4%	53.7%	-0.7%

注：增速比较和比重比较均为2015年数值减去2014年数值。

资料来源：国家统计局，2016年1月。

二、出口情况

由于成本高企、汇率波动、国外需求低迷等因素的影响，我国消费品工业出口竞争力明显下滑。作为人力、原料、能源成本最高的东部地区，消费品工业出口形势更加严峻。2015年1—10月，东部地区消费品工业实现出口交货值19752.9亿元，同比下降3.2%，增速较之上年同期大幅下滑9.5个百分点，较之全国平均水平低出0.7个百分点。全国范围内，东部地区消费品工业出口交货值占全国出口交货值的比重由上年同期的82.2%下滑至81.6%。从出口结构看，轻工业和纺织工业是东部地区的出口支柱产业，但是随着国家产业结构的调整，食品工业和医药工业的出口贡献率逐年扩大。

从细分行业看，东部地区医药工业出口情况较为乐观，同比增速达到3.4%，虽低于全国平均水平，但较之上年同期增加1.2个百分点。轻工业、食品工业、纺织工业出口全部负增长。需要指出的是，东部地区食品工业出口增速高出全国平均水平3.7个百分点，占全国的比重也提高2.5个百分点。

表7-3　2015年1—10月东部地区消费品工业出口交货值情况

行　业	同比增速	与上年同期增速比较	与全国增速比较	占全国比重	与上年同期比重比较
消费品工业	–3.2%	–9.5%	–0.7%	81.6%	–0.6%
其中：轻工业	–3.7%	–15.0%	–1.6%	85.3%	–1.4%
食品工业	–1.1%	–3.5%	3.7%	66.7%	2.5%
纺织工业	–4.0%	–4.4%	–0.9%	83.7%	–0.8%
医药工业	3.4%	1.2%	–0.8%	73.9%	–0.6%

注：增速比较和比重比较均为2015年数值减去2014年数值。
资料来源：国家统计局，2016年1月。

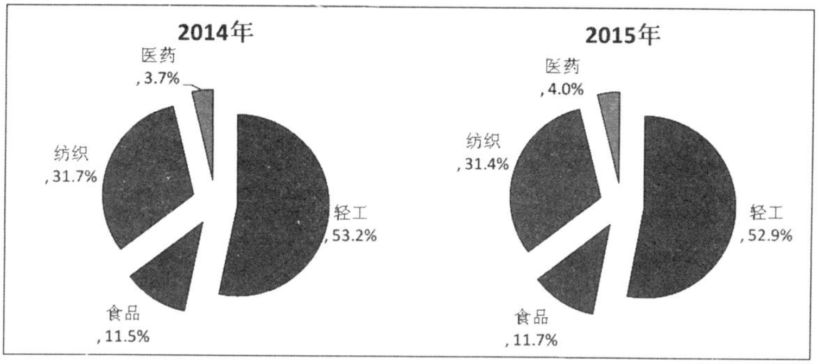

图7–2　2015年1—10月东部地区消费品工业出口交货值构成与上年比较

资料来源：国家统计局，2016年1月。

三、效益情况

（一）盈利能力稳中有升

近年来，东部地区十分重视消费品工业企业技术升级改造和产品创新，大力发展新型业态，盈利能力显著提高。2015年，东部地区消费品工业利润总额实现9.7%的增长，增速虽低于全国平均水平0.2个百分点，但与上年同期相比提高2.4个百分点。利润结构看，轻工业和食品工业是主要获利行业，与上年相比食品工业和医药工业的利润贡献率明显提高。从细分行业看，食品工业与医药工业利润增速达到10%以上的水平，且高出上年同期和全国平均水平，带动东部地区消费品工业整体利润增速的提高。从销售利润率看，东部地区消费品工业产品附加值稳步提升，2015 年 1—10 月销售利润率高于上年同期 0.3 个百分点。

表 7-4 2015 年 1—10 月东部地区消费品工业利润总额完成情况

行 业	同比增速	与上年同期增速比较	与全国增速比较	占全国比重	与上年同期比重比较
消费品工业	9.7%	2.4%	-0.2%	58.3%	-0.1%
其中：轻工业	8.2%	-3.1%	-0.3%	64.5%	-0.2%
食品工业	11.4%	9.2%	0.8%	44.4%	0.3%
纺织工业	7.4%	1.1%	-0.8%	73.6%	-0.6%
医药工业	15.2%	5.5%	1.1%	57.7%	0.5%

注：增速比较和比重比较均为 2015 年数值减去 2014 年数值。

资料来源：国家统计局，2016 年 1 月。

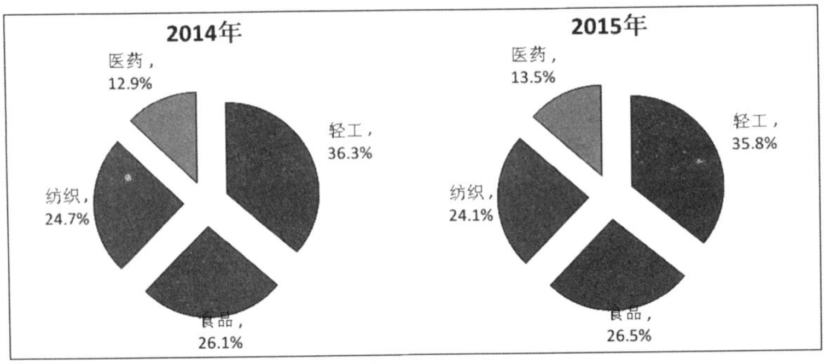

图7-3 2015年1—10月东部地区消费品工业利润总额构成与上年比较

资料来源：国家统计局，2016 年 1 月。

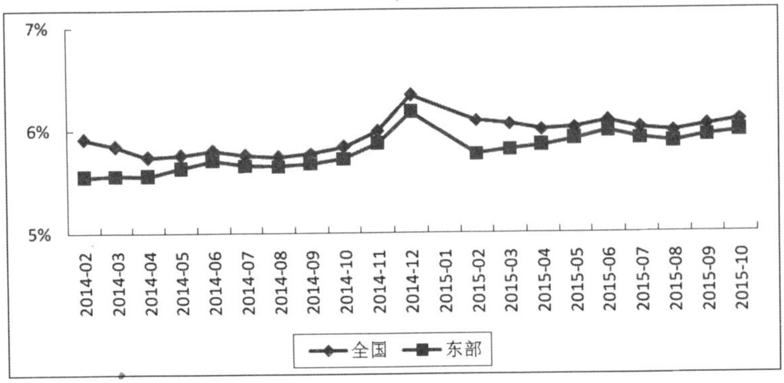

图7-4 2015年1—10月东部地区消费品工业销售利润率与全国比较

资料来源：国家统计局，2016 年 1 月。

（二）亏损情况有所缓解

2015 年，消费品工业亏损深度较之上年同期有所缓解，但亏损面度进一步扩大。截至 2015 年 10 月，东部地区消费品工业亏损面为 14%，与上年同期相比增加 0.2 个百分点；亏损深度为 5.7%，较之上年同期下降 0.9 个百分点。与全国平均水平相比，东部地区亏损情况更为严重，主要因为东部地区人工成本居高不下、中小企业量大面广。分行业看，纺织工业和医药工业亏损全面扭转，亏损面和亏损深度全部收窄。食品工业和轻工业亏损面有所扩大，但亏损深度明显好转。

表 7–5　2015 年 1—10 月东部地区消费品工业及细分行业亏损情况与上年比较

行 业	2014年		2015年		与上年亏损比较	
	亏损面	亏损深度	亏损面	亏损深度	亏损面	亏损深度
全国消费品工业	12.0%	6.0%	12.2%	5.2%	0.2%	–0.8%
东部消费品工业	13.8%	6.6%	14.0%	5.7%	0.2%	–0.9%
其中：食品	11.0%	8.5%	11.4%	6.6%	0.4%	–1.9%
轻工	14.1%	5.8%	14.8%	5.6%	0.7%	–0.2%
纺织	14.9%	7.7%	14.3%	6.2%	–0.6%	–1.5%
医药	12.9%	3.8%	12.4%	3.3%	–0.5%	–0.5%

资料来源：国家统计局，2016 年 1 月。

四、主要问题

（一）要素供给约束加大

一方面，东部地区是我国经济最为发达的地区，物价水平和工资水平处于全国领先水平，产业人工成本和原料成本居高不下。2015 年，我国工资排名前十的省市中，东部地区占 70%，山东、江苏、浙江、广东等消费品工业大省工资水平较之 2014 年上升 5% 以上。另一方面，由于资本市场的大幅波动，融资压力对产业发展带来不利影响。此外，能源价格、房租价格等的上升也对东部地区消费品工业发展带来负面影响。

（二）转型升级压力加剧

一方面，东部地区存在大量小微企业，产能过剩、环保不达标、资源浪费等问题较为突出，抗风险能力较弱。随着国家淘汰落后产能和环保治理力度的加大，这些小微企业面临严峻的生存困境，转型升级压力极大。另一方面，东部地区消费品工业发展速度明显趋缓，运行指标多低于全国平均水平，亟须通过产业创新和转型升级实现产业良性发展。

（三）产业结构亟待优化

一方面，东部地区消费品工业仍集中于劳动密集型的轻工业和纺织工业，随着工资水平的上涨，产业优势逐渐流失。另一方面，医药工业仍偏重低附加值的化学药品原料药制造，生物医药和化学制剂产业发展不尽如人意，不符合全球医药产业发展方向。

第二节　主要行业发展情况：医药工业

东部地区是我国医药工业发展的重点地区，有着我国医药生产最为集中的山东和江苏，以及医药研发最为活跃的北京和上海，对医药工业的发展贡献较大。在发改委批准的22个生物产业基地中，东部地区占10个。

一、生产情况

生产规模稳步扩大，产品产量波动式增长。2015年是医药工业新版GMP认证的最后一年，部分企业为了赶在最后生死线通过认证，暂停部分产品的生产，生产增速受到影响，较之上年同期下降1.5个百分点。全国来看，东部地区医药工业主营业务收入增速落后0.6个百分点，收入占比下滑0.3个百分点，发展速度相对滞后。从细分行业看，生物医药和兽药产业发展状况良好，收入增速分别较之上年同期增长5.4个和3.5个百分点。产品产量看，上半年医药产品产量增速一路走低，同比下降0.8个百分点。7月份之后，通过认证的企业生产恢复正常，产量增速提高到10%以上。与全国相比，东部地区生产情况优于全国生产，2015年1—10月的产量增速高出全国平均水平16个百分点。

表7–6　2015年1—10月东部地区医药工业主营业务收入情况

行 业	同比增速	与上年同期增速比较	与全国增速比较	占全国比重	与上年同期比重比较
医药工业	9.1%	–1.5%	–0.6%	52.5%	–0.3%
其中：化药原料药	7.1%	–0.4%	–1.4%	59.3%	–0.8%
化药制剂	10.4%	–1.8%	2.1%	68.5%	1.3%

（续表）

行 业	同比增速	与上年同期增速比较	与全国增速比较	占全国比重	与上年同期比重比较
中药饮片	10.6%	-5.4%	-3.5%	32.9%	-1.0%
中成药	1.8%	-9.3%	-5.4%	29.1%	-1.5%
兽药	12.2%	5.4%	-1.5%	42.1%	-0.6%
生物药	13.8%	3.5%	-1.0%	62.8%	-0.6%
卫材及医药用品	11.5%	-0.2%	-0.4%	60.6%	-0.2%

注：增速比较和比重比较均为 2015 年数值减去 2014 年数值。

资料来源：国家统计局，2016 年 1 月。

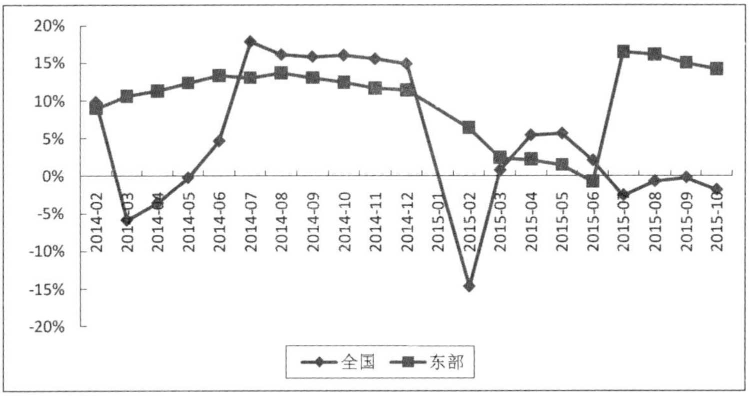

图7-5 2015年1—10月东部地区医药工业主要产品产量增速与上年比较

资料来源：国家统计局，2016 年 1 月。

二、出口情况

中药出口大幅下滑，生物药占比显著提高。2015 年，东部地区医药出口规模稳步扩大，同比增长 3.4%，增速高于上年同期 1.2 个百分点。全国来看，由于资金成本、原料成本、人工成本的大幅上涨，东部地区医药工业出口优势有所削弱，出口增速低于其他地区，但出口规模仍是四大区域之首。从出口结构看，化学药品原料药、生物药品、卫生材料及医药药瓶是东部地区医药工业的出口支柱行业，2015 年出口占比分别为 44.1%、21.1% 和 16%。从出口结构的变化趋势看，东部地区医药工业的未来发展侧重更具科技含量的生物医药和化药制剂。细分行业看，受原料制约，东部地区中药产业发展明显后劲不足，中药饮片出口增速大幅下滑 36 个百分点，与生物药出口增速形成鲜明对比。

表 7-7　2015 年 1—10 月东部地区医药工业出口交货值情况

行 业	同比增速	与上年同期增速比较	与全国增速比较	占全国比重	与上年同期比重比较
医药工业	3.4%	1.2%	-0.8%	73.9%	-0.6%
其中：化药原料药	-4.4%	-9.2%	-2.6%	74.3%	-2.0%
化药制剂	12.9%	31.7%	9.0%	77.2%	6.1%
中药饮片	-36.0%	-55.9%	-41.1%	19.4%	-12.5%
中成药	-5.2%	-34.4%	-1.4%	54.5%	-0.8%
兽药	7.0%	26.3%	-6.1%	59.3%	-3.4%
生物药	20.8%	22.5%	-9.1%	76.4%	-5.7%
卫材及医药用品	4.1%	-14.8%	8.8%	85.3%	7.2%

注：增速比较和比重比较均为 2015 年数值减去 2014 年数值。
资料来源：国家统计局，2016 年 1 月。

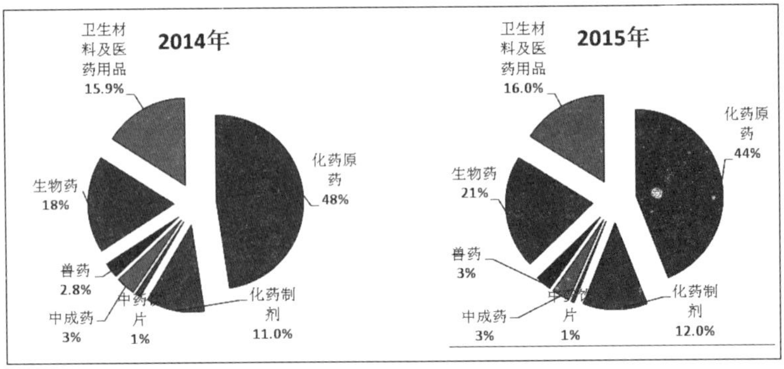

图7-6　2015年1—10月东部地区医药工业出口交货值构成与上年比较

资料来源：国家统计局，2016 年 1 月。

三、效益情况

利润总额大幅增长，生物药品制造盈利能力明显提升。2015 年，东部地区医药工业利润总额同比增长 15.2%，较上年同期提高 5.5 个百分点，较全国同期水平高 1.1 个百分点；实现销售利润率 11%，较上年同期微幅上涨 0.6 个百分点，较全国同期水平高出 1 个百分点。从细分行业看，医药工业各子行业利润增速均实现 10% 以上的增长，中药饮片和生物药品制造行业利润增速达到 20% 以上。除化药制剂外，增速均高于上年同期水平。全国来看，东部地区医药工业增速领先 1.1 个百分点。可见，东部地区医药工业扩张速度虽有所放缓，但产业转型升级取得良好效果，产品逐渐由低附加值的化药原料药向高端生物药转变。

表 7–8　2015 年 1—10 月东部地区医药工业利润总额情况

行　业	同比增速	与上年同期增速比较	与全国增速比较	占全国比重	与上年同期比重比较
医药工业	15.2%	5.5%	1.1%	57.7%	0.5%
其中：化药原料药	16.0%	11.5%	4.7%	67.8%	2.7%
化药制剂	14.0%	–2.8%	2.1%	71.5%	1.3%
中药饮片	24.5%	23.4%	5.1%	41.2%	1.7%
中成药	10.1%	5.6%	–3.7%	36.1%	–1.2%
兽药	10.0%	8.9%	–2.3%	44.6%	–0.9%
生物药	22.5%	8.8%	1.2%	61.1%	0.6%
卫材及医药用品	14.9%	16.1%	1.1%	64.7%	0.6%

注：增速比较和比重比较均为 2015 年数值减去 2014 年数值。

资料来源：国家统计局，2016 年 1 月。

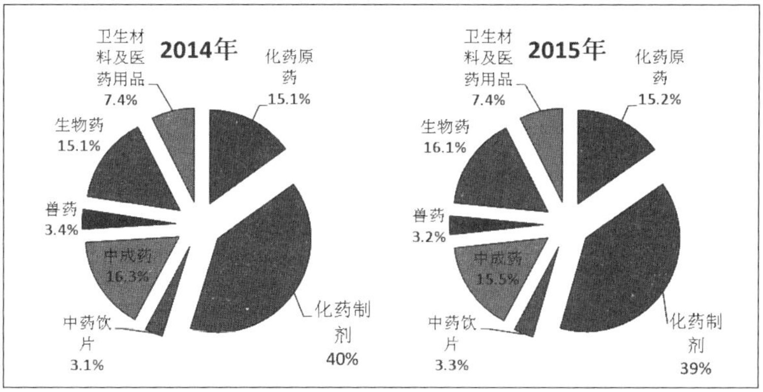

图7–7　2015年1—10月东部地区医药工业利润总额构成与上年比较

资料来源：国家统计局，2016 年 1 月。

四、主要经验

（一）以创新带动医药产业升级

2015 年，东部地区充分发挥科教优势和区位优势，依托现有生物医药产业基地加快创新平台建设，深化产学研合作，着力构建创新驱动的医药产业体系，推动产业结构调整和转型升级。以江苏、山东等地为首的医药大省积极构建生物技术创新服务平台，部分平台实现与发达国家多边或双边互认，为生物医药产业快速发展提供保障和支撑。同时，积极鼓励大型龙头企业设立新药研发中心，深化与国内外高校和研究机构的交流合作，不断增强医药行业创新能力。

（二）强化产业集聚与分工

目前，我国医药工业特别是生物医药产业多以中小企业为主体，普遍存在配套能力弱、产业链分工合作不足、技术装备落后等问题。为了推动产业升级和产品创新，东部地区大力推动产业集聚和差异化发展。2015 年，江苏、山东两地加速实现生物医药制造环节的集聚，上海、北京重点强化医药创新环节，广东、福建等地则重点关注生命信息学、基因工程药物等领域。通过产业集聚，进一步提升产业配套水平和竞争优势；通过产业分工，充分挖掘各地的资源优势，实现错位发展。

第三节　重点地区发展情况：浙江省

浙江是我国消费品工业大省，纺织业、轻工业发展居于全国领先水平。2015 年 1—10 月，浙江省消费品工业主营业务收入、出口交货值、利润总额占东部地区的比重分别为 12.1%、20.8% 和 10.6%，在东部地区消费品工业发展中占据重要地位。

一、生产情况

经济下行，浙江省消费品工业生产增速放缓。2015 年 1—10 月，浙江省消费品工业主营业务收入微增 0.3 个百分点，增速较之上年同期下降 2.1 个百分点，较之东部平均水平低 4.7 个百分点，生产情况不甚乐观。东部来看，浙江省消费品工业占比较之上年同期下滑 0.6 个百分点。从细分行业看，食品工业出现负增长，增速较之上年同期下滑 5.8 个百分点，与东部平均水平相比更是低出 7.9 个百分点，负增长将倒逼产业转型升级。医药工业生产规模稳步扩大，但与上年相比增速仍有所收窄。从收入结构看，医药和纺织两个行业的规模有所扩大。从产量看，20 种主要消费品中 65% 的产品负增长，在东部地区的占比也不同程度地下降。

表 7–9　2015 年 1—10 月浙江省主要消费品工业主营业务收入情况

行　业	同比增速	与上年同期增速比较	与东部增速比较	占东部比重	与上年同期比重比较
消费品工业	0.3%	–2.1%	–4.7%	12.1%	–0.6%
其中：轻工业	0.1%	–4.6%	–5.3%	11.6%	–0.6%
食品工业	–4.1%	–5.8%	–7.9%	4.4%	–0.4%
纺织工业	0.9%	0.6%	–3.6%	20.3%	–0.7%
医药工业	4.9%	–2.5%	–4.3%	8.5%	–0.3%

注：增速比较和比重比较均为 2015 年数值减去 2014 年数值。

资料来源：国家统计局，2016 年 1 月。

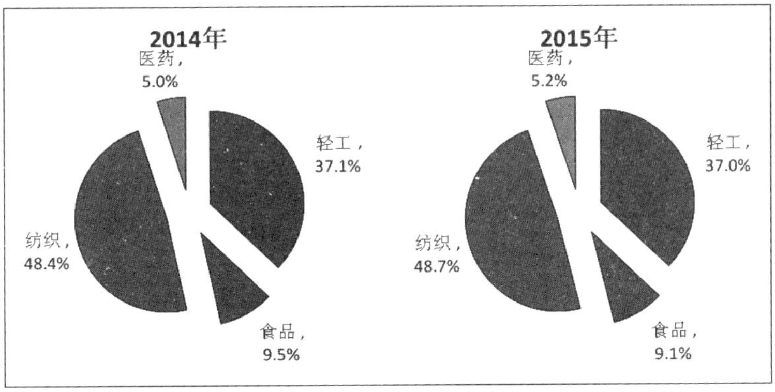

图7–8　2015年1—10月浙江省消费品工业主营业务收入构成与上年比较

资料来源：国家统计局，2016 年 1 月。

表 7–10　2015 年 1—10 月浙江省主要消费品生产情况

主要消费品	产量增速	与上年同期增速比较	与东部产量增速比较	占东部比重	与上年同期比重比较
白酒	–18.7%	–8.3%	–17.3%	0.5%	–0.1%
啤酒	–5.9%	–0.8%	3.8%	12.5%	0.5%
软饮料	–9.9%	–12.7%	–10.8%	11.1%	–1.3%
速冻米面食品	–7.3%	–22.4%	–11.2%	9.3%	–1.1%
乳制品	2.8%	2.6%	–3.4%	4.6%	–0.2%
冷冻水产品	8.3%	–6.3%	3.8%	21.6%	0.8%
冷冻饮品	–2.3%	–25.2%	5.2%	14.3%	0.8%
罐头	–8.9%	–0.5%	–12.4%	7.8%	–1.1%
糖果	5.7%	64.4%	–6.4%	1.3%	–0.1%

（续表）

主要消费品	产量增速	与上年同期增速比较	与东部产量增速比较	占东部比重	与上年同期比重比较
酱油	–2.9%	–4.6%	–16.2%	2.7%	–0.5%
精制食用植物油	28.3%	1.8%	33.6%	1.9%	0.5%
布	–2.8%	–5.2%	–5.6%	28.0%	–1.6%
纱	–4.6%	0.5%	–6.9%	9.1%	–0.7%
服装	–1.0%	–10.4%	–2.2%	16.8%	–0.4%
化学纤维	7.4%	–1.4%	–1.8%	48.6%	–0.8%
化学药品原料药	–9.7%	–21.1%	–27.6%	13.2%	–4.0%
中成药	26.2%	–0.3%	23.0%	5.4%	1.0%
纸制品	8.5%	4.2%	2.1%	20.6%	0.4%
家具	–1.3%	–15.5%	0.1%	34.1%	0.1%
塑料制品	–1.7%	–12.5%	–2.4%	25.3%	–0.6%

注：增速比较和比重比较均为2015年数值减去2014年数值

资料来源：国家统计局，2016年1月。

二、出口情况

出口交货值持续负增长，出口优势有所削弱。2015年1—10月，浙江省消费品工业出口交货值同比下降3.2%，增速较之上年同期下降8.8个百分点，但高出东部平均水平0.1个百分点。出口交货值占东部地区比重保持不变。整体来看，浙江省消费品工业出口下滑主要受宏观经济下行影响，出口优势虽有所削弱但风险可控。分行业看，轻工、纺织仍是浙江省出口主导产业。轻工业出口规模虽有所下降，但占比较之上年同期提高1.2个百分点。

表7–11　2015年1—10月浙江省消费品工业出口交货值情况

行　业	同比增速	与上年同期增速比较	与东部增速比较	占东部比重	与上年同期比重比较
消费品工业	–3.2%	–8.8%	0.1%	20.8%	0.0%
其中：轻工业	–0.4%	–9.0%	3.4%	18.0%	0.6%
食品工业	–5.8%	–10.2%	–4.7%	9.3%	–0.5%
纺织工业	–5.3%	–8.5%	–1.4%	29.0%	–0.4%
医药工业	–5.6%	–10.3%	–9.0%	26.1%	–2.5%

注：增速比较和比重比较均为2015年数值减去2014年数值。

资料来源：国家统计局，2016年1月。

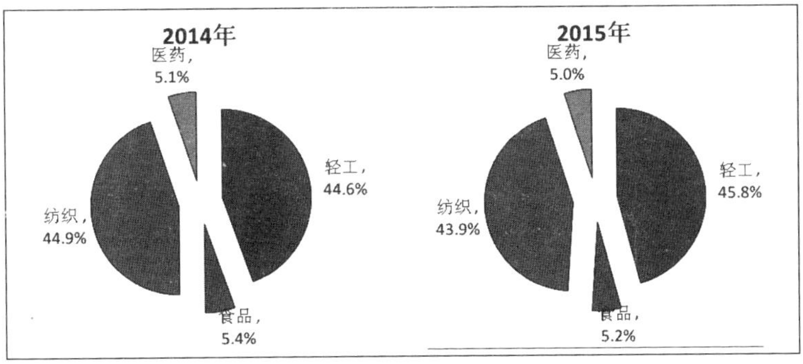

图7-9 2015年1—10月浙江省消费品工业出口交货值构成与上年比较

资料来源：国家统计局，2016年1月。

三、效益情况

盈利能力稳步提升，食品工业是增长主力。2015年1—10月，浙江省消费品工业利润总额同比增长5.2%，增速较之上年同期下降2.6个百分点，较之东部平均水平低4.5个百分点，占东部地区的比重也下降0.5个百分点。整体来看，浙江省消费品工业盈利能力稍有提升，2015年1—10月，销售利润率较之上年同期增长0.2个百分点。分行业看，轻工、纺织是主要盈利行业，但在2015年表现一般，利润增速和在东部地区的占比都有所下降。食品工业是发展亮点，利润增速达到16.4%，远高于其他三个子行业。增速较之上年同期大幅提高38.1个百分点，同时高出东部平均水平5个百分点，占东部地区的比重也小幅提升0.2个百分点，成为2015年浙江省消费品工业的重要盈利增长点。

表7-12 2015年1—10月浙江省消费品工业利润总额完成情况

行 业	同比增速	与上年同期增速比较	与东部增速比较	占东部比重	与上年同期比重比较
消费品工业	5.2%	-2.6%	-4.5%	10.6%	-0.5%
其中：轻工业	4.8%	-3.5%	-3.4%	10.4%	-0.3%
食品工业	16.4%	38.1%	5.0%	4.1%	0.2%
纺织工业	2.9%	-9.2%	-4.6%	19.1%	-0.9%
医药工业	7.0%	-19.3%	-8.2%	9.0%	-0.7%

注：增速比较和比重比较均为2015年数值减去2014年数值。

资料来源：国家统计局，2016年1月。

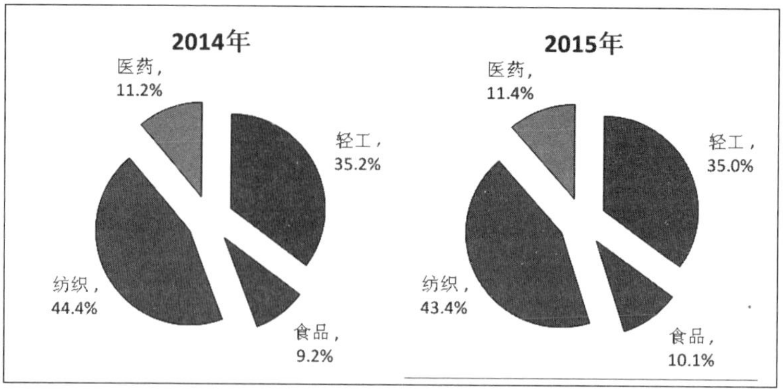

图7-10　2015年1—10月浙江省消费品工业利润总额构成与上年比较

资料来源：国家统计局，2016年1月。

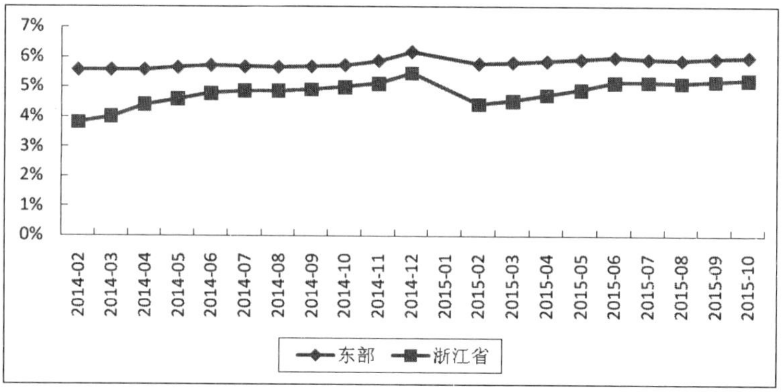

图7-11　2015年1—10月浙江省消费品工业销售利润率与东部地区比较

资料来源：国家统计局，2016年1月。

四、主要经验

（一）加快推进传统产业转型

传统劳动密集型的轻工、纺织产业在一段时间内为浙江省经济发展贡献了十分重要的力量。但是随着经济和社会的发展，传统产业能耗高、污染严重、附加值低等问题日益突出，呈现明显的结构分散、创新能力弱、品牌竞争力弱的低端化发展倾向，影响浙江由消费品工业大省向强省跨进。为了改变这一局面，浙江省积极运用互联网思维、现代信息技术和智能装备技术改造提升传统产业，大力发展生产性服务业，引导企业技术改造和淘汰落后，提升传统产业的产品创新、市场销售、物流配送、节能降耗能力，加快推进“浙江制造”向产业微笑曲线两端延伸。

（二）鼓励发展新业态新模式

在改造提升传统产业的同时，浙江省还利用自身在互联网产业、物流产业、旅游产业方面的优势，鼓励发展基于互联网技术的个性化定制、协同制造、智慧物流、电子商务等新业态新模式，加快建设杭州跨境电子商务综合试验区。同时，积极推动产业结构调整，重点发展生物医药、现代食品制造等技术密集型产业。在传统产业普遍低迷的现状下，新业态新模式为浙江省消费品工业发展注入新的发展活力。

（三）全面完善产业发展环境

一是积极融入“一带一路”和长江经济带建设，开展对外开放与交流，鼓励消费品工业企业通过投资、产能合作等方式走出去，获得更广阔的发展环境。二是深化金融综合改革，推进地方金融服务平台建设，扶持建设台州小微企业金融服务改革创新实验区。三是强化服务型政府建设，重点建设面向全省工业企业服务的政务公开平台、公共服务平台和公共数据平台。

第八章　中部地区

第一节　中部地区消费品工业发展情况

中部地区有着明显的资源和人口优势，是我国消费品工业的重要生产地区和消费地区。2015 年，国内宏观经济增长放缓，下行压力持续增加，出口环境仍不容乐观，中部地区消费品工业受到一定影响，但整体上依然保持平稳增长态势。

一、生产情况

（一）主要消费品产量总体保持增长态势

2015 年 1—10 月，中部主要消费品产量总体保持增长态势。在关注的 24 种主要消费品中，除液体乳、乳制品、精制茶、卷烟、印染布、皮革鞋靴、中成药同比下降外，其他消费品产量都保持着继续增长态势，其中精制食用植物油、塑料制品产量同比增速达到 10% 以上。

（二）主要消费品产量在全国占据重要位置，且部分产品在全国的地位增加

中部地区是我国消费品的重要产区，拥有丰富的资源优势，其中食品和医药产业优势明显。2015 年 1—10 月，24 种主要消费品中，有 10 种产品在全国中的份额超过了 25%，其中方便面、精制茶产量在全国的比例分别达到 52.4%、43.5%，纱、中成药分别达到 33.7%、33.1%。11 种消费品在全国中的地位增加，其中精制食用植物油、方便面、塑料制品、乳制品在全国中的份额分别上升 2.0%、

2.3%、2.5%。

表 8-1　2015 年 1—10 月主要消费品产品生产情况

产品	累计产量	同比增速	占全国比重	同期比重变化
液体乳（万吨）	425.9	–1.7%	20.5%	–1.2%
精制食用植物油（万吨）	1486.3	10.1%	27.6%	2.0%
鲜、冷藏肉（万吨）	776.5	5.4%	25.5%	1.9%
方便面（万吨）	439.1	4.1%	52.4%	2.3%
乳制品（万吨）	443.8	–0.8%	19.4%	–0.9%
罐头（万吨）	265.9	0.0%	27.4%	–0.9%
饮料酒（万千升）	1233.4	2.0%	22.2%	1.0%
软饮料（万吨）	3282.3	8.1%	22.0%	0.8%
精制茶（万吨）	92.9	–2.8%	43.5%	–3.7%
卷烟（亿支）	5709.3	–3.9%	26.5%	–0.4%
纱（万吨）	1105.0	3.8%	33.7%	0.2%
布（亿米）	106.9	–7.6%	18.5%	–1.5%
印染布（亿米）	9.4	–44.1%	2.2%	–1.1%
服装（万吨）	43.2	3.2%	17.3%	0.2%
轻革（万平方米）	12636.9	0.1%	25.3%	–0.2%
皮革鞋靴（亿双）	4.0	–11.8%	10.9%	–1.3%
人造板（万立方米）	5762.5	1.6%	22.9%	–0.2%
家具（万件）	7663.5	7.0%	12.3%	0.9%
纸浆（万吨）	347.2	3.1%	25.5%	0.6%
纸制品（万吨）	1383.0	7.8%	24.4%	0.5%
塑料制品（万吨）	1451.6	14.1%	23.7%	2.5%
灯具及照明装置（万套、台、个）	13689.0	1.7%	4.8%	–0.6%
化学药品原料药（万吨）	54.1	0.7%	19.5%	–2.2%
中成药（万吨）	87.4	–30.2%	33.1%	–8.1%

资料来源：国家统计局，2016 年 1 月。

二、出口情况

（一）出口交货值有所增长

2015 年 1—10 月，消费品中的 13 个行业累计出口交货值 2498.4 亿元，同比增长7.4%，高于全国增长水平9.6%。从13个子行业来看，除酒、饮料和精制茶制造业、烟草制品业、造纸和纸制品业、化学纤维制造业出口同比下降外，其他9个子行业均呈现出同比增长态势，其中印刷和记录媒介复制业，文教、工美、体育和娱乐用品制造业同比增长分别达到47.5%、17.1%，明显高于消费品工业整体出口增速水平。与全国增速比较，中部地区除烟草制品业、造纸和纸制品业与化学纤维制造业低于全国增速水平外，其他行业基本都等于或高于全国水平。

表8-2　2015年1—10月中部地区消费品工业出口交货值及其比较

行业	出口交货值（亿元）	同比增速	与全国同比增速差
农副食品加工业	253.8	3.9%	6.0%
食品制造业	168.4	0.3%	0.0%
酒、饮料和精制茶制造业	36.3	–5.0%	4.6%
烟草制品业	3.6	–5.7%	–10.1%
纺织业	319.0	1.5%	6.0%
纺织服装、服饰业	442.4	11.2%	12.0%
皮革、毛皮、羽毛及其制品和制鞋业	357.4	16.0%	11.9%
家具制造业	77.5	6.3%	3.6%
造纸和纸制品业	23.4	–28.1%	–21.3%
印刷和记录媒介复制业	13.4	54.9%	47.5%
文教、工美、体育和娱乐用品制造业	447.6	8.3%	17.1%
医药制造业	163.2	7.7%	3.0%
化学纤维制造业	20.4	–15.9%	–7.3%
合计	2498.4	7.4%	9.6%

资料来源：国家统计局，2016年1月。

（二）出口地位略有提高

2015年1—10月，中部地区消费品出口交货值累计值占全国的比重为11.8%，在全国的出口占比相对较低。但是，中部在我国消费品出口的地位有略有上升，比2014年同期提高了1个百分点。从13个子行业来看，虽然所有行业出口占全国的比例不超过20%，但是除食品制造业、烟草制品业、造纸和纸制品业、化学纤维制造业出口地位分别下降0.3%、1.3%、1.1%和0.5%，其他11个子行业出口地位均有一定上升。

表 8-3　2015 年 1—10 月中部消费品出口交货值占全国比重

行业	占全国比	占全国比同期变化
农副食品加工业	10.7%	1.1%
食品制造业	18.4%	-0.3%
酒、饮料和精制茶制造业	17.7%	1.3%
烟草制品业	11.0%	-1.3%
纺织业	10.4%	0.6%
纺织服装、服饰业	11.9%	1.4%
皮革、毛皮、羽毛及其制品和制鞋业	13.9%	1.3%
家具制造业	6.0%	0.2%
造纸和纸制品业	3.7%	-1.1%
印刷和记录媒介复制业	5.3%	1.5%
文教、工美、体育和娱乐用品制造业	13.1%	1.9%
医药制造业	16.1%	0.5%
化学纤维制造业	4.7%	-0.5%
合计	11.8%	1.0%

资料来源：国家统计局，2016 年 1 月。

三、效益情况

（一）主营业务收入继续快速增长

2015 年 1—10 月，中部地区消费品主营业务收入 14566.9 亿元，同比增长 7.6%。随着中部地区消费需求逐渐释放，中部消费品行业主营业务收入稳定增长，14 个子行业中有 8 个子行业增速超过 10%。与全国增速比较来看，除烟草制品业增速低于全国 0.3% 外，其他行业增速均等于或高于全国平均水平，特别是家具制造业和文教、工美、体育和娱乐用品制造业分别高于全国 9.9%、17.8%。

表 8-4　2015 年 1—10 月中部消费品工业累计主营业务收入

行业	主营业务收入（亿元）	同比增速	与全国增速差
农副食品加工业	14566.9	7.6%	3.4%
食品制造业	4715.2	14.2%	7.7%
酒、饮料和精制茶制造业	3910.5	13.3%	6.3%
烟草制品业	2154.5	2.9%	-0.3%

（续表）

行业	主营业务收入（亿元）	同比增速	与全国增速差
纺织业	5936.1	6.3%	0.8%
纺织服装、服饰业	3659.2	13.1%	7.5%
皮革、毛皮、羽毛及其制品和制鞋业	2390.8	12.7%	6.4%
家具制造业	1259.6	19.6%	9.9%
造纸和纸制品业	2303.5	6.7%	3.2%
印刷和记录媒介复制业	1495.4	13.0%	5.8%
文教、工美、体育和娱乐用品制造业	1862.9	21.9%	17.8%
医药制造业	4642.3	15.7%	6.5%
化学纤维制造业	296.9	2.1%	1.4%
合计	49193.8	10.5%	10.0%

资料来源：国家统计局，2016年1月。

（二）亏损情况较全国为轻，但个别省份较重

2015年，中部地区消费品工业亏损情况稍缓。1—10月，中部地区消费品工业亏损面6.2%，亏损深度2.9%。与全国消费品工业亏损面11.8%、亏损深度5.1%的水平相比，中部地区消费品工业亏损情况相对较轻。

就各省的亏损面看，中部六省中的山西省最为明显，亏损面为28.9%，而河南省亏损最小，亏损面为4.0%。安徽省、江西省、湖北省、湖南省亏损面依次为7.1%、5.2%、7.5%和5.1%。

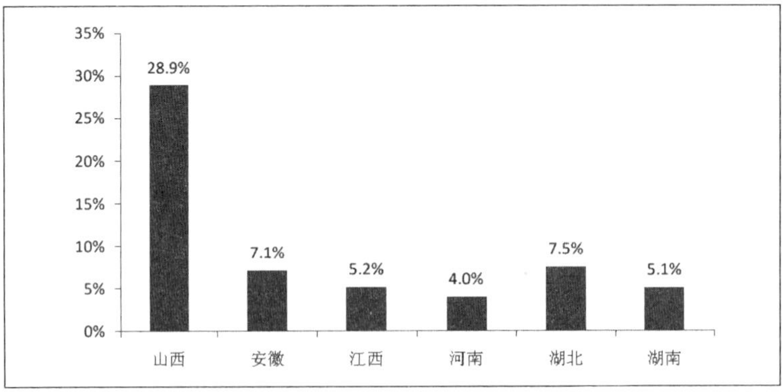

图8-1　2015年1—10月中部六省消费品工业亏损面

资料来源：国家统计局，2016年1月。

就各省的亏损深度来看，中部六省中，同样是山西省最为明显，亏损深度为17.4%，而江西省亏损深度最小，为1.1%。安徽省、河南省、湖北省、湖南省亏损深度依次为4.7%、2.0%、3.9%和3.8%。

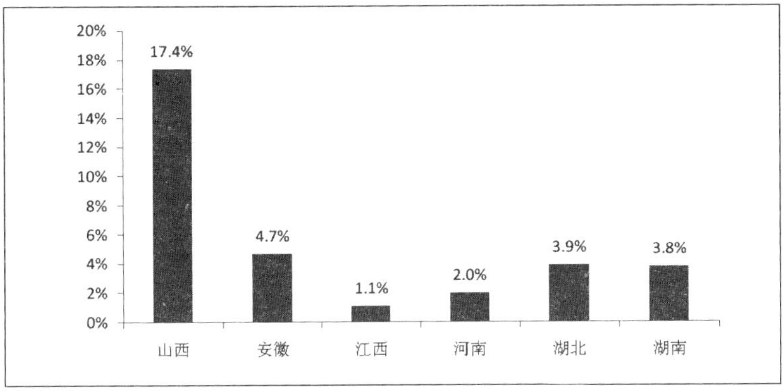

图8-2　2015年1—10月中部六省消费品工业亏损深度

资料来源：国家统计局，2016年1月。

从行业的亏损情况来看，亏损面前五名的行业为医药制造业、造纸和纸制品业、烟草制品业、印刷和记录媒介复制业、纺织业，亏损面分别为9.6%、8.9%、8.8%、8.8%、8.6%。亏损深度前五名的行业为造纸和纸制品业，酒、饮料和精制茶制造业，化学纤维制造业，纺织业，医药制造业，亏损深度分别达到8.9%、6.8%、5.3%、4.6%、2.8%。

表8-5　2015年1—10月中部六省消费品行业亏损情况

行业	亏损面	亏损深度
农副食品加工业	4.5%	2.5%
食品制造业	5.5%	1.7%
酒、饮料和精制茶制造业	6.2%	6.8%
烟草制品业	8.8%	0.2%
纺织业	8.6%	4.6%
纺织服装、服饰业	6.5%	1.9%
皮革、毛皮、羽毛及其制品和制鞋业	4.1%	1.3%
家具制造业	3.2%	0.8%
造纸和纸制品业	8.9%	8.9%
印刷和记录媒介复制业	8.8%	2.4%

（续表）

行业	亏损面	亏损深度
文教、工美、体育和娱乐用品制造业	4.4%	1.6%
医药制造业	9.6%	2.8%
化学纤维制造业	8.2%	5.3%
平均	6.2%	2.9%

资料来源：国家统计局，2016 年 1 月。

四、主要问题

（一）工业基础仍相对薄弱

中部地区工业基础相对薄弱，加工贸易产品多以初级产品为主，部分企业还处于一般性的原料初级加工的低端化状态，深加工不够，高附加值产品不多。占行业大多数的中小企业专业化程度低，技术装备落后，技术创新能力不强，甚至没有从根本上改变作坊式小生产的方式。部分产业发展的金融、物流等配套服务发展滞后，产品特色不突出，未形成完备的产业链，增加了企业的生产成本，抵消了其在土地和劳动力方面的优势。

（二）专业技术人才短缺

受区域经济发展、教育投入水平低、专业技能培训机构不足等因素的影响，中部地区专业技术人才缺乏严重，中高层次的专业技术人才、管理人才极为缺乏，尤其是消费品工业发展需要的设备维修人员、熟练工等严重不足，已成为制约中部地区消费品工业发展壮大和转型升级的重要瓶颈之一。

（三）承接产业转移机遇与风险并存

随着国家促进中部地区崛起战略等政策的实施，中部地区由于具有区位、资源、环境、市场等优势，正面临承接产业转移的良好契机。在产业转移的过程中，随之而来的环境风险也日益凸显。东部地区部分污染和耗能企业向中部转移，势必带来一系列的环境污染问题。同时，中部人口密度比较高，人多地少，工业用地土地资源的稀缺也是承接产业转移过程中不能回避的问题。

第二节　主要行业发展情况：食品工业

一、生产情况

（一）生产增速相对较快

2015 年，中部食品产业产量增速相对较快，1—10 月，除方便面、饮料酒出现 0.6%、3.4% 的负增长外，液体乳、乳制品、罐头、软饮料、精制茶分别同比增长 4.3%、4.3%、1.5%、4.5%、4.9%。

（二）在全国的生产地位有所提高

中部是我国食品工业的重要原料基地和产区，其产值约占全国的 20% 以上。2015 年，食品工业产值在全国中的地位有所提高。1—10 月，中部食品工业主营业务收入占全国份额为 27.6%，相比 2014 年同期提高 1.4%。

二、出口情况

（一）出口缓和增长

整体来看，2015 年中部地区食品行业出口缓和增长。1—10 月，中部六省出口 467.1 亿元，同比增长 13.1%，相比 2014 年同期增加 0.9 个百分点。

（二）地区与行业表现差异明显

从地区角度看，食品行业出口差异明显，表现相对较好的为河南省，农副食品加工业，食品制造业，酒、饮料和精制茶制造业同比均实现正增长，依次为 7.9%、0.8% 和 1.4%。湖北省省食品行业出口并不理想，食品制造业和酒、饮料和精制茶制造业同比出现了分别为 18.3%、26.8% 的跌幅。从行业角度看，酒、饮料和精制茶制造业整体表现相对较好，除江西、湖北省的增速同比下降外，其他省均保持增长，尤其是山西省、湖南省表现较为明显，分别实现 152.5%、44.5% 的增速。

表 8-6　2015 年 1—10 月中部六省食品行业出口

地区	行业	同比增长
山西	农副食品加工业	-12.2%
	食品制造业	17.4%
	酒、饮料和精制茶制造业	152.5%
安徽	农副食品加工业	10.1%
	食品制造业	-5.8%
	酒、饮料和精制茶制造业	1.4%
江西	农副食品加工业	16.8%
	食品制造业	7.2%
	酒、饮料和精制茶制造业	-3.8%
河南	农副食品加工业	7.9%
	食品制造业	0.8%
	酒、饮料和精制茶制造业	1.4%
湖北	农副食品加工业	13.9%
	食品制造业	-18.3%
	酒、饮料和精制茶制造业	-26.8%
湖南	农副食品加工业	-41.1%
	食品制造业	28.1%
	酒、饮料和精制茶制造业	44.5%

资料来源：国家统计局，2016 年 1 月。

三、效益情况

（一）主营业务收入继续快速增长

2015 年 1—10 月，中部地区食品行业主营业务收入达 23192.6 亿元，同比增长约 9.8%。从细分行业来看，食品生产的地位提高主要来源于酒、饮料和精制茶制造业，相比 2014 年提高 1.8%。而农副食品加工业、食品制造业分别相比 2014 年同期份额高 1.2 和 1.5 个百分点。

表 8-7　2015 年 1—10 月中部食品行业主营业务收入占全国份额

行业	占全国份额	与上年同期份额相比
食品工业	27.6%	1.4%
农副食品加工业	27.8%	1.2%
食品制造业	26.9%	1.8%
酒、饮料和精制茶制造业	27.7%	1.5%

资料来源：国家统计局，2016 年 1 月。

（二）亏损情况加剧

2015 年 1—10 月，中部地区食品工业亏损面为 5.0%，较之 2014 年同期多 0.6 个百分点，亏损深度为 3.2%，高于 2014 年同期 0.7 个百分点。整体来看，中部地区食品工业亏损面略微加大，亏损程度有所加深，亏损情况加剧。分行业来看，酒、饮料和精制茶制造业表现欠佳。分省份来看，山西省亏损情况较为突出。

表 8-8　2015 年 1—10 月中部地区食品工业亏损情况

地区	行业	亏损面	亏损深度
山西	农副食品加工业	27.3%	25.3%
	食品制造业	11.0%	6.0%
	酒、饮料和精制茶制造业	27.1%	23.8%
安徽	农副食品加工业	4.2%	6.2%
	食品制造业	5.9%	4.6%
	酒、饮料和精制茶制造业	7.7%	4.8%
江西	农副食品加工业	4.6%	0.6%
	食品制造业	4.3%	0.6%
	酒、饮料和精制茶制造业	7.1%	2.7%
河南	农副食品加工业	3.5%	1.4%
	食品制造业	2.7%	0.7%
	酒、饮料和精制茶制造业	4.9%	12.2%
湖北	农副食品加工业	4.0%	3.1%
湖北	食品制造业	7.9%	3.4%
	酒、饮料和精制茶制造业	6.1%	2.9%
湖南	农副食品加工业	4.4%	2.5%
	食品制造业	8.2%	4.4%
	酒、饮料和精制茶制造业	2.6%	3.2%

资料来源：国家统计局，2016 年 1 月。

四、发展经验

（一）依托自然禀赋，产业优势明显

随着人均收入的提高和城市化进程的加快，居民食品消费总量稳步扩大，消费结构逐步升级，发展食品工业具有较大市场需求空间。中部地区是我国重要的粮食主产区和养殖业基地，中部地区地处中国内陆腹地，承东启西，连南贯北，辐射四周，具备发展食品工业的良好物流运输条件。中部六省多是人口大省，人口基数大，人工成本相对较低，原料、能源等成本相对沿海省份也普遍偏低，在承接产业转移上具有综合成本优势。近年来，中部地区借助农产品资源优势，努力打造食品工业，并呈现出快速发展的趋势。

（二）集群效应日益明显

近年来，中部地区食品工业逐步形成了一批产业集群，涌现了一些初具影响力的食品工业园区，正在向做大做强的方向发展。湖南重点培育长沙粮油乳茶、岳阳粮油茶调味品、常德粮油水产品、益阳粮茶水产品等食品产业集群；湖北省初步形成了长江三峡柑橘罐头生产、汉江流域水果加工、江汉平原优质粮油、环洪湖优质水产、沿武汉城郊蔬菜加工等具有区域特色的食品生产基地；河南省提出打造漯河经济技术产业集聚区、临颍县产业集聚区、郑州马寨工业园区、郑州航空港区、汤阴县产业集聚区、鹤淇产业集聚区、遂平县产业集聚区、浚县产业集聚区、潢川县产业集聚区、延津县产业集聚区等10个超百亿元食品产业集群。

（三）政策利好助力产业发展

食品工业布局向原料产区、重要物资节点和产业园区集中既是大势所趋，也是促进中部崛起等区域发展战略鼓励和支持的方向。在中央相继出台的区域发展政策推动下，食品工业区域经济逐渐趋向均衡协调发展。中部地区各省也结合自身特点出台了一系列的产业振兴政策措施，如《河南省食品工业调整振兴规划》《山西省食品产业调整和振兴规划》《江西省绿色食品产业延伸规划》《安徽省轻工业调整和振兴规划》《湖南省农产品加工业振兴规划》《湖南省人民政府办公厅关于加快发展食品产业的意见》《江西省人民政府办公厅关于加快食品产业发展的意见》等。

第三节 重点地区发展情况：湖南省

一、生产情况

（一）主要消费品产量快速增长

2015 年 1—12 月，湖南省除部分食品和纺织类产品增长出现不同幅度的下降外，其他主要消费品均呈现快速增长态势，尤其是鲜、冷藏肉，布，轻革的增速均超过了 20%。与全国增速相比，主要消费品增速表现差异明显，其中精制食用植物油、方便面、罐头、纱、印染布、服装、皮革鞋靴、人造板、化学药品原料药增速低于全国。

（二）多数消费品在全国中的地位稳中有进

湖南省消费品工业发展相对均衡。在 24 项主要消费品产量中，有 16 项保持同比增长，有 15 项增速高于全国平均水平。与 2014 年相比，湖南省消费品行业产品在全国的地位稳中有进，24 项主要消费品产量中有 4 项维持在全国的份额，有 10 项提高了在全国的份额，产品地位有所上升。

表 8-9　2015 年 1—10 月湖南主要消费品产量同比增速及比较

产品	同比增长	相比全国	占全国份额	份额变化
液体乳	−23.0%	−27.1%	1.0%	−0.3%
精制食用植物油	4.8%	2.7%	4.5%	0.1%
鲜、冷藏肉	−8.4%	−5.8%	2.4%	−0.2%
方便面	1.2%	1.6%	9.1%	0.1%
乳制品	−18.6%	−22.6%	1.1%	−0.3%
罐头	6.1%	2.9%	8.0%	0.2%
饮料酒	−0.6%	2.1%	1.6%	0.0%
软饮料	−2.6%	−6.8%	3.1%	−0.2%
精制茶	−15.2%	−20.7%	15.2%	−3.7%
卷烟	−2.3%	0.1%	6.9%	0.0%
纱	4.3%	1.1%	2.8%	0.0%
布	12.8%	12.7%	0.5%	0.1%

（续表）

产品	同比增长	相比全国	占全国份额	份额变化
印染布	–23.6%	–6.6%	0.1%	0.0%
服装	–10.1%	–12.0%	1.0%	–0.1%
轻革	–37.5%	–38.6%	1.3%	–0.8%
皮革鞋靴	–6.5%	–5.4%	3.6%	–0.2%
人造板	–5.8%	–8.2%	3.7%	–0.3%
家具	–0.4%	0.3%	1.0%	0.0%
纸浆	–3.1%	–3.7%	6.1%	–0.2%
纸制品	7.3%	1.9%	4.7%	0.1%
塑料制品	0.2%	2.1%	2.0%	0.0%
灯具及照明装置	2.0%	14.2%	0.2%	0.0%
化学药品原料药	64.0%	12.2%	2.0%	0.6%
中成药	–30.1%	–13.2%	3.7%	–0.9%

资料来源：国家统计局，2016 年 1 月。

二、出口情况

2015 年 1—10 月，湖南省消费品工业农副食品加工业、纺织业出口出现了负增长。具体增速方面，除酒、饮料和精制茶制造业，纺织服装、服饰业，皮革、毛皮、羽毛及其制品和制鞋业，印刷和记录媒介复制业保持增长外，其他行业均出现增速低于或等于 2014 年同期的情况，尤其是农副食品加工业，文教、工美、体育和娱乐用品制造业，医药制造业，造纸和纸制品业增速与 2014 年相比出现较大降幅，分别为 –58.8%、–45.1%、–29.2%、–25.4%。

表 8–10　2015 年 1—12 月湖南消费品行业出口增速及比较

行业	出口增速	相比上年同期
农副食品加工业	–41.1%	–58.8%
食品制造业	28.1%	–5.1%
酒、饮料和精制茶制造业	44.5%	68.2%
烟草制品业	5.8%	–17.5%
纺织业	–8.8%	–13.2%
纺织服装、服饰业	22.6%	6.1%
皮革、毛皮、羽毛及其制品和制鞋业	18.3%	7.7%

（续表）

行业	出口增速	相比上年同期
家具制造业	0.0%	0.0%
造纸和纸制品业	11.8%	–25.4%
印刷和记录媒介复制业	174.3%	18.0%
文教、工美、体育和娱乐用品制造业	8.4%	–45.1%
医药制造业	22.1%	–29.2%
化学纤维制造业	0.0%	0.0%

资料来源：国家统计局，2016 年 1 月。

三、效益情况

（一）主营业务继续保持增长

2015 年 1—10 月，湖南省消费品行业主营业务收入保持增长，多数保持 10% 左右的增速。特别是家具制造业，文教、工美、体育和娱乐用品制造业，增速分别达到 20.4、21.9%，增速明显高于其他行业。与 2014 年同期增速相比，消费品行业多数呈增速回升态势，除烟草制品业、造纸和纸制品业、印刷和记录媒介复制业、化学纤维制造业有小幅下降，增速分别比 2014 年下降 3.9、0.7、3.3、16.9 个百分点外，其他行业增速均高于 2014 年同期，特别是家具制造业，增速比 2014 年同期高 12.2 个百分点。

表 8–11　2015 年 1—10 月湖南消费品行业主营业务收入增长情况及比较

行业	主营业务收入同比增长	相比上年同期
农副食品加工业	12.4%	6.4%
食品制造业	10.2%	2.7%
酒、饮料和精制茶制造业	11.0%	8.2%
烟草制品业	5.5%	–3.9%
纺织业	5.9%	0.9%
纺织服装、服饰业	9.3%	3.1%
皮革、毛皮、羽毛及其制品和制鞋业	15.4%	3.9%
家具制造业	20.4%	12.2%
造纸和纸制品业	2.5%	–0.7%
印刷和记录媒介复制业	9.6%	–3.3%

（续表）

行业	主营业务收入同比增长	相比上年同期
文教、工美、体育和娱乐用品制造业	21.9%	9.0%
医药制造业	19.0%	2.6%
化学纤维制造业	-1.1%	-16.9%

资料来源：国家统计局，2016 年 1 月。

（二）亏损情况有所改善

2015 年，湖南省消费品行业亏损情况较轻，并较 2014 年有所改善。从亏损面来看，1—10 月，除纺织业、化学纤维制造业亏损面达到 13.1%、16.7% 外，其他行业整体来看，亏损面多数在 9% 以内。与 2014 年相比，有 6 个子行业亏损面收窄，亏损状况有一定的缓解，但化学纤维制造业亏损加剧明显，上升了 16.7 个百分点。

从亏损深度来看，除纺织业、造纸和纸制品业、化学纤维制造业亏损深度较高外，多数处于在 5% 以下的亏损深度，相比 2014 年同期，有 3 项维持 2014 年的水平，有 3 项减轻了亏损深度，有 7 项提高了亏损深度，其中化学纤维制造业提高了 25.5%。

表 8-12　2015 年 1—10 月湖南消费品行业亏损情况及比较

行业	亏损面	相比上年同期	亏损深度	相比上年同期
农副食品加工业	4.4%	0.6%	2.5%	0.0%
食品制造业	8.2%	2.3%	4.4%	2.0%
酒、饮料和精制茶制造业	2.6%	-1.2%	3.2%	-6.6%
烟草制品业	0.0%	0.0%	0.0%	0.0%
纺织业	13.1%	-2.4%	14.2%	-13.1%
纺织服装、服饰业	4.4%	1.5%	1.1%	0.2%
皮革、毛皮、羽毛及其制品和制鞋业	2.6%	-1.4%	2.9%	0.3%
家具制造业	1.5%	0.7%	0.0%	0.0%
造纸和纸制品业	5.6%	-0.6%	39.1%	-42.3%
印刷和记录媒介复制业	4.5%	0.3%	0.8%	0.1%
文教、工美、体育和娱乐用品制造业	1.8%	-0.2%	0.6%	0.5%
医药制造业	5.7%	-1.2%	4.0%	0.9%
化学纤维制造业	16.7%	16.7%	25.5%	25.5%

资料来源：国家统计局，2016 年 1 月。

四、发展经验

（一）积极出台扶持政策支持重点行业发展

凭借良好的资源禀赋，服装、生物医药、食品行业已成为湖南消费品工业的支柱产业，生物产业已被列为全省七大战略性新兴产业之一。为进一步做大做强优势行业，湖南省政府办公厅印发了《关于加快发展食品产业的意见》《关于进一步加快发展纺织产业的意见》《湖南省加快中医药发展五年行动计划（2011—2015 年）》等政策文件，有力推动了相关行业的发展。

（二）大力推进两化融合并着力承接产业转移

近年来，湖南省大力推进消费品工业与信息化的深度融合，积极应用信息化技术改造提升传统产业，不断完善信息化服务平台，积极推进电子商务发展，促进消费品工业的转型升级和跨越发展。同时，湖南省紧紧抓住东部沿海地区纺织服装、食品药品产业加速向中西部地区转移的有利机遇，不断夯实承接平台，努力完善产业配套，大力开展招商引资，吸引了一大批重点项目落户。

（三）扎实推动消费品工业产业基地建设

湖南省工信委非常重视消费品工业产业基地的培育和发展，注重发挥工业园区的产业集聚和产业带动功能，通过延伸产业链条、做大产业规模、提升辐射范围等措施，逐步培育形成了湖南浏阳生物医药产业园区、湖南宁乡经济开发区、株洲高新技术产业开发区、湖南岳阳经济开发区一批优势产业突出、配套体系完善、规模效益显著的国家级产业园区。

第九章 西部地区

第一节 西部地区消费品工业发展情况

一、生产情况

（一）主要消费品产量继续保持增长态势

2015 年，西部地区主要消费品产量继续保持增长态势。除成品糖、鲜冷藏肉外，其他消费品产品都继续保持稳步增长态势。虽然各消费品产量依然保持增长，但增速差异明显，精制植物油、纸制品增速分别 21.9% 和 13.4%，而小麦粉和大米产量同比增速则仅为 1.5% 和 2.1%。

（二）部分消费品在全国占据重要位置

依靠丰富的农产品资源，西部地区已成为我国部分消费品的重要生产区，尤其是食品。2015 年，液态乳，成品糖，鲜，冷藏肉，乳制品，饮料，酒，软饮料，单色印刷品，中成药产量在全国的比例分别为 31.3%、87.7%、20.1%、30.7%、25.6%、26%、27.7% 和 35.3%，其中液态乳、成品糖和中成药三类产品地位尤为突出。

表 9–1 2015 年西部地区主要消费品生产情况

产品	产量	同比增长（%）	全国占比（%）
小麦粉（万吨）	1014.5	1.5	8.6
液态乳（万吨）	649.0	6.2	31.3
精制食用植物油（万吨）	885.9	21.9	16.4
成品糖（万吨）	922.2	–10.0	87.7

（续表）

产品	产量	同比增长	全国占比
大米（万吨）	1154.4	2.1	10.6
鲜、冷藏肉（万吨）	613.7	-2.7	20.1
乳制品（万吨）	701.8	5.4	30.7
饮料酒（万千升）	1419.6	3.4	25.6
软饮料（万吨）	3881.3	5.9	26.0
纸制品（万吨）	957.6	13.4	16.9
单色印刷品（万令）	3090.5	5.4	27.7
中成药（万吨）	93.3	3.0	35.3

资料来源：国家统计局，2016 年 1 月。

二、出口情况

（一）出口交货值上升

2015 年 1—10 月，西部地区消费品中的 16 个行业累计出口交货值 830.1 亿元，同比增长 8.15%，高于全国平均水平 10.2%。从 16 个子行业来看，除酒、饮料和精制茶制造业，皮革、毛皮、羽毛及其制品和制鞋业，化学纤维制造业，塑料制品业同比增速下降外，其他 12 个子行业均呈现不同程度的上升，其中印刷和记录媒介复制业，文教、工美、体育和娱乐用品制造业同比增速分别高达 158.6% 和 34.4%。与全国增速相比，除酒、饮料和精制茶制造业，皮革、毛皮、羽毛及其制品和制鞋业，日用化学产品制造、塑料制品业 4 个子行业低于全国平均水平外，其他行业均高于全国平均增速，特别是印刷和记录媒介复制业高出全国平均水平 146.5 个百分点。

表 9-2　2015 年 1—10 月西部地区消费品工业出口交货值及其增速

行业	出口交货值（亿元）	同比增速（%）	与全国同比增速之差（%）
农副食品加工业	123.2	1.1	7.6
食品制造业	110.5	21.7	19.9
酒、饮料和精制茶制造业	57.8	-15.4	-3.4
烟草制品业	12.7	8.8	3.7
纺织业	122.6	2.9	7.3
纺织服装、服饰业	62.9	23.8	25.4

（续表）

行业	出口交货值（亿元）	同比增速（%）	与全国同比增速之差（%）
皮革、毛皮、羽毛及其制品和制鞋业	91.1	–3.2	–8.4
竹、藤、棕、草等制品制造	13.8	13.9	7.4
家具制造业	11.8	22.7	19.3
造纸和纸制品业	13.0	14.2	20.1
印刷和记录媒介复制业	15.6	158.6	146.5
文教、工美、体育和娱乐用品制造业	90.5	34.4	41.8
日用化学产品制造	6.5	4.1	–9.2
医药制造业	78.4	8.7	4.6
化学纤维制造业	15.2	–6.6	0.8
塑料制品业	4.4	–54.3	–50.9
合计	830.1	8.15	10.2

资料来源：国家统计局，2016 年 1 月。

（二）出口地位略有回升

2015 年 1—10 月，西部地区消费品出口交货值仅占全国的 3.5%，出口地位相对较低。从 16 个子行业来看，酒、饮料和精制茶制造业，烟草制品业全国占比分别高达 29.6% 和 41%，所占比重相对较高。与上年同期相比，除酒、饮料和精制茶制造业，皮革、毛皮、羽毛及其制品和制鞋业，日用化学产品制造、塑料制品业 4 个子行业出口交货值占比小幅下降外，其他行业均呈现不同程度的上升，但增幅不大。

表 9–3　2015 年 1—10 月西部地区消费品出口交货值占全国比重

行业	占全国比（%）	与上年同期相比（%）
农副食品加工业	5.0	0.4
食品制造业	12.0	2.0
酒、饮料和精制茶制造业	29.6	–1.2
烟草制品业	41.0	1.4
纺织业	3.9	0.3
纺织服装、服饰业	1.5	0.3
皮革、毛皮、羽毛及其制品和制鞋业	3.0	–0.3

（续表）

行业	占全国比（%）	与上年同期相比（%）
竹、藤、棕、草等制品制造	10.1	0.7
家具制造业	0.9	0.1
造纸和纸制品业	2.8	0.5
印刷和记录媒介复制业	4.0	2.3
文教、工美、体育和娱乐用品制造业	2.5	0.8
日用化学产品制造	2.3	–0.2
医药制造业	7.2	0.3
化学纤维制造业	4.2	0.0
塑料制品业	0.2	–0.3

资料来源：国家统计局，2016 年 1 月。

三、效益情况

（一）主营业务收入快速增长

2015 年 1—10 月，经济下行压力相对较大，西部地区消费品工业实现主营业务收入 28628.5 亿元，同比增长 7.5%。从各子行业情况看，除化学纤维制造业主营业务收入同比下降外，其他行业均呈现不同程度的增长，其中纺织服装、服饰业、竹、藤、棕、草等制品制造、家具制造业、印刷和记录媒介复制业、文教、工美、体育和娱乐用品制造业、塑料制品业等 6 个行业主营业务收入同比增速超 10%。与全国平均水平相比，除烟草制品业、日用化学产品制造、医药制造业、化学纤维制造业等 4 个行业同比增速低于全国平均水平外，其他 12 个行业均高于全国平均水平。2015 年 1—10 月，西部地区消费品行业整体经营状况要好于全国。

表 9-4　2015 年 1—10 月份主营业务收入、同比增长情况

西部地区	主营业务收入2015年1—10月	同比增速（%）	全国同比增速（%）
农副食品加工业	7791.8	6.0	2.9
食品制造业	2943.1	8.8	6.7
酒、饮料和精制茶制造业	4152.4	8.6	7.2
烟草制品业	2629.5	2.1	2.9

（续表）

西部地区	主营业务收入2015年1—10月	同比增速（%）	全国同比增速（%）
纺织业	1977.9	8.1	4.9
纺织服装、服饰业	543.5	11.5	5.9
皮革、毛皮、羽毛及其制品和制鞋业	574.3	7.9	7.5
竹、藤、棕、草等制品制造	77.9	19.1	10.5
家具制造业	661.5	11.4	9.4
造纸和纸制品业	1177.0	3.4	2.5
印刷和记录媒介复制业	636.8	15.5	8.8
文教、工美、体育和娱乐用品制造业	450.6	18.2	5.9
日用化学产品制造	239.7	4.1	11.3
医药制造业	2803.4	8.6	9.7
化学纤维制造业	269.6	–4.4	0.5
塑料制品业	1699.3	13.3	5.9

资料来源：国家统计局，2016年1月。

（二）亏损情况缓解

整体而言，2015 年 1—10 月西部地区消费品工业亏损情况较上年同期有了明显好转，但与全国平均水平相比仍存在一定差距。2015 年 1—10 月，西部地区消费品工业亏损面 13.7%，较 2014 年同期下降 0.5%，仍高于全国平均水平 1.8 个百分点，亏损深度为 5.8%，较上年同期下降了 2.2 个百分点，仍高出全国平均水平 0.7 个百分点。

从亏损面上看，2015 年 1—10 月西部地区消费品行业中亏损面较高的行业主要是造纸和纸制品业、化学纤维制造业，亏损面高达 20.2% 和 37.3%。与上年同期相比，除烟草制品业，竹、藤、棕、草等制品制造、家具制造业，造纸和纸制品业，文教、工美、体育和娱乐用品制造业，医药制造业等 7 个行业亏损面略有上升外，其他 9 个行业亏损面呈现不同程度的下跌。

从亏损深度看，2015 年 1—10 月西部地区消费品行业中亏损深度较高的行业主要是造纸和纸制品业、化学纤维制造业，亏损深度分别为 63.1% 和 19.4%。与上年同期相比，除印刷和记录媒介复制业，文教、工美、体育和娱乐用品制造业，医药制造业，化学纤维制造业，塑料制品业等 5 个行业亏损深度略有上升外，其他 11 个行业亏损深度均呈现不同程度的下降或与上年同期基本持平。

表 9-5　2015 年 1—10 月西部 12 个省、区、市消费品工业亏损面与亏损强度

	亏损面		亏损深度	
	2015年1—10月	与2014年同期相比	2015年1—10月	与2014年同期相比
农副食品加工业	14.6%	−1.5%	9.6%	−14.9%
食品制造业	11.8%	−0.8%	5.5%	−0.8%
酒、饮料和精制茶制造业	11.0%	−0.3%	2.9%	−0.2%
烟草制品业	10.0%	5.0%	0.0%	0.0%
纺织业	16.1%	−2.3%	9.3%	0.0%
纺织服装、服饰业	12.1%	0.4%	3.4%	0.7%
皮革、毛皮、羽毛及其制品和制鞋业	11.3%	−0.9%	1.8%	−0.4%
竹、藤、棕、草等制品制造	6.3%	1.1%	0.4%	−2.1%
家具制造业	6.8%	1.6%	1.6%	−0.8%
造纸和纸制品业	20.2%	2.4%	63.1%	−13.9%
印刷和记录媒介复制业	12.2%	−1.0%	5.4%	2.0%
文教、工美、体育和娱乐用品制造业	9.3%	4.2%	3.0%	2.0%
日用化学产品制造	12.1%	−1.3%	4.6%	−5.7%
医药制造业	15.5%	1.9%	4.9%	1.2%
化学纤维制造业	37.3%	−4.0%	19.4%	7.1%
塑料制品业	14.2%	−0.3%	4.0%	0.1%

资料来源：国家统计局，2016 年 1 月。

第二节　主要行业发展情况：纺织工业

西部地区是我国棉花、羊毛（绒）、蚕丝等重要纺织工业原料的主产地。近年来，在国家政策的大力促进下，西部地区的原料优势与相对充裕的劳动力结合起来，纺织工业得到了快速发展，在全国纺织版图中的地位显著提升。

一、生产情况

（一）主要产品产量增速反弹

随着东中部地区纺织产业向西转移，西部地区纺织业快速发展，主要产品产量稳步提升。2015 年 1—10 月，西部地区纱、布、服装产量同比增速分别为

11.4%、-1.3% 和 53.4%，除布产量略有下降外，其余产品产量均保持了两位数的快速增长。

（二）在全国的产量地位有所提升

随着产量的稳步增长，西部地区纺织业在全国的地位不断提升，2015 年 1—10 月，西部地区纱、布、服装产量占全国同类产品产量比重分别为 6.4%、4.4%、3.3%。与上年同期相比，除布产量略有下降外，其余两个子行业的产量占全国比重均略有提升，分别提高了 0.5 和 1.1 个百分点。

表 9-6　2015 年 1—10 月西部地区主要纺织品产量

产品	累计产量	同比增速	占全国比重	与上年同期相比占全国比重变化
纱（万吨）	209.3	11.4%	6.4%	0.5%
布（亿米）	25.2	-1.3%	4.4%	-0.1%
服装（亿件）	8.2	53.4%	3.3%	1.1%

资料来源：国家统计局，2016 年 1 月。

二、出口情况

（一）出口增速回升

2015 年 1—10 月，西部地区纺织业、纺织服装服饰业、化学纤维制造业出口交货值分别为 122.6 亿元、62.9 亿元和 15.2 亿元，同比分别增长 2.9%、23.8% 和 -6.6%，与全国平均水平相比，分别高出 7.3%、25.4% 和 0.8%。三个行业出口交货值全国占比依次为 3.9%、1.5% 和 4.2%，较 2014 年同期分别提高了 0.3%、0.3% 和 0.1%。

表 9-7　2015 年 1—10 月西部地区纺织业出口情况

	纺织业	纺织服装、服饰业	化学纤维制造业
西部地区同比增速（%）	2.9	23.8	-6.6
全国同比增速（%）	-4.4	-1.6	-7.4
较全国同比增速（%）	7.3	25.4	0.8
2014年全国占比（%）	3.7	1.2	4.1
2015年全国占比（%）	3.9	1.5	4.2
较2014年同期	0.3	0.3	0.1

资料来源：国家统计局，2016 年 1 月。

（二）不同地区存在显著差异

2015 年 1—10 月，西部各省纺织业和纺织服装服饰业出口情况差异显著，纺织业方面，除内蒙古、重庆、云南、甘肃外出口交货值同比下降外，其余省份出口交货值呈现不同程度的上升，其中陕西和青海出口交货值增速高达 22.8% 和 122.8%。纺织服装服饰业方面，除重庆外，其余省份出口交货值均呈现不同程度的上升，其中贵州、甘肃、青海、宁夏四地增速高达 119.8%、9283.4%、152.4% 和 632.6%。这表明，随着东中部地区产业结构调整和产业转移，纺织业呈现出加速向西部地区转移的发展态势。

表 9-8　2015 年 1—10 月西部地区各省纺织业和纺织服装服饰业出口交货值增速

	纺织业	纺织服装、服饰业
全国	-4.4	-1.6
内蒙古	-7.9	1.6
重庆	-4.5	-1.7
四川	11.5	18.9
贵州	—	119.8
云南	-9.3	74.4
陕西	22.8	12.6
甘肃	-30.3	9283.4
青海	122.8	152.4
宁夏	12.9	632.6
新疆	-3.3	1.4

注：“—”表示无数据。
资料来源：国家统计局，2016 年 1 月。

三、效益情况

（一）主营业务收入增速反弹

2015 年 1—10 月，西部地区纺织业累计实现主营业务收入 1977.9 亿元，同比增速 8.1%，高于全国纺织业主营业务收入增速 3.2 个百分点。从各地区发展情况看，除内蒙古、重庆、西藏和甘肃四地纺织业主营业务收入同比下降外，其余 8 个省份均呈现不同程度的增长，其中贵州和宁夏两地增速最快，分别高达 47.9% 和 40.6%。与全国平均水平相比，除内蒙古、重庆、四川、西藏和甘肃 5

地同比增速低于全国平均增速外，其余 7 个地区同比增速均高于全国平均水平。

表 9-9　2015 年 1—10 月西部地区各省、区、市纺织业主营业务收入、同比增速

	主营业务收入（亿元）	同比增速（%）	与全国同比增速之差（%）
全国	32465.8	4.9	—
内蒙古	297.9	–2.5	–7.4
广西	188.0	14.6	9.7
重庆	153.9	–2.4	–7.3
四川	745.9	3.4	–1.5
贵州	10.9	47.9	43.0
云南	20.2	21.3	16.4
西藏	0.4	–53.5	–58.4
陕西	194.1	19.6	14.7
甘肃	18.9	–13.5	–18.4
青海	32.2	8.0	3.1
宁夏	209.6	40.6	35.7
新疆	106.0	14.4	9.5
西部地区合计	1977.9	8.1	3.2

资料来源：国家统计局，2016 年 1 月。

（二）在全国地位显著提升

2015 年 1—10 月，西部地区纺织业主营业务收入全国占比达 6.09%，较 2014 年同期提高了 0.18%。从各地区占比情况看，西部地区 12 省市区中四川省纺织业主营业务收入全国占比最高为 2.3%，贵州省最低，仅为 0.03%。与 2014 年同期相比，除内蒙古、重庆、四川和甘肃四地纺织业主营业务收入全国占比呈下降态势外，其余 8 省市全国占比均呈现不同幅度的上升，其中宁夏上升幅度最大，增幅也仅为 0.16%。

表 9-10　2015 年 1—10 月西部地区各省、区、市纺织业主营业务收入全国占比情况

	2015年全国占比（%）	2014年全国占比（%）	占比变动（%）
内蒙古	0.92	0.99	–0.07
广西	0.58	0.53	0.05
重庆	0.47	0.51	–0.04
四川	2.30	2.33	–0.03

（续表）

	2015年全国占比（%）	2014年全国占比（%）	占比变动（%）
贵州	0.03	0.02	0.01
云南	0.06	0.05	0.01
西藏	0.00	0.00	0.00
陕西	0.60	0.52	0.07
甘肃	0.06	0.07	–0.01
青海	0.10	0.10	0.00
宁夏	0.65	0.48	0.16
新疆	0.33	0.30	0.03
西部地区合计	6.09	5.91	0.18

资料来源：国家统计局，2016 年 1 月。

（三）亏损情况得到缓解

2015 年 1—10 月，西部地区纺织工业的亏损情况基本与 2014 年持平。就亏损面来看，2015 年 1—10 月西部地区纺织业亏损面 16.1%，较 2014 年同期下降 2.3%，亏损面整体收窄，但仍高出全国平均水平 4.1 个百分点。从各地区情况看，除内蒙古、贵州、云南、陕西、甘肃、新疆 6 省纺织业亏损面收窄外，其余 5 省市亏损面呈上升态势，其中青海省纺织业亏损面上升了 14.3%。

从亏损深度看，2015 年 1—10 月西部地区纺织业亏损深度为 9.3%，与 2014 年同期基本持平，但仍高于全国平均水平 4 个百分点。从各地区情况看，除内蒙古、广西、青海、宁夏 4 省区亏损深度略有上升外，其余 7 省市亏损深度均呈现不同程度的下降，其中贵州、云南和甘肃 3 地下降幅度最大。

表 9–11　2015 年 1—10 月西部地区各省、区、市纺织工业亏损情况

	亏损面			亏损深度		
	2014年1—10月	2015年1—10月	2015年与2014年亏损面之差	2014年1—10月	2015年1—10月	2015年与2014年亏损面之差
全国	12.7%	12.0%	–0.7%	6.2%	5.3 %	–1.0%
内蒙古	13.8%	11.3%	–2.5%	1.5%	5.4%	4.0%
广西	38.4%	40.1%	1.7%	44.0%	57.6%	13.6%
重庆	4.3%	5.3%	1.0%	1.8%	0.9%	–1.0%
四川	6.1%	6.3%	0.2%	2.8%	2.0%	–0.8%

（续表）

	亏损面			亏损深度		
	2014年1—10月	2015年1—10月	2015年与2014年亏损面之差	2014年1—10月	2015年1—10月	2015年与2014年亏损面之差
贵州	43.8%	29.4%	-14.3%	-474.9%	158.1%	-633.0%
云南	45.8%	40.0%	-5.8%	-563.3%	-452.4%	-110.8%
陕西	22.8%	16.4%	-6.4%	11.7%	6.0%	-5.7%
甘肃	17.4%	12.9%	-4.5%	391.1%	246.6%	-144.6%
青海	0.0%	14.3%	14.3%	0.0%	1.6%	1.6%
宁夏	11.1%	11.5%	0.4%	0.5%	11.6%	11.1%
新疆	57.7%	32.5%	-25.2%	342.6%	32.8%	-309.9%
西部合计	18.4%	16.1%	-2.3%	9.3%	9.3%	0.0%

注：西藏地区无数据。

资料来源：国家统计局，2016年1月。

四、主要经验

（一）资源、区位优势突出

西部地区我国重要的纺织原料基地，棉、麻、纱、丝等资源丰富，品质较高，与东中部地区相比，劳动力、水电等要素成本优势也十分明显，随着产业转移尤其是纺织业转移进程的加速，西部地区产业发展十分迅猛，纺织业产业基础已相当雄厚。与此同时，在“一带一路”战略的推动下，我国西部地区与周边国家开展双边贸易的地缘优势进一步凸显，发挥西部地区向中亚地区出口的桥头堡地位，依托不断开放的贸易环境，实现我国纺织业走出去是我国向西开放发展的重要一环。

（二）产业扶持力度加大

自从2010年8月国务院出台《关于中西部地区承接产业转移的指导意见》以来，西部地区借助资源优势，加大产业扶持力度，积极迎接东部地区产业转移。新疆不断加大对棉纺织业的扶持，发挥其资源优势，支持棉纺织业发展，培育并支持一批优势棉纺织产业集群。四川省利用其产业基础优势和资源优势，稳步推进转型升级和结构调整，现已形成化学纤维制造、纺、织、印染、服装加工等门类齐全的纺织产业体系。

第三节　重点地区发展情况：四川省

一、生产情况

（一）主要消费品生产发展差异明显

四川是西部地区经济较为发达省份，主要消费品产量整体保持了持续向好的发展势头，但各行业发展差异明显。与2014年同期相比，四川省的主要的25类消费品中有液态乳、精制食用植物油、成品糖、糖果、乳制品、罐头、发酵酒精、饮料酒、软饮料、精制茶、纱、化学药品原料药、家具等13种消费品的产量保持了增长势头，尤其是精制食用植物油增速最快，比上年同期增长了42.7%，远远高于全国2.2%的平均水平，而小麦粉、大米、卷烟等产量则呈现出两位数的下降，其中卷烟产量下降最为显著，达到–16.4%。

表9–12　2015年1—10月四川重点消费品产量及其变化

产品	2014年	2015年	同比增速	全国同比增速
小麦粉（万吨）	161.5	144.2	–10.7%	3.1%
液体乳（万吨）	79.4	83.7	5.4%	4.1%
大米（万吨）	502.2	432.7	–13.8%	4.1%
精制食用植物油（万吨）	122.8	175.2	42.7%	2.2%
成品糖（万吨）	1.0	1.1	7.6%	–12.7%
鲜、冷藏肉（万吨）	291.9	278.0	–4.8%	–2.6%
糖果（万吨）	9.5	10.8	13.7%	–2.8%
速冻米面食品（万吨）	1.4	1.2	–7.9%	0.6%
方便面（万吨）	25.6	24.1	–6.0%	–0.3%
乳制品（万吨）	86.5	92.1	6.6%	4.0%
罐头（万吨）	29.0	29.3	0.8%	3.2%
酱油（万吨）	50.2	46.6	–7.2%	6.0%
冷冻饮品（万吨）	20.5	20.0	–2.6%	–1.1%
发酵酒精（折96度,商品量）（万千升）	26.9	30.4	13.2%	6.3%
饮料酒（万千升）	481.8	486.8	1.0%	–2.7%
软饮料（万吨）	1064.5	1083.9	1.8%	4.2%

（续表）

	2014年	2015年	同比增速	全国同比增速
精制茶（万吨）	9.4	10.9	15.9%	5.5%
卷烟（亿支）	843.0	704.7	-16.4%	-2.4%
纱（万吨）	93.7	98.4	5.0%	3.2%
布（亿米）	15.7	15.2	-3.1%	0.1%
印染布（亿米）	4.8	4.7	-3.0%	-17.0%
服装（亿件）	1.5	1.5	-2.0%	2.0%
化学药品原料药（万吨）	17.5	19.3	10.8%	12.2%
中成药（万吨）	45.3	42.2	-6.8%	-13.2%
家具（万件）	1423.2	1621.5	13.9%	-0.7%

资料来源：国家统计局，2016 年 1 月。

（二）主要产品全国产量地位有所提升

2015 年 1—10 月，四川省主要消费品在全国同类产品中的地位有升有降。小麦粉，大米，鲜，冷藏肉，方便面，罐头，酱油，冷冻饮品，软饮料，卷烟，布，化学药品原料药等 11 种产品产量的全国占比呈下降态势，其中大米、酱油两类产品下降最快，分别达到了 -0.8% 和 -0.8%，其他 14 种产品产量占全国同类产品产量比均呈现不同程度的上升，作为中成药生产大省，四川省中成药产量占比提升幅度最为明显，增幅 1.1 个百分点，达到了 16%。

表 9-13　2014 年 1—12 月四川重点消费品产量占全国比重及其变化

产品	2015年全国占比（%）	2015年全国占比与2014年全国占比之差（%）
小麦粉（万吨）	1.2	-0.2
液体乳（万吨）	4.0	0.1
大米（万吨）	4.0	-0.8
精制食用植物油（万吨）	3.2	0.9
成品糖（万吨）	0.1	0.0
鲜、冷藏肉（万吨）	9.1	-0.2
糖果（万吨）	3.9	0.6
速冻米面食品（万吨）	0.3	0.0
方便面（万吨）	2.9	-0.2
乳制品（万吨）	4.0	0.1

（续表）

	2015年全国占比	2015年全国占比与2014年全国占比之差
罐头（万吨）	3.0	–0.1
酱油（万吨）	5.8	–0.8
冷冻饮品（万吨）	7.4	–0.1
发酵酒精（折96度,商品量）（万千升）	3.6	0.2
饮料酒（万千升）	8.8	0.3
软饮料（万吨）	7.3	–0.2
精制茶（万吨）	5.1	0.5
卷烟（亿支）	3.3	–0.5
纱（万吨）	3.0	0.1
布（亿米）	2.6	–0.1
印染布（亿米）	1.1	0.2
服装（亿件）	0.6	0.0
化学药原料药（万吨）	7.0	–0.1
中成药（万吨）	16.0	1.1
家具（万件）	2.6	0.3

资料来源：国家统计局，2016 年 1 月。

二、出口情况

（一）出口交货值增速回落

2015 年 1—10 月份，受出口环境恶化、国内经济下行压力加大等因素的影响，深处我国西南地区的四川省消费品行业外贸情况有所恶化，累计实现出口交货值 179.6 亿元，同比下降 0.2%。

（二）不同行业表现差别很大

在 16 个消费品子行业中，除纺织业，纺织服装，服饰业，家具制造业，文教，工美，体育和娱乐用品制造业，医药制造业，化学纤维制造业，塑料制品业等 7 个行业外，其余 9 个行业出口交货值均呈现同比下降的发展态势，其中家具制造业和塑料制品业出口交货值同比增长分别为 523.9% 和 112.2%，而酒、饮料和精制茶制造业，烟草制品业，竹、藤、棕、草等制品制造业同比分别下降 26.6%、25.4% 和 35.1%。与全国平均水平相比，除农副食品加工业，食品制造业，酒、饮料和精制茶制造业，烟草制品业，皮革、毛皮、羽毛及其制品和制鞋业，竹、藤、棕、草等制品制造、印刷和记录媒介复制业，日用化学产品制造业等7个行业低于全国平均水平外，其余9个行业出口交货值增速均高于全国平均水平。

表 9–14　2015 年 1—10 月四川省主要消费品行业出口交货值、增速及其变化

行业	出口交货值（亿元）	同比增速（%）	与全国同比增速相比（%）
农副食品加工业	9.55	–14.9	–8.4
食品制造业	19.13	–3.8	–5.6
酒、饮料和精制茶制造业	15.03	–26.6	–14.6
烟草制品业	0.02	–25.4	–30.5
纺织业	33.71	11.5	15.9
纺织服装、服饰业	10.52	18.9	20.5
皮革、毛皮、羽毛及其制品和制鞋业	42.83	–2.8	–8.0
竹、藤、棕、草等制品制造	1.15	–35.1	–41.7
家具制造业	1.24	523.9	520.5
造纸和纸制品业	6.01	–2.1	3.8
印刷和记录媒介复制业	1.58	–13.6	–25.7
文教、工美、体育和娱乐用品制造业	10.60	9.8	17.3
日用化学产品制造	0.88	–2.8	–16.0
医药制造业	12.25	14.9	10.7
化学纤维制造业	14.26	3.8	11.2
塑料制品业	0.88	112.2	115.6

资料来源：国家统计局，2016 年 1 月。

三、效益情况

（一）主营业务收入增速趋缓

2015 年 1—10 月，四川省消费品工业累计主营业务收入同比增速为 3.3%，低于全国平均水平 1.1 个百分点。主要行业中，除烟草制品业、皮革、毛皮、羽毛及其制品和制鞋业、造纸和纸制品业、文教、工美、体育和娱乐用品制造业 4

个行业同比增速下降外，其余行业均呈现不同程度的增长，其中家具制造业增速最高为 11.4%。与全国同比增速相比，仅食品制造业、家具制造业、化学纤维制造业、塑料制品业 4 个行业同比增速高于全国平均水平，其他行业均呈现不同程度的下降。

表 9-15　2015 年 1—10 月份四川省消费品各子行业主营业务收入及增速

行业	2015年主营业务收入（亿元）	同比增速	全国平均同比增速
农副食品加工业	2278.2	0.7	2.9
食品制造业	760.5	9.3	6.7
酒、饮料和精制茶制造业	2038.8	4.5	7.2
烟草制品业	166.4	-18.7	2.9
纺织业	745.9	3.4	4.9
纺织服装、服饰业	166.1	1.8	5.9
皮革、毛皮、羽毛及其制品和制鞋业	212.0	-0.2	7.5
竹、藤、棕、草等制品制造	12.7	3.9	10.5
家具制造业	406.1	11.4	9.4
造纸和纸制品业	382.8	-4.4	2.5
印刷和记录媒介复制业	238.7	8.6	8.8
文教、工美、体育和娱乐用品制造业	70.5	-16.7	5.9
日用化学产品制造	73.6	3.1	11.3
医药制造业	967.7	7.6	9.7
化学纤维制造业	182.4	4.3	0.5
塑料制品业	656.3	6.1	5.9

资料来源：国家统计局，2016 年 1 月。

（二）亏损有所缓解

就亏损面看，2015 年 1—10 月四川省消费品工业亏损面达到了 7.1%，低于全国消费品工业平均水平的 4.8%。各行业中皮革、毛皮、羽毛及其制品和制鞋业，竹、藤、棕、草等制品制造、印刷和记录媒介复制业，日用化学产品制造、医药制造业，化学纤维制造业亏损面相对较高，分别为 11.4%、10%、10.9%、13.6%、12.7%、27.3%。与 2014 年同期相比，农副食品加工业，纺织业，纺织服装、服饰业，竹、藤、棕、草等制品制造，家具制造业，文教、工美、体育和娱乐用品制造业，医药制造业，化学纤维制造业，塑料制品业等 9 个行业亏损面呈现不同程度的增长。

就亏损深度看，2015 年 1—10 月四川消费品工业的整体亏损深度不高，仅有 2.6%，低于同期全国平均水平的 2.5%。各行业中，烟草制品业，造纸和纸制品业，印刷和记录媒介复制业，日用化学产品制造亏损深度相对较高，依次分别为 6.4%、6.9%、9.7% 和 7.7%。与 2014 年同期相比，农副食品加工业，烟草制品业，皮革、毛皮、羽毛及其制品和制鞋业，竹、藤、棕、草等制品制造，家具制造业，印刷和记录媒介复制业，文教、工美、体育和娱乐用品制造业，医药制造业等 8 个行业亏损深度呈现不同程度的增长

表 9-16　2015 年 1—10 月份四川省消费品各子行业亏损面及亏损深度

	亏损面		亏损深度	
	2014年	2015年	2014年	2015年
农副食品加工业	5.4	6.0	1.5	2.1
食品制造业	5.9	4.6	2.4	1.9
酒、饮料和精制茶制造业	5.3	3.3	1.9	1.9
烟草制品业	—	—	0.8	6.4
纺织业	6.1	6.3	2.8	2.0
纺织服装、服饰业	5.4	6.2	3.1	1.3
皮革、毛皮、羽毛及其制品和制鞋业	12.1	11.4	1.6	2.7
竹、藤、棕、草等制品制造	5.9	10.0	0.5	2.9
家具制造业	2.4	4.6	0.5	2.1
造纸和纸制品业	10.5	9.3	11.9	6.9
印刷和记录媒介复制业	10.9	10.9	2.7	9.7
文教、工美、体育和娱乐用品制造业	2.2	4.7	0.1	0.5
日用化学产品制造	13.6	13.6	8.5	7.7
医药制造业	9.5	12.7	2.6	4.0
化学纤维制造业	26.1	27.3	4.7	4.7
塑料制品业	7.4	9.2	2.1	1.3

注："—"表示无数据。

资料来源：国家统计局，2016 年 1 月。

四、主要经验

（一）培育特色优势产业

近年来，四川省充分依托丰富的农产品资源和产业基础，调整优化产业结构，大力发展具有四川特色和市场适销的特色产业。目前，四川省消费品工业已逐步形成白酒、茶叶、烟草、中药、纺织等门类齐全的消费品产业体系，并重点培育了饮料食品产业。

（二）扶持大企业发展

为带动消费品行业的跨越式发展，四川省大力扶持大企业发展，实施大企业大集团倍增计划，开展“直通车”服务，推进优势资源向大企业大集团集中，推动企业间兼并重组和整合，培育形成了五粮液集团、长虹集团、新希望集团、宜宾丝丽雅、科伦药业等一批全国知名消费品企业，大企业集团的形成有力地推动了四川省消费品工业的发展和竞争力的提升。

（三）推进品牌建设

为推进四川省消费品产业发展，提升品牌影响力，提高市场占有率，以大型企业集团为依托，四川省加大品牌建设和品牌推广力度，推进白酒、纺织、特色工艺美术产品等特色产品品牌建设，尤其是大力推进“中国白酒金三角”等区域优势品牌宣传。

（四）着力发展新业态

为适应消费品发展新趋势，四川省大力扶持电子商务新业态，构建食品可追溯体系，促进工业化和信息化两化融合发展。为增强市场活力，四川省深入实施“大众创业万众创新”，大力推进创业创新活动，鼓励中小企业向“专精特新”发展，实施中小企业“小巨人”培育计划、万家小微企业惠企服务行动和“银河培训工程”，开展“扶助小微企业专项行动”。

园 区 篇

第十章　黑龙江穆棱经济开发区

一、基本情况

穆棱经济开发区位于黑龙江东部中心城市牡丹江市、煤电化基地鸡西市和沿边开放重点城市绥芬河市黄金三角区域间，由“三园”（绥穆合作园、建材产业园、商贸产业园）组成，以绥穆合作园为中心，以建材产业园和商贸产业园为两翼，实现下城子镇、马桥河镇、兴源镇东扩，拉开城镇框架，拓展发展空间，提升承载能力，为培育大产业、大项目、大企业搭建新平台。规划占地面积35.7平方公里，其中，穆棱经济开发区规划面积20平方公里。绥穆合作园现总人口为8.08万人，占穆棱市总人口的25%，其中，穆棱经济开发区总人口3万人。

穆棱经济开发区重点发展林木加工产业、建材加工产业、轻工食品加工产业、高新技术产业、健康休闲产业和国际物流产业及配套服务业，其中，林木加工产业目前是主导产业。开发区内设有七个园区，即：占地面积3平方公里的林木产业园区（占地1平方公里的东莞家具园和占地2平方公里的中俄国际地板园）；占地0.8平方公里的轻工食品园区；占地1.5平方公里的龙江（飞地）对俄产业园；占地2平方公里的高新技术产业园区；占地0.7平方公里的中俄国际物流园区；占地0.5平方公里的健康休闲产品加工园区和占地0.25平方公里的配套服务园区。

截至2015年底，开发区建成面积8平方公里，其中，林木产业园区已建成面积3.8平方公里。已建成项目134个，其中，林木加工产业建成项目105个。主要生产经营刨花板、OSB定向结构板、UV淋漆饰面板、复合地板、欧式仿古木家具、欧式仿古木工艺品、细木工板、胶合板、镁质板贴面单板、防火板、塑料编织袋、山珍食品加工、服装、农产品加工等产品。通过绥芬河口岸主要对俄出口木制品、轻工、建材、食品产品，从俄罗斯每年进口木材800万立方米。穆棱经济开发区已经跻身全省省级开发区前列，连续七年被评为黑龙江省先进开发区，被评为国家出口木制品质量安全示范区、省重点对俄进出口加工园区、省财源建设示范园区、省级循环经济试点单位。

二、主导产业

穆棱经济开发区主导产业是林木加工产业，规划占地面积5平方公里，其中，东莞家具园占地1平方公里，中俄国际地板园占地2平方公里。现有林木企业149家，从业人数1.1万人，年地板生产能力400万平方米，家具年生产能力50万件（套），OSB定向刨花板年生产能力10万立方米，刨花板年生产能力8万立方米，UV饰面板能生产能力50万平方米，木制工艺品年生产能力70万件，集成材年生产能力产品100万立方米，指接板年生产能力30万立方米，木业加工的产品达10个系列100多个品种，产品除销售东北地区、京津地区、沿海发达地区国内市场外，还远销俄罗斯、欧美和东南亚等国家和地区，2015年实现产品销售收入62.3亿元，上缴税金5.27亿元。

林木产业共生产十大类100多个品种。2014年经省、市、县三级检测综合合格率达到96.2%；2015年，检测综合合格率上升至97.1%，产品质量状况稳中有升，产品合格率较高。牡丹江博森木业生产的“百林阁”牌地板、实木复合地板为中国著名品牌，黑龙江名牌产品；黑龙江长江木业有限公司长江集成材为中国知名品牌；穆棱市富邦木业有限公司生产的“亨邦”牌地板、实木复合板为黑龙江名牌产品，并获黑龙江省著名商标；穆棱市广成木业有限公司生产的“汉家”牌地板为中国知名品牌；穆棱市好家木业有限公司生产“好家”牌浸渍胶膜纸饰面板为黑龙江省名牌产品及著名商标。

三、骨干企业

截至2015年，区内林业企业数量达到149家，其中知名企业有：

牡丹江博森木业，创建于2000年，公司注册资本为人民币1200万元，主营行业为实木地板，复合地板，地板料，其他地板以及木质片材，年营业额为人民币3000万—5000万元。

黑龙江长江木业有限公司，创建于2006年，公司注册资本为人民币4000万元，主营行业为生产集成材（指接板）、横拼板、木线、实木门（白茬）、实木套装门

（白茬）、实木床（白茬）和实木家具（白茬）等产品，年营业额为人民币6000万—8000万元。

穆棱市富邦木业有限公司，创建于1995年，公司注册资本为3000万元，主营行业为高档实木地板，踢角线，高光和亚光涂饰，实木集成材，实木贴面，实木门及实木家具等多条生产线，年营业额在6000万元左右。

穆棱市广成木业有限公司，创建于2005年，公司注册资本为2000万元，主营行业为实木地板、实木三层复合地板、实木集成地板、实木多层地板、多拼地板、实木门、实木楼梯等，年营业额为5000万元左右。

穆棱市好家木业有限公司，创建于2000年，公司注册资本为2000万元，主营行业为新型人造板，年营业额为3500万左右。

四、存在问题

1. 自主研发能力较弱。虽然园区发展较快，取得了较好的成绩，但入园企业中，劳动密集型和小企业仍然居多，贴牌加工产品较多，自主品牌研发能力不强，很多企业依然靠传统工艺和手工操作，创新投入不足，同时企业技术改造步伐缓慢，产品跟不上市场发展。

2. 龙头企业带动效应有待增强。龙头企业因其技术和研发实力较强，是推动产业园区内产业有机融合、互动发展的重要力量，但园区内龙头企业与园区内中小企业多层次、全方位的联合协作不够，龙头企业市场开拓和营销网络建设强等方面的优势没有充分发挥，园区资源共享和共同发展的局面还有待形成。

3. 品牌意识不强。虽然园区依托一批龙头企业培养出了一批知名品牌，但发挥品牌效应，扩大品牌经营规模，提升区域品牌的建设水平，仍显不足。企业创立和使用自主品牌的积极性不高，对集体商标、地理标志保护产品等区域品牌的创建重视不够，未能加强区域品牌的培育和运作，未能提高产业园区的品牌集聚力、影响力和竞争力。

4. 人才队伍建设有待加强。人才是推动工业园区发展和转型、升级的关键，相比园区企业技术装备水平来说，园区在人才引进和发挥人才作用方面不足开始显现。除了传统的技术人才、销售人才、生产工人之外，管理人员、品牌策划、市场营销、网络技术人才等新型人才在企业发展和园区做优做强方面的重要性日益显现。必须牢固树立人才是第一资源的思想，把培养发现人才放在重要位置，加大培育工作力度，充分调动各类人才的积极性和创造性。

第十一章　江西景德镇陶瓷工业园区

一、基本情况

景德镇位于江西省东北部，历史上与汉口镇、佛山镇、朱仙镇并列为全国四大名镇，下辖乐平市、浮梁县、昌江区和珠山区，全市土地面积 5256 平方公里，总人口 163 万；由于制瓷历史悠久，瓷器产品质地精良，对外影响大，“瓷都”两字成了景德镇的代名词，2014 年全市陶瓷工业完成总产值 292 亿元，比上年增长 17%；陶瓷出口达 40800 万美元，比上年增长 45%；陶瓷产业实现税收 45000 万元，增长 25%。目前，景德镇已形成陶瓷、汽车、房地产、机械、电子、医药、化工、建材、食品等工业体系。景德镇陶瓷工业园区（以下简称为“园区”）位于景德镇市区西北，辖区面积 2740 公顷，总体规划面积 1000 公顷，现已建成 710 公顷。于 2004 年初由原浮梁工业园区整体划拨组建，作为江西省人民政府和科技部共建景德镇国家陶瓷科技城产业化基地。2004 年 10 月，园区正式全面开工建设。2006 年 3 月 8 日，江西省人民政府将园区更名为“江西景德镇陶瓷工业园区”，批准为省级开发区。同年被评为省级特色工业园区和资源节约先进集体。2008 年 5 月，科技部批复同意建立国家火炬计划景德镇陶瓷新材料及制品产业基地。在创建国家新型工业化陶瓷产业示范基地活动中，景德镇市依托该园区建设并将其作为申报主体。

园区自创建以来始终坚持以陶瓷产业为主导，创造一园多区的功能结构，使居住生活区、管理服务区、科技孵化及产品研发区、展览贸易区等功能区协调发展。园区建设始终瞄准国内外高新技术陶瓷企业，着力引进知名陶瓷品牌项目，积极打造高附加值陶瓷产品，努力形成以高档传统日用瓷、陈设艺术瓷、陶瓷文化创意产业为特色，以结构陶瓷、功能陶瓷、电子陶瓷等高新技术陶瓷为核心，以高精建卫陶瓷及相关的陶瓷配套产业为主体的国内外著名的陶瓷材料产业生产基地。

二、主导产业

景德镇陶瓷工业园主导产业是陶瓷，该工业园紧紧围绕陶瓷开展建设，不仅包含传统陶瓷工业与制造，而且包含高技术陶瓷、陶瓷文化创意产业及陶瓷展贸业。紧紧围绕特色陶瓷产业，不断创新发展思路，积极推进陶瓷产业的发展，现已形成日用陶瓷、陶瓷创意设计及陈设艺术陶瓷创作、建筑卫生陶瓷、功能陶瓷、结构陶瓷等门类齐全的大陶瓷格局以及包括原辅材料生产供应、陶瓷展贸、科技开发、装备制造与维护服务、物流、教育等配套完整的陶瓷产业体系。在大力发展高新技术陶瓷的同时，注重用高新技术改造传统陶瓷产业。高资源消耗、高能耗和污染治理工作量大是制约传统陶瓷产业持续发展的瓶颈因素。

三、骨干企业

园区龙头骨干企业类别齐全、特色鲜明。分别在高技术陶瓷、日用和陈设艺术陶瓷、建筑及卫生陶瓷三大专业领域，形成了龙头企业引领、带动发展态势。其中高技术陶瓷龙头企业有景德镇神飞陶瓷有限公司、景德镇西马克电瓷有限公司、景德镇市同惠电子有限公司等；日用及陈设艺术陶瓷企业龙头企业有景德镇市望龙陶瓷有限公司、景德镇东富盈实业有限公司等；建筑卫生陶瓷龙头企业有景德镇金意陶陶瓷有限公司、景德镇特地陶瓷有限公司、景德镇乐华陶瓷有限公司等。截至2015年底，园区已累计引进企业177家，其中日用瓷与陈设艺术陶瓷100家，代表企业有台资企业景德镇法蓝瓷实业有限公司、东富盈、隆祥等企业。高科技陶瓷企业22家，代表企业有正宇奈米科技有限公司、新纪元陶瓷公司、神飞特陶公司。高档建筑卫生陶瓷企业8家，代表企业有金意陶、特地陶瓷、乐华陶瓷、赛德马赛克等。其他企业均为陶瓷产业上下游企业，共47家。

四、存在问题

1. 高素质人才的培养和队伍建设有待提高。园区的高素质人才的比重不大，人才的培养和激励机制有待进一步完善，高层次专业人才不足在一定程度上制约了园区的发展。

2. 园区对外宣传推介力度还不够强，知名度不够高，一些企业尤其是国外企业对园区的发展情况和优惠政策了解不深。

3. 企业自主创新能力还要进一步加强，产品自主研发比例不高，公共技术平台支撑行业发展的能力有待于进一步提高。

4. 产业层次还有待进一步提升。园区企业多数还处在创业初期，中小型企业居多，开拓市场能力不强。

5. 配套服务体系需进一步完善。随着入园企业数逐年攀升，企业周边的超市、会议中心、商务会所、银行服务等配套设施不足，需进一步完善。

第十二章　重庆涪陵工业园区

一、基本情况

重庆涪陵工业园区作为全市重要的综合产业基地，自2003年设立以来，在市、区两级政府的领导下，全面贯彻落实科学发展观，始终坚持走新型工业化道路。2012年，园区被国家工信部授予“国家新型工业化产业示范基地”。自示范基地成立以来，园区基础设施日臻完善，产业特色显现，综合效益日渐提升，先进制造业、高科技企业和高层次创新人才大量集聚。2011年，园区工业总产值为415.51亿元，2014年总产值达634.22亿元，较2011年年均增长15.1%；2014年高新技术产品产值占工业总产值56.7%；工业增加值达到177.23亿元，较2011年年均增长17.5%。至此，经过三年创建工作，园区新型工业化建设取得一定成效，已成为全市重要的经济增长点，较好地完成各项指标任务。

涪陵工业园区根据国家明确的用地分类和园区总体规划，切实抓好土地节约集约利用，产业特色鲜明，集群效应日益显现。建园以来，园区累计工业投入541.3亿元，单位工业用地固定资产投入强度34.15亿元/平方公里，产出强度40.01亿元/平方公里，园区土地集约利用水平整体较高。

二、主导产业

作为园区百亿级规模支柱产业之一的食品产业，现有投产企业47家，已形成榨菜、饮料、米油肉类加工、烟酒类等4个食品产业门类，主要是以涪陵榨菜集团公司为代表的榨菜类，以娃哈哈涪陵公司为代表的饮料类，以道道全、新涪食品公司为代表的米油肉加工类，以涪陵卷烟厂、重庆啤酒、稻花香酒业为代表的烟酒类。2014 年，园区食品及食品包装印刷产业工业产值达 206.61 亿元，占主体园区工业总产值 634.22 亿元的 32.6%；其中食品产业 196.6 亿元，占主体园区总产值的 31%。目前，作为重要支柱产业的食品产业，已形成原材料市场、研发、设计、生产、检验检疫、包装印刷、物流等上下游衔接密切、配套完善的产业链集群。

三、骨干企业

截至 2015 年底，园区现有投产企业 47 家，已拥有乌江榨菜、娃哈哈、稻花香、道道全、山城啤酒、辣妹子 6 个中国驰名商标，乌江牌榨菜、娃哈哈纯净水、山城啤酒、辣妹子等中国名牌产品 4 个，乌江榨菜、宏声牌、龙凤呈祥等重庆名牌产品 12 个，在行业内具有较高知名度。

重庆市涪陵榨菜集团股份有限公司是农业产业化国家重点龙头企业。公司于 2010 年 11 月 23 日在深圳证券交易所挂牌上市，股票代码：002507，股票简称：涪陵榨菜。公司旗下"乌江"牌榨菜先后获得"中国名牌产品"和"产品质量免检证书"、榨菜行业首枚"中国驰名商标""消费者最喜爱产品""消费者信得过商品""重庆市名牌农产品""最畅销产品奖"等荣誉。

重庆市涪陵辣妹子集团有限公司先后荣获国务院"国家级非物质文化遗产保护单位"、国家农业部"国家农业产业化重点龙头企业"和"全国农产品加工业示范企业"、国家科技部"国家星火计划示范企业"、国家工商总局"全国重信用、守合同单位"等荣誉称号。

道道全粮油股份有限公司为道道全重庆粮油有限公司母公司，是中南地区最早获得 ISO9000 质量体系认证的食品企业之一。2008 年，国家农业部授牌公司成立"国家油菜籽加工技术研发分中心"；自 2010 年以来，公司连续四年被中国粮食行业协会评为"全国食用油加工 50 强企业"，连续四年入围湖南省百强企业和制造业 50 强企业。

重庆新涪食品有限公司被评为 2005 年中国食用油行业十强企业，2006 年重庆 100 强企业等称号，2006 年被重庆市科委认定为高新技术企业。在 2007 年及 2010 年重庆市 50 强企业评选中，公司均位列第 19 名。公司生产的产品也先后被认定为高新技术产品、重庆市名牌产品、国家免检产品。

重庆市涪陵娃哈哈食品有限公司多次获得"重庆市工业五十强""重庆市 A

级卫生企业”“重庆市质量效益型企业”等荣益称号。

稻花香集团旗下的“稻花香”被国家工商总局认定为“中国驰名商标”。“稻花香”被国家商务部认定为“中华老字号”，并入选“中国新八大名酒”“中华老字号品牌价值百强榜”，连续十一年蝉联“中国500最具价值品牌”，品牌价值达332.66亿元。

四、存在问题

1.产业发展质量有待提升。园区引进了一批具有竞争力的知名企业，带来了先进的技术和管理，但以加工制造等“工厂业态”为主的增长模式受资源和生态环境的承载力制约，导致现有的产业格局不足以支撑开发区经济规模总量的持续提升，而体现“重庆创造”的新产业增长点和新的产业业态尚未形成，产业核心竞争力还需要进一步提升。

2.产业定位有待优化。在发展过程中循环经济、清洁生产、生态经济发展理念在建设实践中得到积极的贯彻落实，但现有的土地利用开发机制和空间功能不足以满足未来开发区的可持续发展需要。特别是在用地资源总量日益不足情况下，以土地一级开发出让和工业用地为主的园区开发经营模式，不利于产业孵化和导入非工业生产型企业，不利于产城融合发展，不利于用地效率的提升。

3.产业融合发展有待加强。骨干企业和大型企业仍然集中在资源型和加工型的传统产业，创新和创意产业化能力相对较弱，总部型、具有高成长潜力的、产业附加值较高的科技创新型企业相对较少，特别是行业龙头型、平台型企业缺乏，文化与科技、金融、制造业和旅游休闲等产业融合发展不足，现有的企业构成不足以支撑开发区塑造品牌化、特色化、高端化的现代产业集群。

第十三章　广东珠海金湾区生物医药产业园

一、基本情况

珠海生物医药产业经过近 20 年的培育和发展，目前已经形成金湾区生物医药产业园（三灶镇区域）、香洲主城区（含南屏工业园区）、国家高新区（唐家湾区域）等三个布局较为合理的生物医药产业聚集区。从企业分布格局看，高新区（唐家湾区域）聚集的企业以医疗器械企业为主，香洲主城区聚集较多的化妆品企业以及拥有丽珠、许瓦兹、亿胜、金仁、天大药业等一批颇具规模的制药企业。金湾区三灶镇三灶科技工业园区聚集有较多的制药企业、医疗器械及保健食品企业，三灶镇的生物医药产业规模占我市生物医药产业总体规模的接近 7 成。

金湾区生物医药产业园主要由生物制药、生物工程、医疗器械及保健品等四种类型构成，其中生物制药及医疗器械所占比例较高。园区工业用地主要表现出“大散布、小集中”的基本特征，已经形成几个“相对集中”的工业片区，即三灶科技园、琴石工业区、金海岸工业区、青湾工业区等工业区，其中生物医药企业主要集中在三灶科技园、金海岸工业区以及丽珠医药集团开发的丽珠工业园。

三灶科技工业园，1999 年 3 月 5 日挂牌成立，园区二期占地面积 2.5 平方公里，已开发面积达 95%；累计完成基础设施建设 2.4 亿元，已投入资金超过 2 亿元。目前进入园区投产企业 71 家，主要落户生物医药企业有珠海联邦制药股份有限公司、广东汤臣倍健生物科技有限公司、珠海万邦制药有限公司、珠海国佳高分子新材料有限公司等企业，这些生物医药企业合计工业总产值超过 50 亿元，是金湾区生物医药产值最高的工业园区。

金海岸工业区，占地约 0.8 平方公里，园区内主要为生物医药等企业，此外还拥有遵义医学院珠海校区、吉林大学珠海校区、南方医科大学公共服务平台与创新基地等科研教学机构和实验室。该园区企业数量众多，但是规模较大的企业不多，园区内生物医药制造企业的工业产值合计约为5亿元。

丽珠工业园，位于金湾区金湾联港工业园内，总投资20亿元，占地面积超过42万平方米，2014年全面建成投产，预计整个园区建成后，年产值将达100亿元，利税11亿元。丽珠工业园一期建筑工程已于2010年完工，园区二期二阶段建设已进入收尾阶段，2013年7月投入生产。预计整个园区建成后，年产值将达100亿元，利税11亿元。

二、主导产品

在金湾区生物医药产业分布中，基于生物技术开发的新产品产值约占20%—25%，化学制品产值占20%，天然药物（生化和海洋药物）及保健品产值占5%，中药材加工与中成药制造占15%—20%，医疗器械20%，其他10%。已形成以联邦制药为龙头的制剂产业、以汤臣倍健为龙头的营养健康产品生产产业，以及以康德莱为龙头的医疗器械企业产业的三足鼎立之势。生物医药产品主要有青霉素、头孢类、克林霉素、银杏达莫、雷贝拉唑、左旋布比卡因、伊托必利、益脑宁丸等。其中，阿莫西林占国内同类产品比重为70%、克林霉素膦酸酯为33%、雷贝拉唑约为30%。

三、骨干企业

截至2015年底，区内共有医药企业105家，即将动工建设的医药项目19个，已成为我国医药产业集聚度最高的地区之一。骨干企业代表有：

丽珠医药集团股份有限公司，是一家集产品研发、生产、销售于一体的综合性上市企业集团。在国内医药行业具有明显的品牌优势，铋制剂（丽珠得乐）是行业领头羊，粘杆菌素生产规模全球最大，全球市场占有率位居第一（25%）；抗病毒药始终排名在行业前列；助生殖药在行业内做到前三名，并且打破了国外大企业的技术壁垒和产品垄断，形成了自己的特色产品。单抗生物疫苗研发方面已经取得重大突破。

珠海联邦制药股份有限公司，是隶属于联邦制药国际控股有限公司上市企业。是中国最大的抗生素制造商之一，正努力打造成为国内最大胰岛素原料和制剂生产基地。其产品销往全球50多个国家和地区，其品牌享誉国内外；联邦“阿莫仙”

销量连续三年全国第一，品牌获国家驰名商标。获得国家火炬计划重点高新技术企业、广东省高新技术企业、中国最具竞争力医药上市公司20强等多项殊荣。

珠海亿胜生物制药有限公司，是国内最早从事基因工程药物研发、生产、并首批通过国家GMP认证的制药企业之一，中国香港创业板上市公司。国内外独家生产的一类新药bFGF滴眼液（贝复舒）等已成为国内眼科药品角膜损伤修复中最具知名度的品牌之一，销售量在国内所有眼科药物中排名前五位，是国内眼科药物生产的龙头企业之一。1996年获得国家“八五”攻关重大科技成果奖。2004年度国家科技进步二等奖。2008年公司获得国家高新技术企业证书，广东省医药工业生物、生化制品的制造5强企业等殊荣。

珠海亿邦制药股份有限公司，目前积极筹备上市工作，是一家集研发、生产、销售于一体的高新技术型制药企。公司主营品种有注射用克林霉素磷酸酯，拥有国家发明专利的自主知识产权，在国内同品种市场占有率连续6年排名第一，市场占有率达40%以上，年销售额1.2亿元。

珠海康德莱医疗器械有限公司，隶属于上海康德莱控股集团，主要从事一次性医疗器械产品的生产、加工，产品主要内销国内三甲医院和出口欧美国家，其业务涵盖了“医用高分子耗材、介入类耗材、医用穿刺针、医用包装、医疗器械市场供应链服务、医疗器械信息互联技术平台服务、医疗产业投资服务”等医疗产业领域。在穿刺针、医用高分子耗材、医用包装领域享有行业领先地位。

汤臣倍健公司，秉持“取自全球，健康全家”的品牌理念，2011年，汤臣倍健被评为“2010中国创业板上市公司20强”2011年市场零售额突破10多亿元。“汤臣倍健”品牌以32.5%的市场终端占有率牢牢地确立了中国膳食营养补充剂零售终端第一品牌的地位，在消费者心中拥有较高的品牌知名度和美誉度，成为行业的标杆，为生物与新医药技术领域高新技术企业。

四、存在问题

1.要素不集聚，产业不集中。珠海生物医药产业仍以仿制药为主，生物医药企业数量多但不强，没有形成产业聚集，表现出要素不聚集，产业不集中的缺陷。虽有三灶生物医药专业镇（园区），但从整个产业来看，园区研发机构相对较少，从企业内部来看，园区内企业同质化程度较高，企业间竞争大于协作，低端药物产能过剩，高端药物产能不足。药品生产企业也并非集中在一个园区内，已有的园区配套设施较差，与发展生物医药产业的要求极不相称。生物医药研发生产环境要求高，市政设施、环境保护、园区布局、供水供电、人文环境、企业文化都会影响企业发展和竞争力，这方面与长三角、环渤海湾、广州深圳的距离在拉大。相应的政府职能部门服务也尚未配套。而用电高峰限制用电，无污水废弃集中处理设施等亦令制药企业的生产受制约，运营成本增大，竞争力减弱。

2. 自主研发、自主创新能力弱。目前，金湾区尚缺乏公共的医药实验室、实验设备与条件，主要以企业个体的药品质量检测实验室居多。园区的医药企业以生产型制造基地居多，以中小企业居多，单体研发成本较高，企业设有的研究实验室主要用于生产原料、产品半成品、成品等的检测所需，企业的产品的研发与创新不得不转由区外的研发分支机构或者寻求区外的科研机构合作实现。企业在某种程度上缺乏的自主创新的基础研发条件。构建系列技术创新平台，加大研发投入力度，特别是迅速强化公共投入为主的科技创新平台建设，强力引导与推动知识产权贸易和产品创新，将是珠海医药产业需要突破的关键瓶颈和长效战略举措。

3. 行业人才缺乏与流失并存。医药人才特别是高素质医药人才缺乏是珠海市生物医药企业普遍反映的问题，已经成为制约珠海生物医药企业发展一大障碍。与长三角、环渤海等地区相比，珠海的人才引进政策缺乏吸引力，人才奖励、家属安置等问题具体措施不足，特别是住房问题严重影响企业对高端人才的招聘。此外，顶尖高级人才缺乏的最主要原因还是人文环境、科研氛围不足，发展机会不如一些大城市。而从全国招聘而来的人才为了寻找更好的发展机会容易“跳槽”，且很容易跳出珠海而流失。此外，金湾区珠海生物医药产业园偏离珠海市中心，各项服务设施并不齐备，势必影响高科技人才的引进。

4. 大部分企业融资难。长期以来，融资难一直是困扰中小型生物医药企业发展的难题。银行为保证资金安全，更愿意将有限资金贷给大企业。中小企业融资难主要体现在以下三个方面：一是中小企业“信用”低。大多数中小企业根本未参加任何资信评估。二是中小企业融资形式单一，融资渠道狭窄。大多数企业选择融资的方式是银行贷款，而对现代融资方式如股东投资、风险投资还比较陌生。三是融资成本高。面对银行的高门槛，大部分中小企业显得力不从心，为解资金紧张之急，往往使用的方式是民间借贷，而民间借贷的利率一般高于10%。

5. 尚未建立完全配套的公共平台。公共研发和检测服务平台、公共污水废气处理平台尚未建立，单靠企业自身建设成本高压力大，也无法取得相应的规模优势；而政府公共服务平台、公共信息共享平台、政企/校企/院企/企企之间的合作平台的缺失，导致企业发展助力缺位，对企业提升竞争力不利。

6. 园区环境和生活配套设施有待进一步改善和提高。镇内公共绿化率较低，城镇管理较为混乱，街道乱摆乱卖的现象较普遍等等，园区环境急待改善提高。另外，镇内交通系统、公共事业系统、公共工程系统、教育医疗等公共服务设施、文体设施、商业服务和各种社会性基础设施也尚未完善，或有待进一步改进和提高。镇内公路主支干道尚未能完成延伸到企业所在地，镇内没有统一的公共交通工具，大部分居民镇内出行不得不依靠摩托车，危险性较大。离三灶城区较远的工业区附近缺乏功能齐全、管理完善、规模较大的区域性日用品或农贸市场；缺乏富有特色的综合性商业街。这些都极大影响了企业员工的工作和生活，也直接影响到一个具核心竞争力的专业镇的建设和发展。所谓“安居才能乐业”，软环境薄弱或较弱的软硬环境因素的交合作用很可能会导致投资者产生迁徙外地园区的冲动。

企 业 篇

第十四章　安徽贝克艾滋病抗病毒药物国产化之路

一、企业概况

（一）发展历程

安徽贝克联合制药有限公司（以下简称安徽贝克）是国内专门从事艾滋病和乙肝抗病毒治疗药物研发和生产的企业。

2002 年底，安徽贝克药业创立。经过艰苦的一年时间，完成了要通过几年才能完成的车间建设、安装和试生产，并一次性生产出质量符合 USP34 版标准要求的产品。当时安徽贝克主要生产拉米夫定的原料药和中间体，因专利问题，只能以化工产品形式出口。经过多方位市场开拓和努力，安徽贝克质优价廉的拉米夫定产品赢得国际客户的一致好评，迎来原料药和中间体业务快速发展，出口额从 2003 年的 90 万美元跃至 2007 年的 1000 多美元。2008 年 4 月，安徽贝克收购位于合肥高新区的金大陆生物制药有限公司，更名为安徽贝克生物制药有限公司，并积极开展拉米夫定片的申报工作。2009 年，安徽贝克的抗艾滋病、抗乙肝原料药基地开始建设，并投入大量资金进行产品开发。2010 年 6 月 12 日，安徽贝克国内首个抗艾滋病骨干药拉米夫定片历经两年多的专利诉讼而获批，接着齐多夫定、奈韦拉平和拉米齐多双夫定片相继获批生产。2012 年 10 月，安徽贝克可生产拉米夫定、齐多夫定、奈韦拉平、依非韦伦和替诺福韦等十几个治疗艾滋病和乙肝原料药车间正式投产，产能全面满足国内制剂生产和原料药出口的需求。

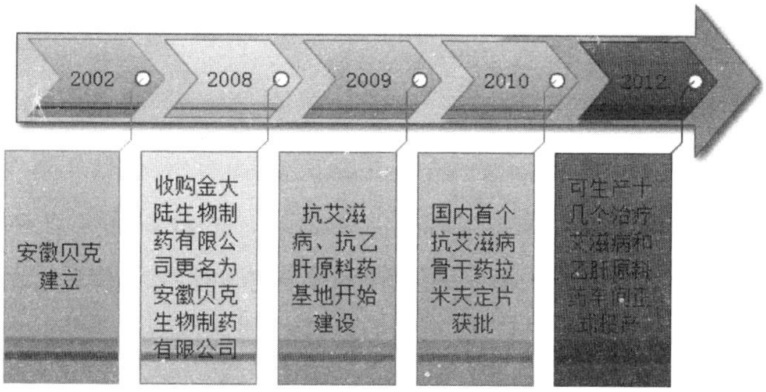

图14–1 安徽贝克发展历程

（二）发展现状

安徽贝克现在还属于成长期的企业。作为国内少数几家艾滋病抗病毒治疗药物生产企业，安徽贝克生产品种单一，生产品种主要为艾滋病和乙肝抗病毒治疗药物，拥有从原料药研发、合成到制剂生产、销售的完整产业链。企业成立十多年来，安徽贝克从给国外企业供应原料药和中间体起家，依靠自己的制药专家队伍，不断地引进创新，积极应对国际专利诉讼，使企业的发展走向有研发、有专利、有生产、有市场的良性轨道，安徽贝克现也成为具有国际知名度的抗艾滋病药物生产企业。企业可生产品种也从成立之初的一个品种到现在已经拥有十几个治疗艾滋病品种、4 个治疗乙肝品种、5 个治疗肺结核品种、2 个精神病治疗用药、1 个二类胃药、1 个一类生物制药、2 个已申请国际 PCT 专利的世界一类多靶点糖尿病新分子药和一类多靶点丙肝新药。

安徽贝克的抗艾滋病制剂自 2011 年连续三年参加中央补助地方艾滋病药品招标采购项目，并获得中标，相比国外同类产品具有价格优势，给国家节约了近 11 亿元药品采购费用。例如：2011—2012 年，安徽贝克拉米夫定片成人和儿童两个规格连续两年在中央补助地方艾滋病药品招标采购项目中获得中标，总计供应国家拉米夫定片达 1.38 亿片，折合成拉米夫定原料 41 吨。

目前，安徽贝克已经获得国家食品药品监督管理总局批准生产的剂型有拉米夫定片（150mg、300mg）、拉米齐多双夫定片、奈韦拉平片、齐多夫定片，已上报等待批产的有依非韦伦片（600mg、200mg、50mg）、替诺福韦、恩曲他滨、依非韦伦 + 恩曲他滨 + 替诺福韦片、替诺福韦 + 恩曲他滨片等重要抗艾滋单方和复方品种。

二、企业战略

（一）健全产业链

安徽贝克是以出口原料药和中间体起家的，随着业务的开张及企业的壮大，企业认识到长远发展就要同时拥有原料药和制剂，因此确定了两大发展战略：一是新建多品种、高产能并符合国际化清洁生产要求的原料药基地；二是公司产业链由低附加值的原料药中间体生产出口延伸至高附加值的终端制剂生产。

（二）面向市场需求

推出更多的国产化一线抗艾滋病药物，满足国内艾滋病防治日益增长的用药需求成为安徽贝克的重要发展目标。虽然安徽贝克已经实现齐多夫定、拉米夫定、奈韦拉平、拉米齐多双夫定片的国产化，而且这些产品的推出明显改善了国内艾滋病抗病毒治疗现状，由于艾滋病的耐药性，国际一线治疗方案也不断改进。安徽贝克利用自己的专家科研力量，进行仿制创新研究，已经具备了当下国际一线治疗药物依非韦伦、替诺福韦等的仿制能力。

（三）注重人才引进

积极推进人才引进和人才储备，是安徽贝克发展经营工作的重中之重。贝克吸引人才的主要做法有两种：一是赠与股份，加强企业凝聚力；二是为人才提供优质的创新和发展平台，最大限度发挥人才的聪明才智。截至2014年2月，安徽贝克研发专家已经达到120人，拥有中高级职称人员占50%以上。在优秀人才的推动下，安徽贝克管理水平和创新能力得到不断加强，创新成果层出不穷，抗艾滋病药品的研发效率和水平得到了很大提升。

（四）投资科研平台

安徽贝克将搭建科研平台作为提升研发水平的重要途径。2009年，安徽贝克承担了安徽省手性药物工程技术研究中心建设，借此建立专业化手性抗艾滋病药物研发平台；2010年，安徽贝克研发中心被认定为安徽省级企业技术中心，为公司研发进一步奠定基础；2012年，安徽贝克与安徽省药物研究所、合肥工业大学共建了研发中心，充分借助科研院所的资源助推公司发展；2013年，安徽贝克整合研发资源，成立了安徽省新药研究院，使之成为企业推进艾滋病药品国产化的发动机。2013年，安徽贝克研发投入达到7143万元。创新研发平台迅速推动了一批重要抗艾滋病产品的研发和国产化。

（五）走国际化道路

根据联合国艾滋病规划署数据，2011 年全球艾滋病感染者 3400 万左右，其中在治患者 970 万左右，2015 年全球在治艾滋病患者将增至 1500 万人。面对巨大的国际艾滋病抗病毒药物市场需求，世界卫生组织积极推动中国和印度抗病毒药物生产企业更多地承担起向国际医药市场供应药物的责任。安徽贝克认识到抗艾滋病药品国际化是贝克获得进一步发展的必由之路。为此，安徽贝克开发了多个符合国际治疗需求一线复方制剂，如替诺福韦 + 恩曲他滨、替诺福韦 + 恩曲他滨 + 依非韦伦。同时，完成 FDA、WHO、PQ、南非卫生部 MCC 认证和俄罗斯卫生部认证，为实现产品国际化提供了有力依据。

（六）利用法律手段推进国产化

安徽贝克利用法律手段打破了葛兰素公司对于拉米夫定片的垄断，实现了拉米夫定片国产化，同时降低了拉米夫定片的使用成本，使得国内艾滋病市场获得了质优价廉的药品。2011—2013 年，安徽贝克连续 3 年完成国家抗艾滋病药品的招标采购项目的供应任务，为国家节约招标采购资金近十亿元，充分发挥了艾滋病药品国产化的优势。

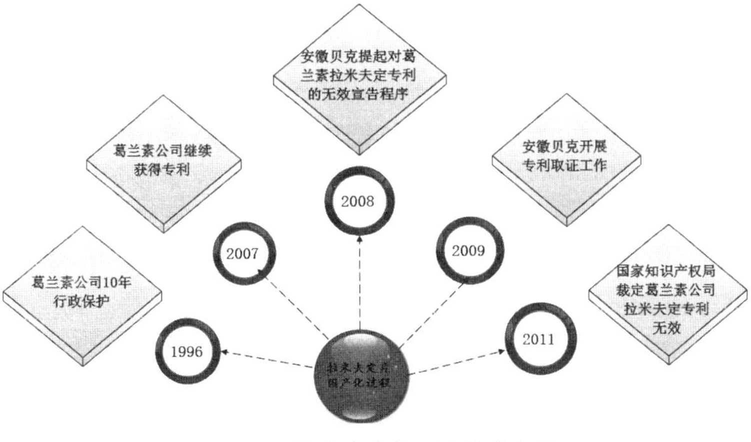

图14-2　拉米夫定片国产化进程图

（七）积极承担企业的社会责任

安徽贝克在注重研发生产的同时，格外注重环境保护和社会捐赠，承担起了企业的社会责任。为处理好企业发展、环境保护和社会责任的关系，安徽贝克投入 6000 万元用于污水处理厂的建设。现污水处理厂处理污水由安徽省环保厅在线检测，COD 小于 150，达到二级排放标准。从 2010 年至今，安徽贝克向各级医疗机构捐赠艾滋抗病毒药品累计达到 900 多万元。

三、启示与借鉴

安徽贝克虽然算不上大型医药企业，但作为艾滋病抗病毒治疗药物专业生产企业，10 年来的一些发展理念和战略对于维持企业快速发展起到至关重要的作用，是国内企业可以参考和借鉴的。

（一）重视原料与制剂上下游协同发展

原料制剂协同发展更加利于企业自主长久发展。近年来，随着环保要求的提高，新版 GMP 改造的开展，原料药的不断提价和断供制约着很多制剂企业的发展。而仅有原料药的企业随着近年来国际原料药市场的激烈竞争也导致了采购价格逼近成本。因此，从企业长久发展来看，同时发展原料药和制剂，健全完整产业链，才不会受制于人，才能更加合理地安排产量，才能稳定地保证药品供给。

（二）面向市场开展研发

面向市场需求的研发才会给企业带来经济价值。药品生产企业的服务对象是患者和医疗机构，所以如何生产更加有针对性、临床更加需求的药品是企业获得长远发展的根本。随着居民饮食结构的变化、生存环境的变化、医生用药习惯的变化，市场上更畅销的药品品种也在随时发生变化。这样，药品生产企业在开展新药研发前，要多调研取证，咨询临床专家，特别要关注国外最新的用药趋势。这样，可以做到有的放矢，集中资金和研发力量开发出更实用的品种。

（三）重视研发投入

研发是医药企业可持续发展的基石。按照国际平均水平，医药企业每年用于研发的投入占其销售收入的比重为 8%，而欧美发达国家企业则达到了 15%—16%，甚至有的企业甚至达到了 20% 以上，而我国医药生产企业研发投入平均占比不足 2%。重视研发投入，一是要重视人才引进，二是要重视资金投入。当下国家出台各类政策抑制低水平重复建设，随着社会的发展，只有掌握核心技术的医药企业才会在日益激烈的竞争中生存下来。

（四）走国际化发展道路

走出去是中国医药企业做大做强的必然选择。国内的市场相比全球市场始终是小市场，在满足国内需求的同时，走出国内，将药品销售到世界各地才有利于企业的长远发展和我国医药企业的品牌建立。要想走出去，国内企业应该学习安徽贝克的理念，按照国际标准开展生产活动，积极申报国际认证。虽然短期看，按国际标准的生产活动投入巨大，但从长期来看，这为企业开辟国际市场提供了有利的基础保障。

（五）敢于利用法律手段对抗垄断

打破国外企业不合理的专利垄断，是我国企业实现重要产品国产化的重要步骤。对于保护原研创新技术的专利，国家应该给予相应的保护。但是对于国外企业以占领垄断国内市场为目的的专利垄断，我国企业应该学习安徽贝克，利用企业熟悉掌握生产工艺等有利条件，多方调查取证，多与知识产权部门沟通，杜绝不合理的专利的存在。这样，一是可以真正实现产品国产化，二是可以杜绝垄断降低患者用药成本，三是可以保证国家的用药安全。

第十五章　默沙东的成功之路

一、企业概况

（一）基本情况

默沙东公司是全球著名的医药公司，总部位于美国新泽西州肯尼沃斯市，在美国与加拿大称为默克（Merck），在其他地区称为默沙东（MSD）。产品线既包含化学原料药又包含制剂，其中化学原料药和制剂多为专利药。产品范围涉及处方药、疫苗、生物制品与动物保健品，目前在全球销售的产品共150多种。默沙东开拓的市场范围遍布美国、欧洲、南美洲以及亚太共18个国家和地区，设有工厂31家。

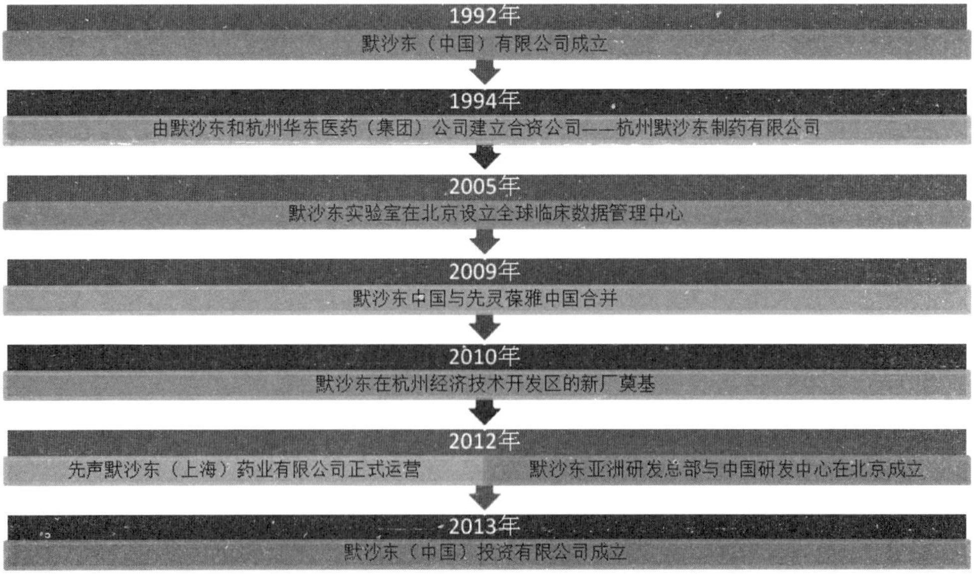

图15-1　默沙东中国发展史

默沙东（中国）有限公司成立于 1992 年，总部位于上海，通过 20 多年的发展，默沙东在中国已经实现研发、制造和商业运营合一的完善的运营模式。默沙东在中国市场主要销售舒降之、科素亚、海捷亚、泰能、科赛斯、福善美、保列治等 17 个产品，产品范围覆盖降血压、调血脂、治疗前列腺增生、哮喘、骨关节炎、骨质疏松和艾滋病多个治疗领域。

（二）发展历程

默沙东公司起源于德国默克公司。1851 年，厄内斯特·克里斯蒂·弗雷德里克·先灵开始在柏林制作与销售药品。1854 年后，先灵开办第一个生产车间，这是默克公司的前身。1891 年，默克公司进军美国，乔治·默克建立了默克美国子公司 Merck & Co。经过缓慢的发展，1933 年，默克在美国新泽西罗威成立了首个实验室。1953 年，默克与 Sharp&Dohme 公司合并，默沙东正式诞生。1963 年，默沙东推出首剂麻疹苗，四年之后，又推出腮腺炎疫苗。2000 年，默沙东与先灵葆雅在美国成立合资企业，开发与销售新的降胆固醇和治疗呼吸系统疾病的处方药。2009 年，默沙东与先灵葆雅合并。

二、发展战略

（一）注重研发投入

注重研发投入是默沙东在全球医药领域位列前列的最重要因素。注重研发投入一方面是加大研发资金投入。2014 年，在全球药企研发支出排行榜中，默沙东位列第五位，研发支出约为 71.80 亿美元。而 2014 年，我国 67 家医药行业上市公司总研发费用支出总计约为 53.56 亿元。按照 2014 年人民币对美元汇率计算，默沙东一个公司的研发投入是我国 67 家上市公司研发投入总和的七倍多。另一方面是人才策略。默沙东的研发团队几乎都来自世界顶级的大学或科研机构。默沙东公司求贤若渴，除了在全球范围内吸收最为优秀的研发人员，还通过与全球 40 多个研究单位和大学加强合作，实现人力资源和研发资源共享，使公司永远处于技术最前沿，稳固公司在尖端科技上的领先地位。例如，2013 年，默沙东中国启动了一项新的博士后工作站项目，招募及资助 14 名博士后科研人才，与默沙东的科学家们一起在实验室并肩开展研究。

（二）视治病救人为企业第一责任

视治病救人为一切之根本，为默沙东提供了源源不断的创新动力。默沙东创始人乔治默克曾说过这样一句话“我们应当永远铭记，药物是为人类而生产，不是为追求利润而制造的。只要我们坚守这一信念，利润必将随之而来。仅仅发明了一种新药，并非已经大功告成，我们还要探索有效途径，使默沙东的最佳科研成果，能够造福于全人类。”这句话现如今也成为默沙东公司的核心价值观。正是默沙东一切从病人出发，一切从治病出发，才使默沙东的研发不断创新，不断研发出解决新疾病的良药；正是默沙东一切从病人出发，一切从治病出发，才使默沙东严格控制药品质量，严格控制生产线和出厂药品的安全，默沙东下属及运营的所有工厂，以及为其供应配方药物、活性成分或无菌产品的任何企业，都必须遵守《现行药品生产管理规范》（cGMP）及其他规章要求，此外，默沙东还参与了“制药业供应链行动（PSCI）”，以保障供应链安全；正是默沙东一切从病人出发，一切从治病出发，才使默沙东的市场营销人员与医生和病人间建立了良好的沟通关系，使得默沙东产品得到了广泛的社会认知。

（三）以公益性书籍扩大公司影响力

默沙东公司与其他跨国公司相比，最独特之处是默沙东自己编著书籍，各类以科普为目的可免费阅读的公益性书籍扩大了公司影响力。很多人正是通过默沙东书籍了解到默沙东。默沙东出版的公益性书籍包括《默克诊疗手册》《默克老年病手册》《默克索引》《默克家庭诊疗手册》，以上书籍均以多国语言出版，前三本内容较为专业，为专业医务工作者的参考书，第四本以科普为目的，更易阅读。这些书籍的公益性主要体现在读者可以在互联网上免费检索，查询全文，免费了解国际医学界主流观点和可靠治疗方法，在增长知识的同时，对于科学的医疗诊断方法做到心中有数，有利于减少医患矛盾的产生。

（四）视员工为公司最为宝贵的财富

视员工为最为宝贵财富的理念，充分调动了默沙东员工的工作积极性。2011年和2012年默沙东文化调研显示敬业员工比重分别为77%和86%。2015年，在人力资源咨询公司怡安翰威特评选的“中国最佳雇主”20强中，默沙东同辉瑞、罗氏等公司一同上榜。默沙东建有较为完善的人才战略，从招聘到培训再到提拔，每一阶段都有较为严谨的原则，正是这些原则确保了默沙东员工的含金量。招聘原则可概括为寻找具有创新精神、工作热情和责任心的人才。培训原则可概括为定时定期培训，倡导合规文化，使每位员工认识到制度的重要性。2011—2012 年，默沙东中国 5000 余名员工接受了长达 15424 小时的职业发展培训。提拔原则可概括为以内部提拔为主、外部招聘为辅，充分认可内部员工的能力，为每一位内部员工提供了职业发展愿景。

（五）注重履行企业社会责任

注重履行企业责任提升了默沙东公司在全球的影响力。对于默沙东而言，企业责任不仅仅是慈善事业，他们的企业责任包含对于社会健康的保障性、员工培养的可持续性、环境保护的关注还有公司运营的科学性等方面。默沙东有专门的企业责任管理机构，分三个层级，第一层级为由六名独立董事组成的“公共政策与企业责任董事会专业委员会”，这是最高管理层级，第二层级为高级决策管理机构“默沙东公共政策与责任委员会”，成员由各职能部门高层领导组成，负责制定企业责任履行方式和目标，并监督实施进展，第三层级为企业责任办公室，这一层级主要负责将企业责任原则融入到各项商业政策、战略及实践当中去。

三、启示与借鉴

（一）重视研发投入

医药企业属于高技术类企业，研发是企业可持续发展的基石。包括默沙东在内的国际大型企业公司无一不把加大研发投入作为企业长远发展的重要战略。我国医药企业大多数为仿制药企业，化学原料药企业更是以大宗原料药企业为主，这种局面导致我国医药产业在国际分工中长期处于低利润高度竞争的层级。只有学习国际大型医药公司的研发策略，在利润空间允许的范围内逐步加大研发投入才能由仿制药市场走向专利药市场，才能由大宗原料药市场走向特色原料药甚至专利原料药市场。重视研发投入，企业层面一是要重视全球高端人才的引进，二是要重视资金投入，国家层面主要是要出台鼓励研发投入的专项政策，为勇于创新的企业从外部注入资本扶持。

（二）将市场需求放到第一位

默沙东创始人的核心价值观，可以概括为一切公司业务都要以市场需求为导向。医药企业与其他行业企业相比，产品具有救死扶伤的特性，这决定了医药企业与其他企业相比更具有社会影响性。目前，很多医药企业特别是中小企业目光短浅，一切只为利润服务，这种运营模式短期内可谓是走捷径，但长远来看，不利于企业品牌的建立和长期利润的积累。只有将市场需求即患者需求放到第一位，才能使得公司开展的一切研发、生产和销售是为患者考虑、为患者服务，做到这一点，就不会没有市场需求，有了市场需求，盈利和品牌影响力提升都随之而来。所以，医药企业在研发生产过程中，要不断了解掌握居民饮食结构的变化、生存环境的变化、医生用药习惯的变化，多调研取证，咨询临床专家，特别要关注国外最新的用药趋势，在这个前提下投入资金开发新药，才能实现资金的有效利用，生产出市场最为需要的药品。

（三）建立人才发展战略

默沙东视员工为公司最为宝贵财富的理念，使得公司员工具有极高的敬业精神，工作效率极高，对于工作的开展是一种正激励。而我国医药企业虽然多数也提倡以人为本，建立人文关怀，但实际操作过程中仍然以成本和利润为本，造成我国医药企业员工流动率非常高，高流动率一方面增加了企业的经营成本，另一方面也不利于企业品牌的建立。我国医药企业需要学习默沙东等知名跨国公司建立人才发展战略，始终把人才发展放在第一位。首先，要重能力轻薪资，人才也是一种特殊的商品，薪资水平在一定程度上代表了人才的能力经验水平，要摒弃通过控制薪资控制成本的理念，敢于为高端人才开具高薪资。其次，要重培训轻经验，员工工作经验的积累对于企业是一种财富，而一味地依靠员工的经验，非但员工得不到发展，也不利于企业人才的积累。只有建立科学实用的人才培训战略，对于新老员工进行有针对性的实战培训，使员工干中学，学以致用，自身能力得到提高的同时也会带来业务效率的提高，也会增强员工的企业归属感。同时，要重内部提拔轻外部招聘，相比外部招聘，内部提拔对于员工来说有利于建立职业愿景，提高本企业员工的工作积极性，对于企业来说可以减少外部招聘带来的间接成本。

（四）多渠道拓展营销策略

常规营销策略是指公司直接向需求方推销产品的策略。而非常规的营销策略则是指公司不直接向需求方推销产品，而是通过其他方式使需求方了解公司，信任公司，进而带动产品销售的策略。默沙东向医生与患者免费提供公益性书籍的策略正是非常规策略，事实证明，这种非常规策略在带动默沙东产品销售过程中并不逊色于常规策略。我国一些乳品企业或者医药企业近年来也开创了工业参观旅游项目，这也是一种行之有效的非常规的营销策略，市民通过参观工厂生产线，对于产品的安全和卫生更加心中有数，增强了对于参观企业的信任，从而间接带动相关产品的销售。所以，医药企业在进行药品推广时，不要一味地在常规营销上投入人力和资本，多策划发放公益性书籍、开发工业旅游等非常规营销策略，对于带动产品销售的作用更为长久。

（五）加强企业社会责任建设

小企业看利润，大企业看品牌。而品牌建设特别是国际一流品牌建设都与企业社会责任密不可分。默沙东等跨国知名药企正是通过对于企业社会责任的履行，不断开拓市场与品牌影响力。我国医药企业也应该学习默沙东加强企业社会责任建设，其中 EHS 管理体系（环境 Environment、健康 Health、安全 Safety）是最为直接系统的社会责任建设体系。加强 EHS 管理体系建设一方面可以杜绝我国医药企业当下存在的安全环保意识淡薄，环境破坏严重，安全隐患多，员工职业健康得不到重视和保障等问题，另一方面也是我国医药企业“走出去”的重要战略，近年来，国际市场上对于企业“走出去”的门槛已经从药品注册、GMP 认证延伸到对供应商的 EHS 审计，而 EHS 管理的缺乏也是当下我国医药企业普遍面临的问题。

第十六章　雀巢集团在中国取得成功的原因探析

一、企业发展历程及现状

始建于1867年的瑞士雀巢集团，是世界最大的食品制造商，以创始人亨利·内斯特尔(Henri Nestle)的名字命名，总部设在瑞士日内瓦湖畔的沃韦。企业以生产婴儿食品起家，现今产品线已涵盖奶制品、营养品、饮用水、巧克力糖果、调味品、宠物食品等，品种超过上万种，该集团在全球拥有35万名员工和450家工厂，2014年销售收入为916亿瑞士法郎。历经近150年的发展，雀巢已经从一个名不见经传的小企业，成为世界领先的大型跨国企业，其快速发展扩张的方式之一，就是不断进入具有发展潜力的新兴市场，雀巢在中国的成功发展历程，就极具有代表性。

雀巢向来重视中国市场，于1987年在黑龙江省双城市开设了在华第一家工厂，1990年正式投产。1996年，在北京设立大中华区(即中国大陆、香港、澳门和台湾)总部，迄今已在大中华区开设33家工厂，拥有5万名员工。截至2012年，雀巢已经与太太乐、豪吉、大山、银鹭、徐福记、惠氏营养品等国内企业建立了合作伙伴关系。2013年，雀巢大中华区销售收入达到66.18亿瑞士法郎，跃居雀巢的全球第二大市场，仅次于美国。回顾雀巢在中国的发展，从一开始就选择了一条不寻常的发展道路。20世纪80年代的中国，正处于改革开放初期的澎湃浪潮中，整个社会的商业环境尚处于蓬勃发展的萌芽阶段，相关的市场制度与商业秩序还有待建立和完善，对诸多跨国企业来说，中国是一个神秘未知、充满不确定性的市场。与肯德基、摩托罗拉、达能等大型跨国企业将登陆目标定在北京等大城市不同，雀巢与中国的第一次亲密接触，选择在偏僻的东北小县城双城，在那里雀巢建立了其在中国的第一家奶制品工厂，实现了从无到有再到本土化融入的变迁。在饮茶文化根深蒂固的中国，雀巢却敢于独辟蹊径，以“味道好极了”的西式咖啡为敲门砖，通过广告、信息传播等方式培育中国年青一代接受咖啡文化，成功地打开了中国市场，实现了“在茶的国度卖咖啡”的奇迹。

二、雀巢取得成功的原因分析

雀巢在中国的成功要素，具体可以归纳为六个方面：共赢的本土化策略、成功的市场推广、有效的资本运作、严格的产品质量管理、高度的社会责任意识、持续的创新研发。

（一）共赢的本土化策略

雀巢是极富国际化色彩的跨国企业，其在瑞士本土的销售额只占全球销售额的2%。雀巢尊崇创造共享价值，尊重运营所在国家的文化和价值观，坚持以“在任何国家和城市的经营活动必须同时符合当地利益”的原则经营企业。对于跨国企业来说，如何打破市场壁垒、快速融入本土市场是企业发展的重中之重。相比于短期利益，雀巢公司更看中企业的长期利益，进入中国之后，雀巢力求在为当地民众谋求经济利益与追求企业长期利益之间取得平衡，付出了巨大的人力、物力和财力投入。雀巢奉行了较为纯粹的本土化策略，在中国销售的产品中有99%是在国内生产制造，覆盖了一系列按照国际最高质量标准制造的产品。从原料供应到生产制造，从企业管理到人才培育，从市场推广到品牌运维，雀巢无一不执行本土化策略。雀巢只在产品生产方面提供必要的技术，而原料的采集、生产设备、运输工具、工作服务等全部都在当地制造或购买，工厂人员配备从领导层到基层员工往往都是当地人。在更多的时候，雀巢人都更倾向于表示自己所在的企业是一家中国企业。雀巢所秉承的共赢本土化发展策略，使其获得许多市场的准入机会，完善的供应链建设既解决了原材料供应问题，也有助于其降低成本，同时又对当地的经济有一定的促进作用，使雀巢拥有了巨大的竞争优势。以雀巢在华第一家工厂双城雀巢公司为例，雀巢从建厂伊始就致力于优先满足当地民众的利益诉求，对奶农提供免费的专家指导和技术培训、建立鼓励奶农积极性的原料收购制度，在有效控制住原材料供应这条生命线的同时，还为地方经济发展和农民增收做出了巨大贡献，获得了当地政府和民众的信任和好评。正是这种共赢的本土化策略，为雀巢成功跻身中国市场奠定了良好的基础。

（二）成功的市场推广

在高度国际化、市场化的今天，中国市场已经成为各路商家必争之地，激烈的竞争使得任何一家企业都必须持续进行市场投入和推广，以保持和扩大自身产品的市场份额。对国人来说，20 世纪 80 年代进入中国的雀巢咖啡可以说是大家对国外品牌的最早认知之一，一句“味道好极了”的广告语令人耳熟能详、深入人心，叩开了有几千年饮茶文化古老国度的大门，雀巢自此在中国稳稳扎根，几乎成了咖啡的代名词。雀巢的成功得益于其了解中国本土市场，善于把握消费者心理并准确洞察消费趋势，以及优秀出色的宣传、推广和渗透。雀巢的市场推广关注于年轻人在生活状态上的变化，“味道好极了”这句看似简单朴素的广告语，蕴含着对悠闲西式文化的推介和宣扬，这对当时急于体验新鲜事物的年青一代相当有吸引力，当昔日的年青一代已成忠实拥趸，针对更年轻的一代渴望挑战自我、追求梦想的个性特点，雀巢更是打出了“雀巢咖啡活出敢性”的广告语，很好地迎合了年轻人的情感诉求。雀巢的市场推广还善于与中国文化相契合，特别重视在传统节日的宣传和促销，印有体现中国传统喜庆祥和元素的礼盒一度成为馈赠佳品而大受欢迎，雀巢咖啡也借此实现由礼品到嗜好品的转变，使得喝咖啡在中国像饮茶一样普及，成为一种生活习惯。

（三）有效的资本运作

作为世界最大的食品制造企业，雀巢在长达近 150 年的发展历史中，不断涉足新兴市场领域，生产的产品品类也不断增多，逐渐打造成一个商业帝国。但其在各个领域事实上也面临着激烈的竞争，单在中国，雀巢既要面对联合利华、卡夫、达能等老牌劲旅的阻击威胁，又要面对蒙牛、伊利、娃哈哈等本土优势品牌的崛起挑战。雀巢清楚地意识到，虽然自身实力雄厚，也不可能在每个涉足的领域都拥有丰富的资源和经验，想要打破跨国家、地区的经济壁垒，降低进入门槛，持续获得领先的优势地位，并购是优先选择的策略。凭借在国际上丰富的资本运作经验，雀巢在中国加快了并购和投资步伐，覆盖了奶制品、饮用水、咖啡、冰激凌、糖果、茶饮料、调味品等多个领域，不断扩大自己在不种产品种类上的市场份额和实力，直接获得目标市场的入门证和话语权，同时有效抵制了竞争对手的进攻。雀巢一系列本土化资本运作包括：1999 年，与上海太太乐食品成立合资公司；2002 年，与四川豪吉食品成立合资公司；2010 年，与云南大山饮品成立合资公司；2011 年，分别与银鹭和徐福记成立合资公司；2012 年，完成对惠氏营养品的全球收购。雀巢在中国所并购的企业大多是行业的龙头企业，凭借控制这些企业，雀巢获得了庞大的客户资源和成熟的销售渠道，取得了快速的增长。以雀巢进军国内调味品行业为例，通过对鸡精业前两大品牌太太乐和豪吉的强势并购，雀巢牢牢掌控了国内鸡精市场 80% 以上的份额。

（四）严格的产品质量管理

自成立以来，雀巢就把产品质量和安全放在企业经营的首位，质量安全意识贯穿企业的运行全程，并渗透融入到企业文化当中。最直接的例证是，在国内于 2008 年爆发的三聚氰胺奶粉事件，雀巢旗下产品无一殃及。雀巢产品质量和安全的保障源于专业的质量管理团队和严格的质量管理体系。雀巢在每个国家、每个市场、每个工厂都有专业的质量保证团队，在大中华区就有 500 人左右专门从事质量保证和食品安全工作，占工厂人数的 8%—10%，该团队负责对原料供应商进行审核和批准、原料的验收和检测、生产线环节的质量控制、成品的检测和放行以及分销环节的监控。与此同时，雀巢建立了独特的产品质量和安全管理体系，并要求所有工厂都要严格遵循该体系，确保产品质量绝对安全。这一体系涵盖了从产品研发、原料进货、生产、销售以及消费的各个环节，并呈现出如下特点：一是雀巢从产品研发环节到消费环节全程体现了质量管理理念，产品需经过一百多项严格检测才能进入市场，即便已经在货架期上，也会定期地进行抽样检测；二是雀巢对旗下种类繁多的产品均设立了较高的质量标准，能使不同批次的同类产品质量保持一致性；三是雀巢的质量管理体系纳入了风险预警功能，能够对潜在的事故进行预判以便提前应对。

（五）高度的社会责任意识

在践行企业社会责任方面，雀巢认为，企业想要取得长远成功并为股东创造价值，就必须为社会创造价值，即基于“创造共享价值”的价值主张，创造共享价值的核心基于企业对社会的基本承诺，即按最高标准守法守则，保护环境，为子孙后代造福，这种价值主张内化于企业各项业务的始终。雀巢的“创造共享价值”由三个方面组成：营养、水管理及农业社区发展。在雀巢全球研发网络及中国四个研发机构的支持下，雀巢为消费者提供营养、优质和安全的食品，公司为各年龄段的消费者提供营养方案及产品，包括针对儿童、老年人等特殊群体的食品。雀巢还主办或参与了相关的营养和健康活动，例如被命名为“健康儿童计划”

的儿童营养教育及认知计划，该计划已使100万学生和3万教师人群受益；雀巢以节约、负责的态度使用和保护水资源，在生产经营过程中始终努力减少水和其他资源的消耗，企业通过启动节水计划使得每吨产品耗水量减少了50%，还积极实施教师水资源教育项目，在国内70所学校开展水管理及环保知识培训；农业社区发展关乎农民福祉，雀巢通过培训农民掌握知识及技能并为其供应的原料提供公平合理的价格，在供应链中建立起与超过18000名奶农及约19000名咖啡农长期依赖共生的关系，这是一种推动奶制品及咖啡种植业现代化的真正合作伙伴关系，这些农民及其家人因此而改善生活或致富。此外，雀巢还在人道主义及社区支援活动方面开展了卓有成效的工作。雀巢在企业社会责任方面的努力受到了各界的认可，1994年至2012年间，雀巢及合资伙伴共获得由国内各级政府部门和各类机构颁发的137个奖项及表彰。2013年，雀巢被评为全球企业社会责任报告十佳企业之一。

（六）持续的创新研发

创新是企业保持长久生命力的核心要素，同其他在华跨国企业一样，雀巢也将创新研发视为从激烈竞争中脱颖而出的制胜法宝。雀巢的代表作不是只有速溶咖啡，其在奶制品、营养品、糖果、饮用水等很多领域都是行业领先者，雀巢绝大部分产品的口味、性能、包装等能做到5年一更新以适应不断变化的市场需求。百年以来，雀巢的一些产品和工艺取得了革命性的创新，足以铭刻在食品工业史中，1938年，雀巢公司开发的喷雾干燥咖啡粉末工艺正式在瑞士投产，成功推出了第一杯雀巢速溶咖啡，一举奠定了雀巢在行业中的领先地位。经过多年的积淀和发展，雀巢培育了一个大型研发网络，该网络由设在瑞士洛桑的基础研发中心和分布在世界各地的29个研发中心构成，约有5000名技术人员从事研发活动。雀巢先后在中国上海、北京、厦门、东莞建立四个研发中心专门从事食品和营养品的研发，这些研发中心以中国消费者的口味为研发导向，旨在设计和生产更符合中国消费者需要的产品，比如在中国销售的雀巢咖啡的口味就与欧美国家销售的口味有所不同。雀巢的研发过程还遵循一条“60/40＋”准则，即一项新开发的产品，首先要与市面上其他品牌的同类产品进行对比测试，只有超过60%的消费者“盲选”了雀巢的产品，这种产品才具备面世的机会，符号“＋”则代表雀巢还要进一步对产品进行改良。

三、启示与借鉴

综上，通过对雀巢在中国发展成功要素的探析，我们对雀巢的经营理念和发展经验有了更为深入的认识。一个企业如何通过自我革新来实现每一个阶段的可持续发展，决定了其能否在激烈的市场竞争中生存。回顾雀巢在中国近三十年的发展历程，其成功演绎了一个跨国企业面对不确定性与激烈变革，完美地平衡了短期利益和长期利益，与所在国实现本土化融合的演变历程。对很多国内企业来说，企业战略决策和行为往往只是关注短期利益最大化，不能站在长远可持续发展的高度考虑问题，结果往往是丢失了消费者和员工的信任、破坏了生态环境、缺失了企业社会责任，断送了健康发展的机会，这足以引起我们的反思和深省，雀巢的成功之道，值得我们学习和借鉴。

第十七章　西门子的标准如何成了国际通用标准

一、企业概况

德国西门子股份公司创立于1847年，是世界上最大的电气和电子公司之一，其早期历史与德国工业紧密相连。西门子主营业务涉及能源、自动化与控制、医疗、信息与通信、交通、家电、照明、财务服务等行业。西门子总部设有财务部、人事部、技术部、知识产权与运营部、计划发展部、采购与后勤部、信息通信设备部、房地产管理部、公司通信部和经济与公共关系部共10个部门。其中，知识产权与运营部具体负责与标准化有关的工作。

西门子公司最早于1872年进入中国，如今，西门子在中国已经建立了20多个地方办事处和40多家合资企业，拥有3万多名员工，长期投资总额超过54亿欧元（约366亿人民币），成为在华最大的外商企业之一。2014财年，西门子公司在中国的总营收达到64.4亿欧元。

二、标准化工作开展情况

（一）组织机构

西门子公司总部的知识产权与运营部下设标准化与法规部，人员有30多人，都是熟悉国际标准制定的专业人士，专门负责开展标准化工作。主要职责为制定通用标准、制定标准化方针战略、产品合规评价。各子公司或分公司均设有标准化专职部门和标准化管理人员，总计1600多人，主要职责为执行产品标准化和协调总部的标准化工作。

（二）参与国际标准化工作情况

与西门子公司相关的标准化组织主要有德国标委会（DIN）、欧洲标准委员会（CEN）、欧洲电工委员会（CENELEC）、国际标准化组织（ISO）和国际电工委员会（IEC）。为了促进更多的企业标准成为国际标准，西门子有大量技术人员参与以上标准化组织的工作，在各级标委会中担任关键职务的有300多人，仅标委会主任就占到200多人。西门子要求所有子公司在生产过程中都要采用IEC、ISO和ETSI等国际性标准化组织制定的标准，以提高商品可靠性和企业国际化程度。

（三）企业标准制定过程

西门子公司的企业标准符号为SN，通用标准和产品规格标准形成过程相似，都是由下而上制定产生。首先由标准工作组或技术部门起草，然后提交标准化主管部门审查编号，最后由工作组长或技术部门部长签发。针对新形成的SN，公司标准化部门会根据市场影响力，选择性地向德国标委会提交新的草案。德国标委会会根据情况提出建议，如若通过，即形成国家标准，同时提交国际标委会。西门子会利用本企业在国际标准化组织中的影响力施加影响，从而促使企业标准转化为国际标准。

（四）标准化信息管理系统

西门子公司的子公司遍布全球，为实现标准的可及性，西门子公司建有专门的标准信息系统。此系统将企业标准、德国标准、欧洲标准和国际标准分门别类管理，共有30多万条标准。如子公司需要某项专业标准，只需要登录信息系统查询，根据信息系统显示的标准名、标准版本以电子邮件向总部标准和法规部索要文本，总部工作人员将会以电子邮件或是传真的形式回复标准详细信息，确保了信息流通的及时高效。

（五）人员培训

西门子公司十分重视标准化培训工作，对中高层管理人员、项目经理、专业技术人员、一线工人都进行分层次分重点的技术标准培训，培训完后组织考试，通过考试的员工才可以继续留岗，否则将会被解聘。公司高度重视对员工的技能和标准培训，鼓励员工开展技术创新和标准化改良。这一工作的开展，不仅提高了各级员工对于标准化工作的重视，也提高了员工的专业素养。

（六）企业标准推广

西门子公司高度重视企业标准的应用和推广，作为全球领先的电器和电子公司，西门子凭借其技术优势和企业标准优势，积极参与企业标准的推广，依托自身强大的营销网络和遍布全球的子公司，将企业标准上升为地区标准或国家标准。如我国国家标准化指导性技术文件《工业通信网络现场总线规范类型 10：PROFINET 10 规范（三个部分）》就是基于西门子在华的一项现场总线技术。

（七）标准化发展的指导思想

西门子公司对开展标准化工作有着明确的指导方针。全球子公司必须按照国际标准生产，以实现产品的安全性和适用性。高技术标准确保产品质量是获得市场份额的重要途径，应当以完善的企业标准和高质量的产品为客户服务。标准是产品开发设计的重要组成部分，为更好地满足市场需求应当向潜在客户介绍企业标准。所有企业和子公司必须以战略的眼光和开拓全球市场的角度重视标准化工作。

（八）经费来源

西门子公司标准化的经费并非统一管理的，而是由各子公司和各部门统筹负责。经费主要来源于两部分，一是出售标准所得，这部分经费大约占到总投入的40%，二是各业务部门的行政管理开支。作为全球领先的标准化企业，西门子公司每年投入大量的人力、财力、物力在标准化建设上，以确保其全球领先地位。

三、启示与借鉴

（一）重视标准化工作

作为一家跨国企业，西门子公司从上到下都高度重视标准化工作，从内部组织机构的设置到标准化工作人员数量再到标准化工作的资金投入，都得益于对标准化工作的重视。只有企业管理层足够重视标准化工作，才能带动全企业标准化工作的开展，才能使标准化建设工作落到实处。加大对标准化工作的重视和投入是我国制造业企业，尤其是具备一定实力的大型企业集团，进一步提高市场竞争力和品牌影响力的重要途径。

（二）实现标准国际化

西门子公司开展标准国际化工作一条路径是积极参与国际标准化组织工作，

另一条路径是力促企业标准成为国际标准。由于在标准化方面缺乏足够的认识和国际话语权，我国企业在激烈的国际竞争中往往较为被动。当前，我国企业在这两方面都略显不足，第一条路径需要企业提高参与国际标准化工作的积极性，第二条路径则需要企业提高自身实力。

（三）标准面向市场

西门子公司的标准化方针就是“以产品、市场和效益为核心”，在这一方针指导下，由最基层的技术部门根据销售情况围绕产品、工艺、生产和环保制定新的企业标准，每一条新标准都会体现市场新需求，并随着市场的变动做出相应的修订和补充。我国企业需要转变“上面出标准，下面执行标准”的观念，更多地参与到国家和行业标准的制定中，逐步建立以市场定标准的新理念。

（四）标准信息化管理

标准的针对性特点决定了标准条目繁多，传统管理方法在查阅某一项标准时需要耗费大量精力。西门子公司建立了联结全球各公司，覆盖全公司的标准信息系统成功地解决了这一问题，使得标准的查阅和使用更为便捷，有利于标准及时的修订和完善。我国企业在开展标准管理工作时，也可引入管理信息系统，在方便员工查阅标准的同时也可推动企业标准体系的建立。

（五）注重标准化培训

培训是对员工最好的福利。对员工进行标准化培训是提高员工对工作重要性认识最有效的途径。标准化培训工作应该分层次分重点，针对不同岗位的特点有针对性地开展，对于中高层管理者培训工作应着眼标准化战略与企业发展的关系，对于一线专业技术人员或生产工人，培训重点应该是各类标准的内容和操作规范，介绍相关案例。

（六）标准化与技术进步相互促进

将标准化工作融入日常工作的每一个环节，不仅提高了生产效率，保障了产品质量，而且有力地促进了技术进步，使得西门子公司能够长期雄踞行业领军地位。而市场优势和技术优势又促进了企业标准转化为国家标准和国际标准，使公司在激烈的市场竞争中处于优势地位，进一步提升了其市场竞争力，进而形成了标准化、技术进步和市场三者之间的良性循环。这对于正处于标准化建设起步阶段的我国制造业企业具有重要的借鉴意义，如何实现标准化与技术进步的协调互助发展，对我国制造业实现跨越式发展意义重大。

（七）标准的与时俱进

标准的修订是企业标准长期适用并保持行业领先的重要手段，保持标准的与时俱进是西门子公司标准化体系建设的重要一环，以标准管理信息系统为平台，技术法规与标准部与分布在全球的各子公司针对现有企业标准存在的问题、可能的改进方向等进行讨论，并协调和配合开展标准的修订工作，确保标准与时俱进，以保持企业标准的领先地位和行业优势。

（八）流程制定坚持科学性

西门子公司标准制定有着严格而科学的流程，确保标准的适用性、科学性。各子公司或下属公司均有专门的标准起草工作组负责标准的起草和制定，而后传递给公司技术法规与标准化部进行审查和标号，审核通过后发布实施，并报德国国家标准化委员会备案。在标准制定过程中，各项制度、各个指标严格把关，并及时修订，以确保标准的安全和适用性。

第十八章　中国抗体药物领军企业中信国健的创新之路

一、企业概况

（一）基本情况

上海中信国健药业股份有限公司成立于 2002 年，是国内最早进入抗体药物开发领域的企业之一，属于比较年轻的生物制药企业。中信国健的业务核心在于抗体药物的研发、中试和产业化。药物治疗领域涉及肿瘤、自身免疫疾病、抗器官移植排斥反应等方面。在国内所有从事单抗研发生产企业中上市品种最多，分别是益赛普（治疗自身免疫性疾病）和健尼哌（抗器官移植排斥反应），还有 3 个品种即将上市。中信国健研发团队有 200 多人，在研品种有十几个，生产规模达到 3 万升。

（二）发展历程

2002 年，中信国健成立。2005 年，建成 3 条 750L 的规模化抗体生产线，并同时通过国家 GMP 认证。2006 年，自主研发成功国内首个抗体融合蛋白新药益赛普，并上市销售。2007 年，益赛普荣获国家技术发明二等奖。2009 年，益赛普荣获第 11 届中国专利金奖。2011 年，治疗器官移植排斥反应的新药健尼哌上市。

图18–1　中信国健发展历程

二、企业战略

（一）审时度力三步走

中信国健的三步走战略是指模仿、仿创和创新。首先是成立之初的模仿之路，中信国健成立之初，技术没有任何积累，国际市场的单抗药物也属于新兴领域，只有一两个品种，在这种情况下，中信国健选择跟在国际单抗药物领先巨头后面的模仿路线。接下来，随着中信国健自己研发团队的组建，国际和国际对于药品知识产权的保护也日趋完善，国际单抗药物领先巨头的专利战略也日趋精细化，在这种情况下，中信国健在模仿的基础上加入创新因素，根据中国国情进行改良，既避免了专利纠纷，又更加符合中国市场的治疗需求。最后，直到现在，中信国健走的一直是创新之路，始终相信创新是企业不断发展的源泉。

（二）以市场为导向

中信国健无论研发、生产还是销售都围绕市场展开。在公司成立之初，中信国健认识到抗体药物在治疗肿瘤、器官移植、自身免疫系统等重大疾病领域的优势，投入大量人力物力和财力专注于抗体药物的研发。针对新产品，中信国健每一次新的创新都会进行前期的临床市场调研，并将材料进行系统分析，得出市场未来的发展趋势，当下市场的盲点，在此基础上进行新药物的开发。针对已上市产品，中信国健会定时定需根据市场需求进行功效、适应症、安全性、剂型、价格、原料、工艺和质量标准等方面的调整，保证产品的长销性。

（三）研发创新是第一生产力

中信国健非常重视研发创新，将其视为企业发展的原动力。研发投入占销售收入的比例年平均值为10%。中信国健的研发团队有200多人，积极承担国家“863”、国家发改委的重点技术产业化专项等重大研发和技术转化项目。建成抗体药物国家工程研究中心，成为国内唯一的国家级的抗体药物研发和产业化工程技术平台。集中研究力量掌握了抗体构建及细胞株优化、高效无血清培养基开发优化、大规模高效细胞培养工艺等关键共性技术。

（四）产学研协同发展

中信国健注重产学研协同发展，致力于学术推广。一方面建立了非营利性的学术交流平台“中信国健风湿学院”，专业人士可以通过这个平台进行风湿临床学术交流、临床病例研讨和未来新技术趋势，为临床风湿科室建设提供了强大的技术专业支持。另一方面加大与国内外各类机构的产学研合作，国外方面，中信国健与内布拉斯加州大学合作，建立技术交流和人才培养基地；国内方面，中信国健与中国药品生物制品检定所、第二军医大学、中国军事医学科学院等建立了研发联盟。

（五）打造人才蓄水池

中信国健认为科技创新的本质是人才的竞争，主要从四方面开展人才战略。一是自主培养。主要从内部选拔人才，为专业能力强的基层员工创造学习和提拔的机会，并将此作为人才战略的主要方面。二是合作培养。通过“国家生命科学与技术人才培养基地”和“抗体药物国家工程研究中心”两个平台建设,发现人才,吸收人才。三是引进海归。中信国健通过企业年金、解决住房、解决家属工作和子女就学等灵活的方式，吸纳了不少海归加入企业团队。四是打造专家库。中信国健努力在自己的研发团队中培养业内专家，鼓励研发人员积极参与国际高层次的生物技术开发项目，积极与国内外业内知名专家保持密切交流。

（六）专利保护掌握企业“命门”

中信国健视专利保护为企业“命门”，奉行“研发一批，保护一批，转化一批，储备一批，运用一批”的专利保护理念。首先，做好自身产品的专利保护。截至目前，中信国健累计申请专利 101 项。公司的明星产品——第一个上市的抗体药益赛普共申请国家发明专利 9 项，这提高了益赛普的市场竞争力。其次，做好专利技术储备。中信国健除了对正在研发的产品提前进行专利布局，也会对抗体药物研发热点和预期的产品方向进行专利技术储备。最后，积极应对海外专利布局。针对国外巨头的专利“陷阱”，中信国健设立专业团队随时关注、收集国外抗体药物领域的专利动态和专利陷阱的典型案例，学习跨国巨头应对专利诉讼的经验。

（七）分步开拓国际市场

中信国健在开拓国际市场方面，采取的是步步为营的战术，首选药品进口门槛比较低的发展中国家，在此基础上积极开拓进口门槛比较高的欧美发达国家市场。2006 年，益赛普最先通过哥伦比亚 GMP 验证，开始出口至南美洲。2009 年，中信国健通过与巴西药品生产企业签署合作协议将产品输入巴西。2013 年，益赛普成功出口至印度和墨西哥。对于美国、欧洲一些国家，中信国健通过与当地企业建立合作开发方式，从研发、生产到开拓是市场都是双方共同来完成，以此实现对于欧美市场的进入。

三、启示与借鉴

（一）围绕市场开展生产

面向市场需求的生产才会给企业带来经济价值。药品生产企业的服务对象是患者和医疗机构，所以如何生产更加有针对性、临床更加需求的药品是企业获得长远发展的根本。随着居民饮食结构的变化、生存环境的变化、医生用药习惯的变化，市场上更畅销的药品品种也在随时发生变化。这样，药品生产企业在开展新药研发前，要多调研取证，咨询临床专家，特别要关注国外最新的用药趋势。这样，可以做到有的放矢，集中资金和研发力量开发出更实用的品种。

（二）重视研发投入

一是增加资金投入，医药行业特别是生物制药行业的研发环节可以说是烧钱的环节，资金投入是开展研发的基础。二是增加人才投入，通过以自主培养为主线，以合作培养、引入海外人才的方式多渠道提高人才整体水平，只有人的水平提高了，研发生产的水平才能提高。三是产学研协同发展，以研促产，以产补研，形成良性循环的研发生产新模式。

（三）做好专利布局

医药行业作为高技术行业，在未来的市场和国际竞争中，谁做好了专利布局，谁就掌握了市场主动权。从中信国健的经验，企业应从三方面进行专利布局。一是做好产品专利保护，对于自主研发的产品要及时申请专利保护。二是做好专利技术储备，针对目前国际上的技术趋势和跨国药企申请专利的焦点，进行预研发，在产品批产上市前做好技术储备。三是积极应对国外企业的专利纠纷。对于国外企业以占领垄断国内市场为目的的专利垄断，我国企业应利用企业熟悉掌握生产工艺等有利条件，多方调查取证，多与知识产权部门沟通，杜绝不合理的专利的存在。

（四）积极开展国际市场

走出去是中国医药企业做大做强的必然选择。对于我国大多数企业来说，走出去特别是将产品直接销往欧美市场的难度暂时较大，可以学习中信国健分步走的战略。先打开发展中国家的大门积累海外营销的经验，在此基础上逐步完善自身产品的生产、研发和GMP认证水平，最后再逐一敲开欧美的大门。

政 策 篇

第十九章　新《食品安全法》

一、政策内容

2015 年 10 月 1 日，被称为“史上最严”的新《食品安全法》（以下简称新法）正式实施，这是自 2009 年《食品安全法》实施以来的首次重大修订。从内容来看，新法体现了中央对食品安全的四个“最严”要求：最严谨的标准、最严格的监管、最严厉的处罚、最严肃的追责。那么，新法究竟“严”在何处?

1. 生产标准更高。一是提高了准入门槛。对食品包装材料实施生产许可证管理。对保健食品、特殊医学用途配方食品、婴幼儿配方乳粉实行注册、备案管理。二是强化了全产业链的安全。明确提出国家建立食品全程追溯制度，鼓励食品生产经营企业采用信息化手段建立食品追溯体系。三是提高了安全标准。对有证据证明食品存在安全隐患但食品安全标准未作相应规定的，相关部门可规定食品中有害物质的临时限量值和临时检验方法。四是加强了特殊食品的质量安全管理。婴幼儿配方乳粉企业不得使用同一配方生产不同品牌的乳粉，不得以委托、贴牌、分装方式生产销售婴幼儿配方乳粉。保健食品生产企业应当按照良好生产规范的要求建立与所生产保健食品相适应的生产质量管理体系。

2. 销售监管更细。一是严控网络食品安全。明确网络交易平台需对入网经营者进行实名登记、许可证审查，如果网购食品出现问题，网络交易平台与食品经营者承担连带责任。二是强化销售产品可追溯。要求企业对原料采购、加工生产、运输销售、产品召回等环节实施可追溯管理。三是加强了对产品用途、标签等的管理。对保健食品的功效用途、广告内容等进行了详细规定，明确保健食品标签要写明成分含量，且保健食品声称的保健功能，应当具有科学依据。

3. 违法惩罚更严。一是刑事责任追究优先，对于食品安全违法行为，首先监管部门要进行责任判断，如构成犯罪，应直接移交公安部门进行立案侦查。二是提高行政罚款金额，对于违法生产行为，由最低罚款两千元提高到五万元，最高罚款可达五十万元或货值的三十倍。三是严惩多次违法行为，食品生产企业一年内累计三次警告、罚款或行政处罚，将被责令停产停业，甚至吊销许可证。四是资格处罚力度加大，吊销许可证的食品生产经营者五年内不得申请生产经营许可以及从事食品生产经营管理工作。

二、政策影响

1. 将提高企业成本。一是管理成本上升。企业内部食品安全管理制度的建立、产品注册和备案管理、食品安全风险监测和自查、食品安全从业人员的培训等制度的建立势必提升企业管理费用。二是生产成本上升。企业构建覆盖全产业链的质量安全可追溯体系以及相关的技术改造、设备购置等信息化投入需要耗费较高的成本。三是销售成本提升。功能性保健食品的流通需要申请取得广告批准许可。此外，国家鼓励的食品安全责任险也将无形中增加企业成本。

2. 将倒逼行业整合。一方面，中小企业由于资金短缺，相关食品安全管理体系不健全，全产业链的追溯体系难以达到新法要求，部分中小食品企业面临淘汰和整合。另一方面，产品配方实行注册管理后，有助于政府部门通过许可手段将行业品牌控制在有限的数量，抑制同质化竞争。例如，按照新法要求，所有婴幼儿配方乳粉品牌将进行重新审核，目前多品牌同配方的现象比比皆是，重新审核后很多品牌（企业）将随之消失。

3. 将推动创新与高标准发展。对于标准未规定但有安全隐患的有害物质可规定临时限量和临时检验方法，提高了企业质量安全标准，迫使企业进行质量安全风险评估和监测。而“禁止分装方式生产”将对我国婴幼儿配方乳粉、保健品等产品的进口带来极大的冲击，迫使国内企业提升研发创新能力和生产技术水平，鼓励原创品牌和产品。

4. 将营造良好的消费环境。通过对入网企业进行实名登记和许可证的审查，以及电商与企业连带责任的管理办法，迫使电商行业规范网络平台管理，提高入网企业门槛，将清理一批无证经营的小商小贩，提高网购食品的质量，营造更加规范和有序的网络购物环境。举报食品违法将受保护的措施，保护了消费品的权益，提高了消费者在消费和维权过程中的积极性和主动性。此外，新法对于食品添加剂的许可管理、食品包装物的管理、产品标识标签的管理以及剧毒、高毒农药等的管理有助于提高食品产品的安全性和透明度，提升食品行业整体质量水平，提高消费者对食品安全的信任度。

第二十章　《关于改革药品医疗器械审评审批制度的意见》

一、政策内容

2015 年 8 月，国务院出台《关于改革药品医疗器械审评审批制度的意见》（本节中以下称《意见》），由此拉开新一轮医药审评审批制度改革的序幕。众所周知，审评审批是药品管理中最为重要的一个环节，关系国民用药安全和产业健康发展。自 1963 年药品管理制度初步建立以来，我国药品审评审批制度经历了从无到有并逐步规范的过程，但是随着医药产业的发展壮大，现行审评审批制度在鼓励新药创制、提高药品质量等方面的局限性越来越明显，改革的呼声日益高涨。《意见》即在此种背景之下出台，其核心要点包括以下内容方面。

1. 一个提速：加快药品医疗器械审评审批速度

"慢"，是我国现行药品医疗器械审评审批制度的最大缺点。以进口新药审批为例，我国临床审批时间为 6—10 个月，生产审批需 20—62 个月，平均需 5 年左右，而美国平均为 303 天，欧洲平均约 1 年左右。如此漫长的审批周期使得企业注册申请数量和获批批文数之间严重失衡，许多新药被堵在审批的路上，无法形成经济效益和社会效益。

为解决这一问题，本次改革的第一要义就是加快审评审批速度，要从加快创新药审评审批、改进药品临床试验审批、简化药品审批程序和改革医疗器械审批方式四个方面缩短审评审批周期，将防治艾滋病、恶性肿瘤、重大传染病、罕见病等疾病的创新药，拥有产品核心技术发明专利的创新医疗器械等纳入特殊审评审批范围。

2. 两项提高：提高创新药比重和仿制药质量

《意见》指出，鼓励研究和创制新药，推进仿制药质量一致性评价，体现了本次改革的两个重要方向，即提高创新药比重以及提高仿制药质量。目前，我国医药行业还处于仿制为主仿创结合的阶段，仿制药占比高达96%，缺乏自主知识产权的创新药物是行业一大痛点。以高血压药物为例，我国高血压患者75%是H型高血压，而美国这一比例较低，这就决定了我国治疗高血压的方法和药物与美国有所区别，如果一味使用美国研制生产的药物，不能满足我国患者的用药需求，自主创新药物的重要性由此凸显。而对于国产仿制药的质量，大众也普遍不认可，临床上有“国产药稳定性和疗效不如原研药”的说法，实际用药中更多地选择原研药，国产仿制药呈现数量高位振荡、价格低位徘徊的格局。导致这一问题的原因有很多,其中最重要的一点就是国内制药企业参照的仿制药标准不完整、不规范，未能实现与原研药质量的一致性。

3. 方面试点：试点药品注册分类改革、上市许可持有人制度和第三方审评审批

首先，在药品注册分类改革试点方面,《意见》对新药和仿制药的定义进行了调整，缩小了新药和仿制药的概念内涵。这一调整有望改变我国新药不“新”、低水平重复建设现象严重的局面。其次，根据国际通行惯例，我国将试行药品上市许可持有人制度，并在此基础上落实申请人主体责任。这是我国医药审评审批制度改革的一项重要尝试，对鼓励创新、降低重复建设有着重要意义。最后，在国家全面深化改革、简政放权的大方向下,《意见》提出试点通过政府购买服务委托第三方机构，如高校、科研院所等，参与技术性审评工作，提升审评审批质量和效率。

二、政策影响

一是有利于营造创新环境、激发创新动力。对于医药企业而言，是否创新取决于对创新收益的判断。与国外企业相比，由于如审批流程慢、国产药品限价等机制体制的限制，我国医药企业创新收益面临更多的不可控风险，使得多数企业宁可在竞争激烈的仿制药领域抢夺市场，也不愿加大研发投入进行新药创制。此次审评审批制度改革从药品注册分类、优先评审、改进临床试验审批与医疗器械

审批、简化审批程序、限制引进新药价格等方面入手，着力构建有利于创新的审评审批体制，为医药企业营造良好的创新环境。另外，试点上市许可持有人制度，探索药品上市许可与生产许可分离管理模式，有助于研发者集中资金和技术进行新药研发，减少因多次转让或分段转让出现的“重复研发”问题，从源头上提高药品研发机构和科研人员的创新积极性和创新质量。

二是有利于提高国产药品器械市场竞争力。2014 年，我国化药制剂出口 29.4 亿美元，仅占化药出口规模的 11.4%；医疗器械出口 200.2 亿美元，增速仅为 3.6%，增幅下降 6.4 个百分点。数据显示，我国药品器械的市场竞争力有所削弱。竞争力的提升靠质量，质量的提高靠标准。随着“推进仿制药一致性评价”“提高医疗器械国际标准的采标率”以及“严肃查处注册申请弄虚作假行为”等政策的全面推进，国产药品器械的市场竞争力有望提升。首先，要求仿制药采取与原研药一样的标准进行生产，有利于淘汰那些“以质换价”的企业，扭转行业产能过剩、无序竞争现象，使质量成为企业立根之本。其次，鼓励企业采用国际标准有利于提高国产器械制造水平，加快质量标准与国际接轨，提高国产器械的市场认可度。最后，临床试验是保障药品质量安全最为关键的一个环节，加大对该环节的监管有助于提高药品的入市门槛，保证药品质量。

三是有利于防范和减少因注册审批滋生的腐败。现行制度下，药品审批权相对集中，审批程序不够公开透明，容易导致“暗箱操作”，为腐败提供了机会。如当年的“郑筱萸贪腐案”、进口药与国产药同质不同价现象。此次改革本着简政放权的原则，从“简化审批程序”“健全审评质量控制体系”“公开审评审批信息”等方面入手，严格规范和制约药品器械审评审批权力，明确审批内容和标准，同时对审批流程进行信息公开，形成对审评审批行为的公开监督，有利于从源头上防止腐败滋生蔓延。

第二十一章 《关于开展仿制药质量和疗效一致性评价的意见（征求意见稿）》

一、政策内容

2015 年 11 月 18 日，国家食品药品监督管理总局发布《关于开展仿制药质量和疗效一致性评价的意见（征求意见稿）》（2015 年第 231 号，本节中以下简称为《意见》）。《意见》涉及开展仿制药质量和疗效一致性评价的必要性、明确评价对象和时限、确定参比制剂遴选原则、合理选用研究方法、落实企业药品一致性评价的主体责任、加强对一致性评价工作的管理、鼓励企业开展一致性评价工作、加强组织指导等八个内容方面。《意见》明确指出，2007 年 10 月 1 日前批准的国家基本药物目录（2012 年版）中化学药品仿制药口服固体制剂必须在 2018 年底之前完成一致性评价，否则将注销批准文号。其他仿制药则是自首家品种通过一致性评价后，其余相同品种在 3 年内仍未通过评价的，也将被注销批准文号。

二、政策影响

由于此次发布的《意见》具有强制性、可操作性、针对性，且有明确的时间节点要求，所以《意见》一出立即引起业内外高度关注，部分仿制药企业如坐针毡。可以预见，《意见》将对医药行业带来若干积极影响。

一是有利于提升我国仿制药整体水平。一直以来，国产仿制药的质量与疗效与原研药存在明显差异是一个不争的事实，也是阻碍我国仿制药发展的关键因素。患者买药偏向于原研药，治疗过程中医生也倾向于推荐使用原研药。可以肯定的是，随着《意见》的正式实施，我国仿制药评价工作将实现实质性飞跃。按照《意见》要求开展的仿制药一致性评价，将促使所有仿制药生产企业提高研发和生产标准以通过一致性评价，进而提高我国仿制药行业的整体水平，有望彻底改变我国仿制药有名无效的局面，实现仿制药质量和疗效与原研药真正意义上的一致。

二是有利于推动医药工业创新。由于仿制药一致性评价要求仿制药需与原研药在药学等效性（PE）、生物等效性（BE）和治疗等效性（TE）等方面达到一致，因此以往仿制药企业那种简单的复制发展模式将行不通，必须投入大量人力、物力和财力反复进行等效性实验，加强对原研药各项指标以及技术与工艺的再研究。此举对提升我国医药工业的整体创新能力具有重要作用。一方面，部分仿制药企业考虑到仿制药研发成本增加，会转移战略方向，将研发重心转向创新药。另一方面，围绕仿制药一致性评价开展的技术、工艺、疗效等方面的再研究，有助于提升企业的消化吸收再创新能力。

三是有利于提高行业集中度。我国医药产业当下局面是多小散乱，表现为企业数量多，经营规模小，仿制药企业为主，占全部药品生产企业的 90% 以上。新政颁布实施后，一些中小企业会因为通过一次性评价成本较高而放弃文号甚至放弃生产，进而会出现中小企业关闭或被大企业兼并的局面。新政的实施有利于淘汰落后产能，提高行业集中度，完善企业组织结构。

四是有利于推动仿制药走向国际市场。我国仿制药市场主要集中在国内，质量不高成为限制出口的决定性因素。通过国外世界卫生组织 PQ 认证、美国 cGMP 认证、欧盟 GMP 认证、澳大利亚 TGA 认证和英国 MHRA 认证等国际公认认证的企业较少。例如，2009 年的 WHO 采购目录中，中国进入目录的品种是 6 个，相比之下，另一仿制药大国印度进入目录的品种多达 194 个。通过强制性开展仿制药一致性，有助于提高我国仿制药的整体质量与疗效水平，提升国际竞争力，推动国产仿制药出口。

在关注《意见》带来积极作用的同时，亦有必要重视其可能带来的若干消极影响。

1. 仿制药格局将重新调整

一是大量文号将消失。仿制药一致性评价新政中明确，2007 年 10 月 1 日前批准的国家基本药物目录（2012 年版）中化学药品仿制药口服固体制剂，应在 2018 年底之前完成一致性评价，否则将注销药品批准文号。一方面我国 95% 的仿制药上市许可证都是2007年之前批准的，另一方面口服固体制剂包括药片、胶囊、颗粒、滴丸、膜剂等剂型，这类药品占所有化学仿制药的70%以上。两方面决定了几乎大部分仿制药都要在2018年底前完成一致性评价，否则会被注销文号。而企业通过仿制药一致性评价需要增加研发投入和一致性评价外包服务投入，考虑到投入产出比，企业势必会放弃部分不经济品种的一致性评价，这将带来大量文号在2018年底的集中消失。二是品质优良的仿制药占比将提高。一方面对于大企业来说，拥有的文号多则上千个，少则几百个，在2018年底前，如果全部通过仿制药一致性评价，需要投入的人力和财力都不可计量，所以大企业会进行产品线整合，只会保留首仿药和市场占有率高的仿制药等有竞争优势的品种进行仿制药一致性评价，其他品种则会被注销文号。另一方面对于小企业来说，生产的仿制药多属于完全竞争的普药品种，市场份额价格弹性较大，当仿制药一致性评价带来成本上升时，企业会主动选择淘汰劣质仿制药。所以，一致性评价新政如若实施，首仿药和质量疗效好的普药占比将增大。

2. 低价药和小品种药短缺或将加剧

低价药的特点是药品价格低，很多都接近甚至低于成本价。小品种药的特点是用量小，生产成本较高。在不进行一致性评价的情况下两个品种对于企业来说都属于没有利润空间的产品，没有生产动力，有的品种甚至已经停产。在仿制药需要通过一致性评价才能上市的情况下，企业首先会考虑成本产出比，会优先选择销量大价格高的品种进行仿制药一致性评价。而低价药和小品种药，因价格低和用量小，进行一致性评价会增加企业成本，企业会倾向选择放弃一致性评价，低价药和小品种药存在断供风险。

3. 诱发仿制药价格上涨

进行仿制药一致性评价对于企业来说，一方面需要完成药学等效性（PE）评价，更需要完成生物等效性（BE）和治疗等效性（TE）评价，另一方面还要重新进行文号注册审批，这两方面都会增加企业生产成本。虽然仿制药一致性评价新政对于通过仿制药一致性评价的企业有医保支付方面予以支持、医疗机构优先采购、技术改造给予支持等鼓励政策，但是扶持政策只是起到缓冲效果，并不能完全抵消一致性评价给企业带来的成本上升，所以这种成本的上升势必会体现在药品价格里，带来仿制药价格的整体上涨，即使医保给予政策倾斜后，对于广大患者尤其是慢性病患者也会增加一定的负担。

第二十二章 《关于控制公立医院医疗费用不合理增长的若干意见》

一、政策内容

2015 年 11 月 6 日，国家卫计委等 5 部门联合下发《关于控制公立医院医疗费用不合理增长的若干意见》(本节中以下简称《意见》)。自 2009 年中共中央出台《关于深化医药卫生体制改革的意见》后，新一轮医药卫生体制改革已经实施了六年左右，但医疗费用不合理增长问题仍然存在，主要表现在部分公立医院医疗费用总量增幅较大，药品、大型医用设备检查治疗和医用耗材的收入占比较大等。针对上述问题，《意见》明确指出要降低药品和耗材费用占比，并给出了医疗费用控制的若干综合措施，包括：规范医务人员诊疗行为；强化医疗机构内控制度；严格控制公立医院规模；降低药品耗材虚高价格；推进医保支付方式改革；转变公立医院补偿机制；构建分级诊疗体系；实施全民健康促进和健康管理。

二、政策影响

一是影响需求结构，加重患者负担。由于医药控费新政对高额药品进入医保目录库进行严格的限制和规范，导致高价药较难使用医保支付，必将降低医疗机构对高价药的购买力度。在“以药养医”机制下，医院为保证正常营业收入，会增加自费药的处方率，这在一定程度上会增加患者负担。

二是改变药品供给结构，抑制企业创新活力。目前，与仿制药相比，创新药较难进医保目录库，随着医药控费新政的实施，创新药进入医保目录的难度将进一步加大，预计降低药品价格将是众多创新药生产企业普遍采取的应对措施。鉴于创新药研发投入高，其经济成本要远远超过一般仿制药，这是计价的重要基础，因此创新药进入医保目录的价格也会相对较高。在集中采购和二次议价中，与仿制药同层次竞争，创新药价格不占优势，易被价格相对较低、疗效相对较差的替代药物取代，进而导致医疗机构创新药需求减少，销量下降，使得创新药生产企业研发成本回收期会更长，企业新药研发创新的动力将会被削弱。利益驱动下，大部分医药企业将减少或放弃对创新药的研制，更多选择生产仿制药品，这将会影响到药品市场的供给结构，一定程度上减缓我国医药工业核心竞争力的提升。

三是加剧药品市场竞争，挤压企业利润空间。由于医药控费新政限制了药品的报销占比，在集中采购和二次议价的压力下，多数药企的应对措施就是降价求市场，导致市场竞争进一步加剧，部分药品价格虚低在所难免。同时，为了应对国家新版 GMP 的实施要求以及仿制药一致性评价等相关政策，企业在技改和仿制药一致性评价方面的投入也在增加。即在药品销售收益下降时，投入与成本压力的不断增加，会造成企业的利润空间被进一步挤压，生存空间萎缩。

四是影响企业生产意愿，小品种药市场短缺或将进一步凸显。近几年，儿童药、罕见病用药等小品种药的市场短缺问题已经逐步显现出来。随着医药控费新政的实施以及“唯低价是取”的集中采购惯性，药品价格降低成为必然，这将导致企业放弃生产利润微薄的小品种药物，市场短缺问题会进一步加剧，如何保障小品种药物的市场供给将成为医药控费新政实施后必须高度关注的问题。

第二十三章 《推进药品价格改革的意见》

一、政策内容

2015 年 5 月 5 日，国家发改委、卫计委等七部门联合发布《推进药品价格改革的意见》(本节中以下简称《意见》)，规定除麻醉药和第一类精神药品外，取消药品政府定价。长期以来，我国对药品价格实施政府定价，不可否认，药品价格管制对遏制药品价格不合理上涨、确保广大人民群众基本用药需求、减轻国家医保和社保压力、推进新医改发挥了非常重要的作用，但随着我国药品集中采购和医保制度的完善，药品价格管制的诸多弊端日益凸显，已不能适应形势的发展。取消药品政府定价是我国药品价格回归市场的重要一步，有助于改善不合理的药品价格形成机制，有助于解决人民群众“看病难、看病贵”问题，有助于医药企业间的有序竞争，对我国医药产业的发展影响深远。

二、政策影响

1. 对药品价格的影响

此次药品价格改革有利于充分发挥市场和政府“两只手”在药品价格形成中的作用，为药品价格的市场化奠定了基础。整体而言，无论是对于市场竞争充分的常用药，还是对于市场竞争不够充分的专利药和独家药而言，在集中招标采购、医保控费机制和监管机构的多重约束下，取消药品定价并不会引起药品价格的大幅波动。长期而言，市场这只无形的手将使药品价格逐步回归理性，部分药品价格将出现一定程度的波动。如近期药品“地高辛”价格上涨就在一定程度上反映了市场供求关系在药品价格形成中的作用。

对于市场竞争充分的药品，在取消政府定价后，市场机制的作用将使得企业盈利空间将进一步被压缩，部分企业将退出市场，竞争格局将会改变。同时，由于企业在专利药和独家药上拥有一定的议价空间，因此，企业为享受政策改革红利，势必加大对专利药和独家药的研发投入，有助于我国医药企业科技水平的发展和整个产业的进步。

对于市场竞争不够充分的专利药和独家药，取消药品政府定价后，由于多方谈判机制的制约，药品价格也不会出现较大浮动，即使部分药品价格受成本、市场供求关系等因素的影响有所变动，但受到医保控费机制和价格行为监管等因素的制约，药品价格也将维持基本稳定，不会出现较大幅度的变动。

2. 对行业未来发展的影响

市场层面，药品市场价格降逐步回归理性，药品市场竞争将更加激烈，在激烈的市场竞争中，部分企业将被淘汰，市场集中度不断提高，而更多企业会将更多的资金和精力放在新药的研发和技术创新上。医院层面，短期来看，取消药品政府定价对公立医院影响不大，但从长远看，药品价格放开后，医疗服务价格也会有所调整，这将有利于理顺医药价格机制，有助于破除“以药养医”困局。监管层面，政府监管职能将由价格制定向价格管理转变，药品采购、医保控费、医疗行为监管和价格行为监管将成为医疗卫生主管部门未来工作的重点。

值得关注的是，取消政府定价后，药品集中采购和医保支付将成为药品价格形成的两道关键关口。从药品集中采购看，取消药品政府定价后，公立医院仍要按照药品集中招标采购价格采购药品，医院与制药企业间依然不能直接议价。因此，如何破解现有的药品招标与采购相脱节、药品价格居高不下成为药品集中采购改革面临的巨大难题。从医保支付价格标准的确定上看，如何确定医保支付价格标准成为医保控费机制有效发挥作用的关键。如果医保支付价格过低，则不仅面临超出部分由谁负担的问题，还将导致因过度追求低价而影响药品质量，增加患者就医风险，而医保支付价格过高，则会带来沉重的资金负担。综上，取消药品政府定价后，如何同步推进药品集中招标采购、医保政策和公立医院改革是药价改革成功与否的关键。

第二十四章　《关于加快推进重要产品追溯体系建设的意见》

一、政策内容

2015 年 12 月 30 日，国务院办公厅印发《关于加快推进重要产品追溯体系建设的意见》（国办发〔2015〕95 号，本节中以下简称《意见》）。《意见》提出，在当前和今后一段时期，将食用农产品、食品、药品、农业生产资料、特种设备、危险品、稀土产品等作为重点，分类指导、分步实施，推动生产经营企业加快建设追溯体系。按照《意见》的要求，到 2020 年，重要产品追溯的规划标准体系得到完善，法规制度进一步健全；全国追溯数据统一共享交换机制基本形成，初步实现有关部门、地区和企业追溯信息互通共享；重要产品生产经营企业追溯意识显著增强，采用信息技术建设追溯体系的企业比例大幅提高；社会公众对追溯产品的认知度和接受度逐步提升，追溯体系建设市场环境明显改善。《意见》作为指导今后一段时期重要产品追溯体系建设的纲领性文件，必将对我国重要产品追溯体系建设产生深远影响。

二、政策影响

一是促进重点产品质量安全水平的提升。食用农产品、食品、药品等是我国市场流通领域中的重要消费产品，其质量安全关乎每个公民的切身利益，更关系到国家社会整体的公共安全水平。通过构建针对上述重点产品的追溯体系，将把产品生产、流通、消费等各个环节的信息纳入到质量安全管理与风险控制的视野之中，实现来源可查、去向可追、责任可究。进而于重点产品生产经营的全周期、全链条水平上加强对质量安全的全面管控，有效提升食用农产品、食品、药品等重点产品及行业的质量安全水平。

二是增加企业成本并倒逼相关行业整合。《意见》强调，生产经营企业要严格遵守有关法律法规规定，建立健全追溯管理制度，切实履行主体责任。换句话说，与上述重点产品相关的各生产经营企业，必须按《意见》及各地文件的细化要求，在规定时间内完成追溯体系建设。这势必带来企业生产、流通、管理等各层面成本之提升。从这个意义上看，由于建立健全追溯管理制度给企业成本带来的压力，在上述相关行业之内，部分资金短缺的中小型企业必将面临淘汰和整合，以妥善满足《意见》要求。

三是促进相关产业创新发展。在各重点产品领域全面构建追溯体系的背景之下，生产经营企业将获得以追溯体系为核心、创建企业品牌和创新商业模式的新机会。《意见》指出，可以在依法加强安全保障和商业秘密保护的前提下，逐步推动追溯数据资源向社会有序开放。可以预见，随着产品追溯大数据分析与成果应用，各个相关产业下的生产经营企业将在市场预测、精准营销、海外市场拓展、智慧物流、电子商务等多个方面实现创新发展的可能，并进一步带动全行业改革创新。

四是促进消费转型升级、营造良好的消费环境。在重要产品追溯体系中，通过产品标识标记制度、质量安全档案制度、质量失信“黑名单”制度、消费提示制度等重点举措，广大消费者得以方便识别、理性消费上述产品，由原先信息不足的盲目消费向更加安全消费、更加合理的消费模式转型。与重要产品密切相关的大型连锁超市、医院和团体消费单位，通过与追溯体系对接并采购可追溯产品，将提升消费者对食品、药品、食用农产品等的质量安全信任度，维护消费信心，并营造一个更加规范和有序、更加有利于重要产品消费的良好市场环境。

热 点 篇

第二十五章　屠呦呦“青蒿素”获得诺贝尔奖

一、背景

2015年10月5日，中国科学家屠呦呦因在治疗疟疾的青蒿素研究方面的杰出贡献而获得了诺贝尔生理学或医学奖，引起国内外一片轰动。中药是中华民族传统文化的瑰宝。历经数千年的发展，我国在中药论治方面积累了丰富的养生保健思想和宝贵的文献资源。进入新时期，随着社会经济和科学技术的发展，人们逐渐意识到化学药物存在显著的毒副作用，因此对包括中药在内的天然药物的需求越来越高。此次青蒿素的发现荣获诺贝尔奖，更是引发了对中药现代化发展的空前关注。不过，屠呦呦在发现青蒿素上的贡献虽然使得中药的疗效得到了科学肯定，但中药的现代化发展却存在着缺乏统一的指导理论、有效的评价标准以及足够的临床试验数据支撑等问题，如何加以解决值得认真研究。

二、主要内容

不可否认，屠呦呦获得诺贝尔奖折射出中医药现代化发展面临的重大机遇，具体表现在以下方面。

1. 中药治疗慢性病及亚健康的优势凸显

同西药采取对抗性治疗不同，中药主张激发调动人体的自身康复能力，药物的使用只是有助于调节身体平衡达到最佳的健康状况。这一诊治理念，在当前慢性病发病率以及亚健康人群持续上升的局面下，将日益发挥重要作用，为中药现代化的发展带来机遇。一方面，随着人口数量的急剧增长以及老龄化程度的加剧，人类疾病谱已发生显著改变，慢性疾病对人类健康的威胁已经取代以往的传染性疾病，中药对此蕴含着巨大潜力。另一方面，由于环境的恶化和工作压力的加大，亚健康人群持续上升，与此同时收入水平的提高也促使人们转变健康观念，更加重视对养生保健的需要。

2. 中药基础研究逐步完善

国家一直重视中药的传承和发展，相关部委多次联合发文以促进中药的现代化，积极推动中药基础研究结合现代科技理论和方法，为中药现代化的发展奠定坚实基础。一是中医基础研究的开展，主要集中在中医“证”和“经络”的现代科学基础研究以及针刺镇痛的原理等方面。同时，加快了对中医学术标准规范化方面的建设，先后出台了一批中医行业标准、国家标准和技术规范。二是中药基础研究的突破，“中药现代化”战略提出以来，在中药化学和中药药理学的研究取得突出进展，全面系统地对常用中药的有效成分、化学结构以及药理作用等进行了详细研究。此外，加大了对有代表性的经典验方的研究力度，初步证实了中药复方中含有多种有效组分，通过多途径作用于人体多个靶点而发挥整合调节作用，具有一定的优越性。

3. 中药产业现代化发展势头良好

随着中药现代化战略的推进，中药产业规模迅速壮大，发展势头强劲，并在此基础上实现了产业水平的现代化升级。主要体现在两个方面，一是改变了传统中药制剂“黑大粗”的形象，将中药制剂的剂型由传统的丸、散、膏、丹、汤等剂型，发展到现在的滴丸、片剂、膜剂、胶囊以及缓释、控释以及靶向制剂等40多种新剂型，实现药品“三小”“三效”和“五方便”的现代要求。二是中药产业的炮制及生产工艺得到极大提升，改变了传统药材提取采用煎煮的方法，克服其温度高、耗时长以及有效成分损失多等问题，掌握了一批中药提取、分离、浓缩以及制剂等过程中的关键技术，如超临界萃取技术、大孔树脂吸附分离技术、工业色谱制备技术、纳米新材料和缓控释制剂技术等现代化生产中的关键技术。此外，大型生产仪器设备在中药质量控制现代化中的应用也越来越广泛。

在看到中医药现代化发展面临机遇的同时，也必须切实关注可能遇到的若干突出问题。具体涉及以下方面内容。

1. 缺乏统一的指导理论

“中药现代化”战略提出以后，有关发展方向的指导理论一直是各专家学者的争论焦点，缺乏一致的基本理论指导中药现代的发展。大体上可以将各种观点归纳为“理论改造论”“照搬西化论”“废医存药论”“传统发展论”以及“技术先导论”。厘清中药现代化指导理论的目的在于把中药现代化发展的最为根本的问题提出来，试图从传统的中医药基础理论中找出其精华部分，使之符合现代科学的标准，与现代药学思想相融合的同时又保持中药自身特点，对整体中药的发展起促进作用。然而，各理论流派均是从某一方面对中药现代化进行解读，很难在学术界得到一致性的认可，而且各理论流派在各自的理论方向也没有取得实质进展。中药现代化在发展方向上的陷入长时间的争论乃至纠缠不清，一定程度迟滞了中药现代化的进程。

2. 缺乏合适的评价标准和体系

当前中药学的现代化研究方法和思路基本上是引用，甚至照搬自西药学，缺乏对中药质量及疗效特有的评价标准和体系。但是，西药学的研究方法和思路主要采用还原论的思维方式，通过将复杂世界中事物之间及其内部关系模型化、数量化，且认为关键变量呈线性并可叠加，从而试图通过对关键变量的把握还原出对事物整体的认识。由于一定程度上忽略了事物之间以及事物内部的相互作用与联系而缺乏整体观，并不适合中药学现代化研究的需要。当前，亟须从方法论上找到一种能符合中药自身优势的科学方法来指导中药现代化研究，在此基础之上制定出适合自身特点的评价标准和体系。否则，中药现代化研究很难摆脱植物药或者天然药物的研究藩篱，自然也就不存在中药现代化发展之说。

3. 缺乏契合现代科学的语言表达

中药术语在形成的过程中，由于其特有的历史性、人文性的因素存在，导致中药学中有相当部分的理论和概念表达不明晰，无法使用现代科学语言对其作出明确的、规范的解释和表达，成为现代化研究的一大障碍。主要原因存在以下几个方面：一是中药学中术语的使用以多义词居多，多数并未分离为中药学体系中的专属性概念。二是中药学中使用的术语，在对概念及事物下“定义”时，多数情况下采用的是堆砌、整合概念及事物的多个属性而作出的，从而未能抽象出事物的本质属性，造成不同文化背景和知识结构的人群在理解上的偏差。三是术语的一词多义性，出现了“个别”与“一般”、“现象”与“本质”、“物质”与“功能”以及“现象”与“本质”的混同，在不同流派的理论表达上偷换概念的现象十分常见。

三、评价与启示

1. 加强中医药理论的现代化研究

中医药理论是中医药学的基础和核心，也是中药现代化发展的根本。但与现代医药学理论相比，传统中医药学理论在对人体生理病理、中药有效成分构成以及中药药效机理等方面进行阐述时存在很大差异。尤其是在临床辨证论治上仍然主要依靠经验积累，缺乏以实验为基础的现代科学基础，造成很多概念和理论很难相互解释，从而在指导临床实践、新药开发方面受到限制。因此，迫切需要对传统中医药理论进行现代化研究。只有在中医药理论发展过程中，赋予现代化科学的内容，使其内涵和外延都比较明晰，才能用来指导中医药现代化研究和发展。

2. 加快制定中药质量标准

中药质量标准的建立对中药现代化的实现具有至关重要的作用，其制定需建立在对中药的深入研究基础上的，要吸收各学科的研究成果，尤其是中药理论研究、基础研究、新技术的应用研究等方面。而中药产业的现代化，归根结底要体现在其产品的现代化上，其中寻找一条有效的控制中药质量的技术迫在眉睫。采用中药指纹图谱方式，是控制中药质量的有效方式之一，可以全面反映中药所含化学成分的种类与数量，一旦将指纹图谱技术作为中药的检测手段，中药质量的最终检测标准将更为安全和有效，同时指纹图谱也为国际社会所认可。

3. 提升中药疗效“结果循证”水平

循证医学的方法是现代药学研究的科学基础，但鉴于中药药性和中药机理的复杂性，试图建立中药有效成分与靶点之间的直接对应关系是一项极其艰苦的挑战。因此，其对中医药现代化的贡献可能是以患者的主观感受、症状、体征和生存质量等为核心，以此为契合点建立符合中医药理论的中医药疗效评定指标体系。具体到中医药学的研究中，可以通过大样本、多中心的随机临床试验，利用中药疗效量表将患者的主观感受与健康状况等通过设置指标进行量化，以此获取充足的临床数据，再利用现代统计学原理和方法对其处理得出中药用法用量与疾病疗效间的具体关系。之后还需在临床中对经过筛选的疗效判定指标的效度和信度进行验证性试验，最终形成对中药疗效的“结果循证”，不失为中药现代化发展的一条可靠途径。

第二十六章　福建PX爆炸事件引发医药行业EHS管理的思考

一、背景

2015 年 4 月 6 日，福建漳州 PX 项目（PX 即英文二甲苯 para-xylene 的简称，是一种无色透明、带有芳香气味的液体，也是药用胶囊的重要原料）因为漏油起火爆炸，造成严重的环境污染，附近多个自然村居民被迫撤离。此前，2014 年 12 月 25 日，山东鲁抗医药被曝大量偷排抗生素污水，造成周围饮用水严重污染。频发的安全事件引起了人们对医药行业安全环保生产的思考。

二、主要内容

为保证安全环保健康生产，国际化工医药行业普遍遵循 EHS 管理体系，即环境（Environment）、健康（Health）、安全（Safety），我国医药行业的 EHS 管理体系发展却严重滞后。EHS 管理体系是一套科学严谨、系统性很强的管理体系，强调企业的社会责任、绿色环保、本质安全和可持续发展。在当前安全责任事故频发，环保压力不断增大的趋势下，借鉴发达国家以及国际先进医药企业的 EHS 管理经验，对促进我国医药行业健康发展意义重大。

1. 建立 EHS 管理体系是减少医药行业安全事故的有力保障

从整体看，我国制药企业硬件水平参差不齐，落后设备较多，存在安全运行隐患。特别是一些中小企业，安全环保设施投入小，技术缺陷多，主要表现为清洁生产和污染防治技术水平低，危险化学品风险控制水平落后，劳动保护用品和应急救援、应急防护设施投入不足，没有充分利用限位开关、连锁装置来确保设备的工作安全。安全性是EHS管理体系的重要理念，建立EHS管理体系，可以促使企业提高安全意识，改善生产环境中的软硬件水平，从而减少安全事故的发生。

2. 建立EHS管理体系是医药行业实现可持续发展的重要途径

我国医药行业尚未形成完善的EHS管理体系，虽然有企业制定了大量EHS管理文件和技术标准，但存在“写一套、做一套”现象，生产过程只讲究效益，缺乏对环境保护、人文关怀和资源保护等方面重要性的认知。相比之下，发达国家特别是美国医药企业已经形成了比较完善的EHS管理体系，在该体系的支撑下，医药行业得到了健康快速发展，获得国际社会的较高认可。建立EHS管理体系，可促使全行业建立绿色环保的发展理念，实现医药行业可持续发展。

3. 建立EHS管理体系是实现医药行业“走出去”的必然选择

医药行业是我国对外出口的重要行业之一。近年来，国际市场对于企业“走出去”的门槛已经从药品注册、GMP认证延伸到对供应商的EHS审计，建立EHS管理体系已成为我国医药行业成功“走出去”的重要条件。

以美国为代表的发达国家在医药行业EHS管理方面具备比较成熟的经验，值得我国相关产业借鉴参考。其管理经验的主要内容包括以下方面。

1. 健全的法律体系和监管体系

美国自1910年就开始有了生产安全方面的立法。目前，与EHS相关的立法主要有《国家环境政策法案（NEPA）》《职业安全卫生法（OSH Act）》《空气清洁法案(CAA)》《净水法案(CWA)》《资源保护与回收法（RCRA）》，以及《社区知情权法案（EPCRA）》《环境应变补偿和责任归属综合法案（CERCLA）》等。在美国健全的法律法规背后，是强有力的执法和监管，企业违规成本很高。比如，2013年3月，由于违反联邦《净水法案》《空气清洁法案》和《资源保护与回收法案》，TEVA制药位于密苏里的一个工厂被环境保护署处以高达225万美元的罚款，而严重的EHS违规行为在部分州甚至可以引起民事和刑事诉讼。此外，美国还拥有较成熟的市场经济体制，且社会价值观比较成熟，形成了强有力的社会监督效应。如果企业EHS表现不佳，则可能遭到政治家、媒体和社会团体的批评，品牌声誉会受到影响，还可能造成保险费用增加和股价下跌。

2.EHS 管理文化成为行业发展的共识

美国医药行业内长期的培训、灌输以及整体社会价值导向，使企业形成了成熟的 EHS 文化。美国医药企业的 EHS 理念体现了“社会责任”“以人为本”和“可持续发展”，企业普遍认为，好的 EHS 管理会被认为企业有良好的业务水平，可以促使企业实现战略目标，有助于企业履行财政与非财政方面的义务；差的 EHS 管理则可能使企业失去业务，导致产品责任事故，很难雇用和留住优秀员工，在社会上造成不良影响，从而影响“经营许可”的获得或开展某些业务的能力，甚至面临破产危险。基于成熟的 EHS 管理文化和发展环境，20 世纪 80 年代，美国职业安全和健康管理局（OSHA）在工业领域推出了“美国职业安全卫生自愿保护纲要”（Voluntary Protection Program，VPP）。根据 VPP 计划，管理人员、劳动者和 OSHA 建立合作关系，制定并执行一个综合的安全健康管理体系，能够加入 VPP 的企业就表示 OSHA 已认可了雇主和员工在打造典范性、安全和健康方面取得的杰出成绩。目前,获得 VPP 认证的工厂已经逐渐发展成美国医药行业的典范，VPP 企业平均工时损失发生率比行业平均水平低 50% 以上，工人的补偿金和其他成本大幅下降。

3. 实施严格的制药企业供应链准则（PSCI）

美国大部分制药企业都将供应链纳入 EHS 管理，目的是保护公众健康和环境、降低业务连续性风险、维护公司声誉。辉瑞、默克、诺华等十余家大型制药公司联合制定了制药业供应链准则（PSCI），要求各类型供应商以业界认可的统一的健康与安全、环境、管理体系进行生产运作。PSCI 对供应商在 EHS 方面有很高要求。按照 PSCI 准则，大型制药企业在选择供应商时会进行初始风险评估，要求潜在供应商完成一个关于 EHS 及社会职责关键问题的问卷调查，之后对其进行深入的合规性审查，以评估 EHS 绩效表现和可能存在的风险，只有符合要求的供应商才能开展业务合作。

4. 高度重视药物研发及生产对环境的影响

美国高度重视 EHS 管理中药物研发和生产对环境的影响。美国制药公司和学术机构正在研究环境中的药物问题（Pharmaceuticals in the Environment，PIE），评估排放到环境中的药物残留物等级，以及这些残留物对水生生物、陆地生物、人类安全性的影响。美国食品药品监督管理局（FDA）是美国政府卫生管制的监控机构，主要负责确保人用和兽用药品、生物制品、医疗器械等的安全性、有效性和保障性。此外，FDA 还负责监管药物制造环节的环境评估，在人用药品和动物保健品注册和销售前，FDA 会要求进行严格的产品微量残留的环境安全评估。对于生产过程中的化学物残留也有严格标准。比如，美国默克公司对每一种化学品都有暴露控制，通过实验和研究确定控制标准，避免对员工的危害，而目前国内标准仅将之归类为“其他粉尘”。例如，氯雷他定生产环境的暴露限制是 40 $\mu g/m^3$，而按照我国“其他粉尘”对待，暴露限制是 8000 $\mu g/m^3$。

三、评价与启示

1. 健全法律法规，提升 EHS 管理水平

一方面，整合现有的《环境影响评价法》《安全生产法》《职业病防治法》的相关内容，借鉴国际先进经验，强化环境保护和职业安全，制定可执行的 EHS 相关法规。另一方面，医药行业管理部门可从促进行业转型升级的角度出发，加大执法力度，以及对违规行为的处罚力度，促进公平竞争和优胜劣汰，大力推动企业开展 EHS 管理体系建设，分区域、分步骤推进 EHS 管理的行业示范，推行节能节水和清洁生产，培育 EHS 文化。

2. 组建联盟和发布指南，强化行业 EHS 建设

借鉴美国经验，由医药行业管理部门牵头，组织行业协会和国内 EHS 管理较为突出的医药企业组建“医药工业 EHS 联盟”。由该联盟根据我国医药企业发展现状和相关法律法规要求，融合 ISO14001 和 OHSAS18001 体系和理念和方法，借鉴跨国公司 EHS 管理经验和做法，制定具备可操作性的《医药工业 EHS 指南》（下称《指南》），指导我国制药企业 EHS 管理体系建设，鼓励有条件的企业自愿采纳和按照《指南》建立完善 EHS 体系。

3. 制定激励政策，提高企业 EHS 管理的积极性

为提高企业加强 EHS 管理的积极性，有关部门应研究制定促进企业 EHS 管理水平提升的激励政策。一是借鉴美国医药行业 VPP 认证的先进经验，积极探索在我国医药行业中开展 EHS 管理体系相关激励性认证评比的可行性和实施方案。由 EHS 联盟制定 EHS 评价体系，在企业自愿申请的前提下，对企业的 EHS 体系和绩效表现组织评价，对表现突出的企业，给予相应的表彰和荣誉，形成一批 EHS 典型示范企业。二是在专项扶持方面，优先扶持 EHS 管理突出的企业；在各类专项评定过程中，优先评选清洁生产、绿色技术应用、节能节水、环境治理、

安全生产等方面表现突出的企业。三是将 EHS 管理水平纳入药品招标采购环节加分项。EHS 管理水平高的企业也是履行社会责任好的企业，可研究将 EHS 评价和药品招标采购政策相结合，对获得 EHS 荣誉的企业在药品招标采购中予以加分。

4. 开展国际合作，加快 EHS 管理的国际接轨

加强国际合作是我国医药企业成为国际化企业的必经之路。在国际合作中，我国医药企业经常会面临国外原研制药公司和政府EHS审计，企业应以此为契机，有效提升 EHS 管理水平。一是企业应高度重视每一次原研药厂或是政府的 EHS 审计，细致分析遇到的问题，以及国外 EHS 管理要求的初衷。二是根据国外审计的具体要求和标准，逐步制定符合企业自身情况的 EHS 执行标准，而且尽可能地细化执行标准，使其具有可操作性。三是企业从上到下要认识到 EHS 管理体系是一个综合管理体系，是 EHS 职能部门的工作，也是企业从研发到生产再到销售的全系统工作，应整合和利用好企业整个系统资源，保证工艺安全、生产安全和整个产品运作过程的安全，实现 EHS 的立体化管理和运作。

第二十七章 “一带一路”助推消费品工业产能国际合作

一、背景

“一带一路”是新时期国家对外开放的重大战略，深化与“一带一路”沿线各国的产能合作，应是当前我国实现稳增长和调结构的平衡、保持经济运行在合理区间、推动升级发展和应对经济新常态的重要举措。作为我国的传统优势产业，消费品工业近年来的淘汰落后工作虽取得了积极成效，但多年发展累积的过剩及落后产能仍存在于一些领域和地区。于是，借力“一带一路”，推进消费品工业产能国际合作就更显得尤为迫切与重要。毕竟，如何消化这一部分过剩和落后产能，不仅关系到消费品工业自身的发展，而且对我国经济能否保持在合理的增长区间意义重大。

二、主要内容

“一带一路”战略下推进消费品工业产能国际合作无疑具有重大的意义，具体表现在以下方面。

1. 有助于保持经济运行在合理区间

保持经济运行在合理区间是当前我国经济政策的重要取向。作为我国工业经济的重要组成部分，消费品工业是国民经济和社会发展的基础性、民生性、支柱性、战略性产业。2014 年，消费品工业增加值占全部工业增加值比为 30.7%，出口交货值占所有工业行业出口交货值比为 10.7%。消费品工业能否实现稳增长事关整个经济运行能否保持在合理区间。2014 年，消费品工业生产虽然依旧延续了快速增长态势，但与上年同期相比，增速在整体上处于下滑态势，全部子行业与2014年同期相比增速都有所放缓。进入2015年第1季度，这一局面依然延续。与此同时，内需增速也呈回落态势，2015年第1季度，社会消费品零售总额累计增速同比下降1.4个百分点，二位码消费品行业中有8个行业的固定资产投资同比增速出现不同程度的下降。在这一大背景下，借力“一带一路”战略，通过境外新建工厂、境外加工、海外并购等形式，实现产能的国际合作有助于促进消费品工业生产增速回升，进而扭转整个工业生产增速的下滑势头，使经济运行保持在合理区间。

2. 有助于促进消费品工业转型升级

推进消费品工业产能国际合作，有助于消化我国消费品工业的过剩及落后产能。目前，在消费品工业的造纸、制革、印染、化纤、铅蓄电池等领域，还存在着一定的过剩与落后产能。这些过剩与落后产能除少部分因技术、环保等原因需直接淘汰外，绝大部分产能在“一带一路”沿线的中亚、东南亚等国还具有比较优势，推进这部分产能向这些国家的转移，既能为我国“一带一路”战略的实施提供有效载体，也可以为我国与沿线各国进一步合作奠定坚实的基础。

推进消费品工业产能国际合作有助于巩固和提升我国消费品工业的国际市场份额。以纺织工业为例。近年来，随着人口红利的不断稀释和最低工资标准的不断提高，用工成本持续快速上涨，加之棉花价格居高不下，我国纺织服装产品的国际竞争力下降现象较为突出，市场份额逐步被越南、孟加拉等国挤占。通过推进与中亚、东南亚等国的产能合作，既可以遏制市场份额的流失，也可以带动我国的纺织服装机械、纺织面料的出口。

推进消费品工业产能国际合作有助于促进我国消费品工业价值链跃迁。从价值链角度看，我国消费品工业还主要处于“微笑曲线”的中低端，品牌、研发、营销等价值链高端的竞争力明显不足。相比之下，“一带一路”沿线的北美、欧洲等国消费品工业主要集中于“微笑曲线”的两端。因此，引导和支持我国消费品工业企业在这些国家投资兴业或开展跨国并购，有助于学习先进的技术、管理经验或获得知名品牌，推进我国消费品工业由“中国制造”向“中国创造”转变。

3.“一带一路”沿线消费品工业产能合作潜力巨大

“一带一路”战略涉及65个国家，总人口44亿，经济总量21万亿美元，分别占到全球的62.5%和28.5%，在消费品工业领域具有无限的市场需求和合作前景。以我国与中亚五国及俄罗斯在食品工业领域的合作前景为例，2013年我国食品工业对六国的出口额为16.1亿美元，在六国的市场份额仅为7.6%，占我国食品工业总出口额的3.7%。与欧美等国相比，中亚五国及俄罗斯土地资源、水资源丰富，但无论是农业资源的开发利用还是食品工业的发展，均面临资金及技术制约。借力“一带一路”战略，我国企业可以凭资金及技术等方面的优势，赴六国开展食品工业的全产业链经营，不仅有助于消化国内过剩及落后产能，而且还能弥补国内大宗食品工业原料的供给不足。

在注意到“一带一路”战略下推进消费品工业产能国际合作之良好前景的同时，也必须预先考虑其可能面临的主要问题。消费品工业产能国际合作面临的主要问题具体包括以下方面。

1. 产能国际合作的新兴化、链条化水平不高

从新兴化角度看，目前我国消费品工业国际产能合作主要集中于低附加值、低技术含量的劳动密集型行业，比如纺织、服装、食品等行业，且主要集中于东南亚等劳动力成本较低的国家，这种合作呈现出典型的成本驱动特征，而且产能合作目的也主要是面向第三方出口。相比之下，在生物制药、中高端医疗器械等高附加值新兴领域，我国企业“走出去”与欧美企业开展产能合作极为有限。从链条化角度看，目前我国企业“走出去”大多呈现出典型的“单打独斗”特征，集中于生产制造环节产能的简单转移，融研发、营销、制造、印刷、包装、物流配送等各环节为一体的产业链整体转移极为有限。由于合作国的产业协作配套水平不高，“走出去”企业的成本节约效应不明显。

2. 产能国际合作根植性弱

根植性是“走出去”企业的生产经营行为嵌入当地社会关系、制度结构和文化土壤之中的现象。从近年来我国消费品工业企业走出去的实践来看，根植性弱导致的“水土不服”表现明显。一是缺乏长期合作战略。多数企业以成本和市场导向为主，对外投资呈现出典型的“游弋性”特征。一旦合作国的投资环境恶化，投资就会发生转移。二是融入当地制度、文化能力弱。多数企业对东道国的法律法规、会计、税务、审计、文化、用工等方面政策缺乏足够的了解，也缺乏与当地政府及民间的沟通协调能力，难以应对经济、社会及文化矛盾。三是合作共赢

意识不足。不少企业与合作国政府在利益分配上存在矛盾，与当地企业之间难以形成合作关系，甚至形成了竞争关系。

3. 产能国际合作服务体系不健全

产能国际合作离不开健全的信息服务。近年来，虽然国家加大了对企业“走出去”的服务体系建设，但仍然存在两大突出问题。一是融资服务发展严重滞后。目前国家的政策性银行多集中于对一些政府间的大型合作项目、公共基础设施建设项目、央企及大型国有企业的境外产能合作项目有一定的支持，对于民营资本、中小企业，以及竞争程度较高的产业层面的合作项目则支持较少，多数消费品工业企业“走出去”普遍遇到了金融服务瓶颈。即使能够得到政府的政策性信贷支持，也会出现利率偏高，与出口信贷保险捆绑等问题。二是信息服务发展水平不高。目前，产能国际合作的信息主要来源于相关驻外机构以及企业本身的搜集，第三方的专业信息服务水平较低，这就直接导致了信息的准确性、专业性程度不高，难以对产能国际合作提供有效的决策支撑。

三、评价与启示

面对消费品工业产能国际合作面临的主要问题，以下建议值得参考。

1. 加大产能国际合作的政策扶持力度

一是充分发挥政府的先导作用，大力开展与“一带一路”沿线各国的双边投资协定谈判，加大对企业“走出去”的政策与资金扶持。二是充分发挥政策性银行的作用，为消费品工业企业的跨境投资、收（并）购、产品销售中心与原材料基地建设提供优惠的信贷支持。三是认真落实《境外投资管理办法》（修订版），深化对外投资体制改革，推进“走出去”的“负面清单”管理，简化境外投资的审批手续。

2. 加强对产能国际合作分类指导

一是充分利用新亚欧大陆桥经济走廊、中巴经济走廊相关国家的农业资源及市场优势，以中亚地区和俄罗斯为重点，大力推进大宗食品制造以及其他轻工产品制造的产能合作，消化国内产能，弥补资源不足。充分利用澳洲乳制品资源优势，支持国内乳制品龙头企业赴澳大利亚、新西兰开展投资并购或牧场建设，弥补国内生鲜乳品资源的缺口。二是充分利用海上丝绸之路沿线各国劳动力资源和市场需求优势，以东南亚各国为重点，以过剩及落后产能转移为目标，重点推进纺织服装、食品等行业的产能合作。三是根据欧盟、日本以及韩国医药工业及装备工业的竞争优势，以学习先进技术与管理经验为目标，重点推进生物医药、高性能医疗诊断设备、汉方药的产能合作。

3. 提高产能国际合作效率

一是以共建园区为载体，大力推进消费品工业产能国际合作的全产业链、集群化发展，提高产能国际合作的整体协作配套水平。二是以人员本土化、市场本土化、品牌本土化为着眼点，加强合作双方在技术、管理、文化、渠道等方面的合作与交流，不断提高合作产能的根植性。三是以互利共赢为导向，健全消费品工业产能合作的利益分配机制，构建产能国际合作的长效机制。

4. 健全产能国际合作服务体系

一是引导和支持金融机构“走出去”，为“走出去”的企业提供境外服务。二是积极推进人民币资本项目可兑换工作，扩大境外直接投资和外商直接投资人民币结算规模，提升境外投融资便利化水平。三是依托相关行业协会、驻外机构，加强对“一带一路”沿线国家和地区的信息采集，建立综合信息发布和服务平台。四是依托国内知名咨询机构，大力发展产能国际合作的咨询服务，加强对重点国家或地区市场、文化、法律法规、消费行为的研究。

第二十八章　欧盟取消牛奶配额给中国乳业带来的危与机

一、背景

2015 年 4 月 1 日，欧盟取消了长达 31 年的“牛奶生产配额制度”。31 年来，德国、荷兰、丹麦、爱尔兰等欧盟主要乳品出口国家深受配额制度的束缚，超出生产配额的产量必须向欧盟支付高额罚款。随着该项制度的终结，欧盟的乳品产能将得到完全释放。欧盟是我国奶粉进口的主要地区之一，是我国婴幼儿配方乳粉的第一大进口地区，随着欧盟牛奶配额制度的放开，大量的进口奶对中国乳业既是强大的冲击也带来了前所未有的机遇。

二、主要内容

欧盟取消牛奶配额将给中国乳业带来一定冲击。具体表现在以下三个方面。

一是冲击国内生鲜乳市场价格。由于欧盟国家在规模化牧场建设、奶牛养殖技术、乳品加工技术等方面比较成熟，劳动生产率和产奶率都较高，加之大部分国家对乳品加工企业给予高额的政府补贴，因此，欧盟进口奶价格较国产奶具有明显的成本优势。随着欧盟取消牛奶生产配额制度，大量的低价进口奶进入我国市场，将导致国内企业定量收购原奶数量大幅下降，造成国内鲜奶市场过剩，直接导致国产生鲜乳价格震荡，或将再次引发奶农“倒奶”危机。

二是加剧行业竞争。乳制品中婴幼儿配方乳粉和液态奶的利润率最高，毛利率均超过 20%，高端产品甚至可达 40%—60%。这两大产品在国内需求量大，也是我国从欧盟进口的主要产品，随着欧盟取消牛奶生产配额后，这两大产品的进口量会不断增长。目前，荷兰牛栏（Nutrilon）、德国喜宝（Hipp）、德国爱他美（Aptamil）等高端婴幼儿配方乳粉产品在国内市场拥有稳定的客户群，且呈现不断扩大的趋势。德国的欧德堡、德亚，法国金章、兰特等液态奶品牌也陆续登陆我国市场，并在一、二线城市全面铺开。国内乳制品市场的蛋糕将不断被切割，进口奶的进入既加剧了行业竞争，也使行业利润被稀释。

三是扩大对国际市场的依赖。目前我国乳制品主要进口国是新西兰和欧盟，其中，欧盟是我国婴幼儿配方奶粉、液态奶、乳清粉、奶酪等乳制品的主要进口国。2014 年，我国婴幼儿配方乳粉、乳清粉和液态奶的进口量分别为 12.1 万吨、40.4 万吨和 29.5 万吨，其中从欧盟国家进口的数量分别占 58%、40.7% 和 60%。随着欧盟取消牛奶生产配额，荷兰、德国、爱尔兰等国家的乳制品产量将大幅增加。据预测，到 2024 年，整个欧盟的牛奶产量将超过 1500 亿升，欧盟有可能取代新西兰成为全球最大的牛奶生产地区。欧盟的主要出口市场是中国，大量的进口奶进入中国市场后将加大国内乳制品行业对国际市场依赖的风险。一方面，欧盟的乳制品企业通过所控制的优质奶源和贸易资源，对我国进口限制，进而操控市场价格打压国内竞争对手，导致国内市场奶价波动，使原本脆弱的中国乳业雪上加霜。另一方面，一旦欧盟国家受到自然灾害、经济波动、政治风波等问题影响，将直接牵动我国国内奶源供应，导致居民恐慌抢购，引发“奶荒”。

同时，必须看到，欧盟取消牛奶配额也将给中国乳业带来重要机遇，具体表现在以下两个方面。

一是提升选择空间和议价能力。新西兰和欧盟是目前我国乳制品进口的两大来源地，其中，我国进口的原料奶粉 75% 来自新西兰。长期以来，我国对新西兰乳粉依赖程度较大，一旦新西兰乳粉行业出现任何波动我国乳制品行业便陷入瘫痪，随着欧盟取消牛奶生产配额制度，我们对新西兰的依赖程度将得到缓解，增加了国内乳品企业奶源的选择空间，提升了对进口乳品的议价能力。

二是增强国际产能合作机会。一方面，随着欧盟取消牛奶生产配额，欧洲大部分牛奶生产国家牛奶产量会大幅上升，特别是爱尔兰、荷兰等北欧国家产量增长比较明显，这些国家牛奶生产成本相对较低，有利于我国乳品企业利用国际产能优势，加速在这些地区的布局，深化在奶源、研发、生产等方面的国际合作。另一方面，欧盟国家也在积极寻求国际合作消化不断增长的产量，由于中国市场不断增长的消费需求和成本优势，必将成为欧盟各大乳制品企业争相抢夺的重点，国内企业借助与国际乳品企业合资合作的机会，有利于提升自身的管理水平、研发技术以及质量安全控制水平等。

三、评价与启示

面对欧盟取消牛奶配额给中国乳业带来的危与机，我们可重点从以下若干方面着手加以应对。

1. 优化产品结构

欧盟进口的乳制品受到远途运输的影响，基本为常温产品，国内乳品企业应积极布局低温奶市场，与进口奶形成差异化竞争，应鼓励发展鲜牛奶、低温营养奶、特色酸奶、冰激凌等低温产品；同时，针对我国食品消费结构的升级以及不断增加的老年人和儿童群体，大力开发功能型、保健型、营养强化型的低温产品。

2. 提升产品质量

国内企业应积极应对欧洲高品质乳品的大量进入。一是要加强生鲜乳质量管理。鼓励通过兼并重组等方式推动生鲜乳收购站的标准化建设和企业自有生鲜乳生产基地的建设；二是严格执行乳制品质量追溯制度，加快乳品安全信用体系建设；三是鼓励企业加快国际认证，如通过 SGS（瑞士通用公证行）、BRC（英国零售商协会）、IFS（国际食品供应商标准）等国际权威第三方认证机构的认可，提高国际认知度。

3. 深挖国内消费市场

一是创新营销模式。通过企业自建电子商务平台或者利用微信、天猫、京东等第三方网络平台，积极发展网络营销，提高市场占有率。二是深入研究消费市场。借助互联网、物联网、大数据快速发展的优势，加快建立完备的消费者资料数据库，对不同地域、年龄、性别、收入的消费群体进行分级管理，把握消费倾向，提供个性化的产品和服务。

4. 强化国际市场监测和预警

密切关注国际市场原料奶、婴幼儿乳粉、液态奶等的供求情况、价格波动情况以及主要乳品国家的政策变化，对主要进出口市场进行分类，建立进出口预警机制和常态化的监测跟踪机制，以有效指导乳制品的进出口。

5. 加快推进“走出去”战略

一是构建海外原料基地。鼓励我国乳品企业通过合作经营、跨国并购等形式在荷兰、爱尔兰、法国等奶源充足的地区构建原料基地。二是实施多样化的投资方式。除了传统的绿地投资外，可通过投资、收购、入股等形式进行境外品牌收购、设立乳品研发中心、建设销售网络等，实现牧场养殖、加工、研发、销售等各环节在全球范围内的优化配置。三是搭建海外工业园区。借鉴伊利、蒙牛、光明等第一梯队企业“走出去”的经验，推进中小企业建立产业联盟，吸纳农牧业企业、贸易公司等实现集群式的海外投资，共同构建海外工业园区，降低投资成本，提高投资效率。

第二十九章　TPP深度影响我国纺织工业

一、背景

2015 年 10 月 5 日，美国、日本、加拿大等 12 个谈判方就跨太平洋伙伴关系协定（TPP）最终达成一致，其中纺织服装是 TPP 谈判的重要内容。TPP 成员国是我国纺织服装出口的重要区域，占我国纺织服装出口的比例接近 40%。在我国纺织工业国际竞争力不断下滑背景下，TPP 成员内的纺织服装贸易自由化将对外向度较高的我国纺织工业产生深远影响。评估 TPP 相关影响并提出相应对策，将对我国纺织工业保持和提高产业国际竞争力具有积极意义。

二、主要内容

纺织服装是 TPP 谈判的重要焦点，其重点条款单独列为一章，主要涉及零关税、原产地规则、打击偷逃关税和走私行为的海关合作、产业特殊保障措施以及 TPP 规则实施五个方面，其中对纺织工业影响较大的条款主要是零关税和原产地规则。

在零关税方面，TPP 成员国将会对来自区域内的纺织服装产品全部减免进口关税，而对非成员国的产品仍保持原进口关税。其中，除部分敏感产品的关税给予过渡期逐渐取消外，绝大多数纺织品和服装关税将立即取消。

在原产地规则方面，TPP 协定要求采用“从纱线开始”的原产地规则，成员国纺织服装产品“从纱线开始”之后的所有工序和原料，都要在 TPP 成员国内进行，才能享受零关税优惠。此外，协定还建立了“供应短缺清单”机制，成员国可以使用该清单中非缔约方生产的纱线和面料，但前提是这些纱线和面料在 TPP 成员内部供不应求。这意味着，成员国使用非成员国生产的“供应短缺清单”中产品，在进入 TPP 覆盖的市场时同样有资格享受关税减免待遇。

三、评价与启示

TPP 对我国纺织工业的影响将涉及以下方面。

1. 我国纺织服装在 TPP 成员国市场的价格劣势明显

协定生效后，相比 TPP 成员国，我国绝大多数纺织服装产品不能享受 TPP 成员国市场上的优惠待遇，较大的关税差距将导致我国纺织服装产品在该市场上处于价格劣势。与越南相比，目前我国和越南均是向 TPP 成员国出口纺织服装实际关税税率排名靠前的国家，而且两国税率差距较小。2014 年，我国纺织、服装向 TPP 成员国出口的加权税率分别为 8.3% 和 10.8%，而越南分别为 8.1% 和 10.1%。协定生效后，如果满足原产地规则，越南向美国、加拿大等 TPP 成员国出口的纺织服装关税税率将降为零。这意味着，两国相同的产品在该区域竞争，越南生产的纺织服装产品将至少比我国便宜 10% 左右。

2. 订单流失难以避免

我国纺织服装品牌、设计等环节核心竞争力不强，订单受价格变化的敏感性较大，加上在 TPP 成员国市场上的关税劣势，我国将面临纺织服装订单流失问题。从我国角度来看，TPP 成员国是我国纺织服装重要的采购国家，我国出口订单的整体变化容易受到这些国家订单采购变化的影响，特别是美国、日本和越南三国，其订单占到我国纺织服装国外总订单的 29%，TPP 的生效肯定对我国订单具有不利影响。从 TPP 成员国的角度来看，美国和日本的纺织、服装进口中，其中来源于我国的比例分别高达 39.5% 和 62.8%，这意味着在美国和日本市场，我国纺织服装如果不能继续维持现有市场地位，如此高比例的市场份额面临被别国替代的风险，尤其是被越南和马来西亚替代。

至于订单流失的规模，由于我国纺织工业具有产业链健全和配套产业完善优势，短期内其他国家仍难以撼动，加上目前 TPP 各成员国纺织工业规模相比我国较小等因素，短期内我国纺织工业整体受 TPP 影响较小，订单流失的规模也相应较小。但长期来看，纺织工业可复制性较强，产业壁垒较低，一个国家的纺织工业国际优势最终还是很大程度上取决于要素成本、原材料优势以及国际市场地位，而我国在 TPP 成员国市场上的这些优势正在不断流失。

3. 产业国外转移加快

目前，我国纺织工业生产成本不断上涨，企业盈利空间不断收窄，纺织产业逐渐向国外转移。TPP 生效后，我国纺织产业将加快向 TPP 成员中的越南、马来西亚、美国等国转移。近年越南和马来西亚服装行业快速发展，但受困于上游产业链和配套产业不健全，难以摆脱从我国进口大量纱线和服装配件的局面，导致其本国产业多集中于成衣加工等产业环节。为享受 TPP 成员国市场上的优惠待遇，减少对非 TPP 成员国市场上进口纱线的依赖，越南和马来西亚迫切需要资金和技术来发展本国纺织业，这正好迎合我国纺织行业加快"走出去"需求，我国纺织产业加快向越南和马来西亚转移迎来机遇。在美国，由于天然气和棉花原料价格低，再加上当地的税收优惠和补贴，美国纺织业成本低于我国，也将吸引我国纺织企业加大海外投资。国际纺织制造商联合会数据显示，美国纺纱行业成本比我国低 30% 左右。

4. 纺织原料定价权减弱

TPP 生效后，受制于原产地规则和 TPP 成员国自身原料需求扩张因素，我国棉花、化学纤维等纺织原料定价话语权将承压。一方面，我国化学纤维定价权双向受制于他国。虽然我国是全球化学纤维生产第一大国，但生产化学纤维的重要原料 PX 过重依赖日本、韩国等国进口，话语权较少，而国内化学纤维的产业结构中，常规产品比例过高、高新技术纤维比例过低，加上缺乏国际影响力的大企业、大集团，我国化学纤维出口定价话语权较小。TPP 生效后，为享受零关税待遇，"从纱线开始"的原产地规则将促使 TPP 区域的纱线产能增加，纱线前端的化学纤维产能亦随之增加，导致我国化学纤维的被替代性增加，出口议价空间将相应减小。另一方面，我国棉花需求需要大量进口，尤其是对 TPP 成员国的依赖程度较高，来自 TPP 成员国的进口棉花约占我国棉花总进口的 35%，TPP 成员国内纺织业的扩张将拉动对本国棉花的需求，不利于我国棉花的进口采购。特别是美国和越南两个我国棉花进口大国，我国从这两个国家采购棉花的议价权亦将减少。

5. 国际竞争力下滑加剧

虽然我国纺织工业竞争力保持国际领先，但随着用工成本快速上涨、治污减排费用大幅增加，国际竞争力不断下滑却是不争的事实。2008—2014 年，我国纺织和服装行业显示性比较优势指数（RCA）均呈下降态势，其中纺织行业 RCA

指数由 3.0 下降到 2.7，服装行业 RCA 指数由 3.5 下降到 3.2。与越南相比，我国服装行业 RCA 指数已经低于越南。TPP 生效后，我国纺织服装在 TPP 成员国市场待遇处于劣势，将拉低我国纺织工业的整体国际比较优势，加上越南、马来西亚等国大力发展纺织工业，投资快速增加，产业链条和配套产业将逐步完善，我国纺织工业的比较优势将继续下降，国际竞争力将加剧下滑。

面对 TPP 带来的上述影响，可从以下若干方面着手加以应对。

1. 加强评估和产业预警

一是对协定全文进行全面、系统的评估，评估协定生效对我国 GDP、消费、投资、就业、出口等宏观经济指标的短期和长期影响，对我国纺织上下游产业及相关配套产业，以及对棉纺织、印染及后整理等细分行业的影响，提出应对预案。二是加强对协定文中第四章中关于“短缺清单”和“具体产品的原产地规则”两个附件的研究，梳理出 TPP 成员国特别是越南和马来西亚从我国进口仍可享受 TPP 成员国市场优惠待遇的纺织产品，继续优化相应出口环境。三是密切关注 TPP 成员国谈判的动向，加大我国纺织产品在 TPP 成员国市场上的订单变化、国内纺织企业国内外投资、国内外能源和原材料价格差距等方面信息监测，加强产业预警。

2. 优化出口贸易环境

一是推动中国—海合会、中国—挪威、中日韩、RCEP、中国—东盟自贸协定（“10+1”）等自贸区谈判，加快中国—印度、中国—哥伦比亚、中国—格鲁吉亚等自贸区的研究，减少相关贸易壁垒，为我国纺织服装出口和原料进口提供便利。二是积极参与多边贸易体制建设，推动多哈回合谈判，支持 WTO 框架下我国在全球经济治理和国际经贸规则中的话语权和影响力。推动建设亚太自由贸易区，充分发掘发展中国家纺织服装市场空间。三是清理规范我国进出口环节收费，对进出口环节行政事业性收费、政府性基金以及实施政府定价或者指导价的经营服务型收费实行目录清单管理，免除口岸查验没有问题企业的吊装、移位、仓储等费用。四是建立贸易摩擦应对机制，帮助企业了解有效信息和熟悉各类贸易法规，牵头和鼓励企业抱团解决反倾销、反补贴调查等问题。

3. 加大“走出去”步伐

一是充分发挥我国纺织产业链上下游优势，加强对印染等附加值高、科技含量高环节的控制，加大新产品设计、研发和营销方面的投入，紧密与周边国家的制造环节合作，打造“中国 + 周边国家”的制造基地布局模式，推动我国纺织产业链重心逐渐向微笑曲线两端转移。二是紧抓我国实施“一带一路”的战略机遇，与沿线国家建立战略合作伙伴，推动国内纺织落后和过剩产能转移出去。三是充分利用东南亚国家的劳动力成本优势和 TPP 成员内的零关税优势，加快我国纺织工业向越南、马来西亚等国家转移，鼓励和支持企业通过自建或合建工业园的形式在当地投资建厂。

4. 尽快落实相关优惠政策

一是加快落实关于固定资产加速折旧政策扩围至纺织行业的政策，特别是关于中小微企业购买研发和生产共用仪器设备的优惠政策。二是总结棉花目标价格试点经验，完善现有补贴方式，加快全面实施棉花目标价格政策，缩小国内外棉花价格差距。三是落实小微企业税收优惠和清费政策，加大财政企业对企业贷款、担保等方面的支持，发展中小金融机构，降低融资成本，缓解小微企业融资难题。四是加快落实关于减半征收企业所得税的小微企业范围由 20 万元提高到 30 万元，以及月销售额 2 万元至 3 万元的小微企业、个体工商户和其他个人免征增值税、营业税的优惠政策执行期限延长。

展 望 篇

第三十章　主要研究机构预测性观点综述

（一）2016 年中国纺织服装行业形势依然严峻（中国纺织工业联合会）

2016 年纺织工业面临的内外部形势仍然不会改变。虽然美国市场逐渐回暖，但整体回升的动力不足，加之我国经济增速下行压力突出，结构性矛盾凸显，内需增长乏力。此外，综合成本上升，国际竞争加剧、环保任务艰巨等外部因素仍将考验行业适应能力，继续保持平稳发展的压力较大，进一步加快推进转型升级仍是关键。因此，2016 年纺织行业重点关注几大问题，一是出口形势依然严峻。棉纺、针织等纺织产能及订单向海外转移进度有所加快。国际市场复苏疲软，新兴市场需求放缓突出。企业向越南投资趋势将更加明朗，需要关注产能转移方向。二是内需增速趋缓，市场潜力有待进一步挖掘。企业一方面感觉内需不足，另一方面纺织企业在产品开发、品牌建设等方面的能力仍有不足，与一些国外时尚快销品牌在国内销售规模迅速扩大相比，需要寻找差距，加快自身的转型发展。三是兼并重组将越来越活跃。行业将加速整合，企业需要转换思路在异常激烈的竞争中不断前行。四是高质量棉花资源紧缺。高品质的原料竞争是未来企业竞争的重点之一。

（二）2016 中国食品产业发展九大趋势（光明集团、荷兰合作银行）

趋势 1：食品产业需求增长预期放缓，未来发展更加依赖价值驱动

从整个食品行业来看，未来一段时间，随着经济下行的压力，食品行业发展增速和盈利水平将出现回落。以中国 A 股市场食品饮料行业 73 家上市公司为例，分析 3 年多来食品企业经营数据的变化，发现食品行业的营业收入和净利润同比

增长都呈现出回落态势。从细分领域来看，新常态对食品和农产品带来一些结构性的变化：谷物和油籽消费稻谷和小麦整体持平，玉米和大豆继续增长，但增速放缓；肉类消费猪肉的人均消费量已经达到较高水平，其增长已基本饱和。未来的消费增长将主要来自牛肉和禽肉，其中禽类的消费量可能由于相对较低的价格水平得到较大增长；乳制品消费量将持续提升，但整体消费量增长趋缓。其他处于食品产业链下游的行业由于需求的收入弹性更大，细分市场的结构性变化更加多样化。

趋势 2：食品消费不断升级，品类渠道区域分化

随着国内供需状况发生根本改变以及国内食品消费不断升级，在经济新常态下，食品在消费品类、消费渠道和消费区域等方面将呈现分化的趋势。食品消费品类出现分化随着食品消费市场逐步走向成熟，一般性、温饱性的支出比例在逐渐减少，而体现生活质量和生活方式的消费支出比例则在逐年增加。食品消费渠道出现分化近 30 年间，在食品零售环节，新型渠道的持续扩张形成对传统渠道份额的不断蚕食。目前，传统杂货店和大卖场的销售增长普遍放缓；相比之下，超市、小型超市和便利店的情况较好，涨幅高达 9%。而电子商务的崛起，更是对商超构成巨大压力。食品消费区域出现分化，中国一线城市依然是快速消费品的重要阵地，但已经不是增长最快的地方。快速消费品在一线和二线城市的增长速度显著放缓，三、四线城市快速增长。

趋势 3：人民币升值预期可能逆转，对企业产生不同程度影响

人民币升值预期的逆转，在农产品进口需求、原材料成本、境内外融资以及海外兼并重组计划等诸多方面，将对中国食品产业和农业的未来发展产生不同程度的影响。食品企业，尤其是那些主要原材料来自海外的生产商，必须承受新一轮的成本波动。然而，由于下游行业的激烈竞争，导致这些成本的增长很难被体现到终端产品的价格中。

趋势 4：用好两个市场两种资源，食品企业须加快“走出去”

中国资源在很大程度上是和世界资源互补的，我国政府鼓励一批有实力有全球战略的企业“走出去”，在这样的背景下，有一部分企业已经通过直接投资和供应链合作等方式参与到全球的供应链。政府出台的“一带一路”新政策支持农业“走出去”，和一些资源丰富的国家建立合作关系，从而使中国和全球供应保

持稳定。

趋势5：食品安全监管力度不断提升，肉菜类食品溯源建设将加速

在政府监管层面，近年来，我国政府不断提升食品安全管理的工作力度。2015年10月1日起，正式实施史上最严食品安全法，对食品安全管理提出更高的要求，国家也明确提出要建立食品安全全程追溯制度。预计，2015—2020年，将是我国肉菜类食品溯源建设的加速推广期。一方面，试点城市的建设验收要加快；另一方面，各级政府推进构建全覆盖的流通溯源体系速度也有望加快。预计，食品流通溯源建设主要有四大方向：一是扩大覆盖地区范围；二是拓宽追溯品类；三是沿着种植养殖及食品加工、餐饮上下游双向渗透；四是探索模式创新。

趋势6：食品农产品全球化程度提升，利用国外资源保障国内需求

由于受资源环境的约束以及小规模、分散化的农业生产方式的限制，我国农产品整体的内在竞争力普遍弱于美国、澳大利亚和南美国家。于是，一方面，国家希望通过适度规模化、集约化的经营方式以及现代化的农业技术和市场化的资源配置，降低生产成本，提高产量；另一方面，国家也意识到大幅度增加国内供给的潜力有限，而消费需求却在城镇化、消费升级等因素的推动下稳定增长，因此，面对预期扩大的供需缺口，更应该充分利用国外市场和资源，适度进口，从而有效保障国家粮食安全。

趋势7：电子商务重构食品产业，市场营销锁定千禧一代

相对于传统零售渠道，中国电子商务市场的交易额正逐年快速增长，而中国食品电子商务正逐渐发展成为整个电商行业的重要组成部分。

趋势8：食企面临全面转型压力，创新推动商业模式升级

由于产品同质化、企业竞争不断加剧以及经营成本的不断抬升，中国食品产业正在遭受"成本地板上升"和"价格天花板下降"的双重挤压，行业收入和利润双双下滑。"中国制造"已经丧失低原料价格、低劳动力成本的竞争优势，倒逼中国食品产业必须直面30年来最艰难的转型期，即摆脱以依靠"同质化、价格战"为主的终端竞争，需要积极创新推动产业转型升级，依靠智能化、信息化、网络化重构企业商业模式。

部分食品企业正在积极主动地探寻突破的方向：一是从降低生产成本、优化流程方面实施突破。比如，娃哈哈在生产车间的大部分生产设备上，都应用了工

业机器人，并且所有机器人皆为自主研发。机器人在生产上的规模使用，使从设计到生产再到营销的整个过程，更为便捷与流畅。二是融合“互联网+”实现跨界转型。比如，蒙牛与百度合作推出二维码可视化追溯牛奶“精选牧场”，将牧场放到了“云端”。三是以产品包装为载体逆向整合电商资源，构建消费者生态圈。比如，加多宝通过“金罐加多宝2015淘金行动”，改变了消费者消费快消品时的孤立状态，形成互联网生活圈。四是食业巨头与电商巨头合作，探索全产业链生态系统的运营。

趋势9：细分领域集中度提高

从产业链角度分析，目前，我国食品产业链各环节的发展水平不尽相同，各环节的发展能力还不匹配，决定了我国食品产业将进入加速整合的发展阶段。以肉制品产业链为例，在产业链的上游包括种源、饲料加工和生猪养殖，在产业链的中游包括屠宰加工和肉制品深加工，在产业链的下游包括冷链物流、流通渠道和终端消费等，大致有八个环节。在产业链的上游，我国食品企业无论是种源还是种养殖，整体上基本处于一种小规模化、分散化、粗放式的生产方式，很难满足现代食品加工业对生产标准化、规模化、均衡性的发展要求。而我国食品产业链中游的发展水平和加工能力，基本与国际上同业先进水平保持同步，客观上存在着食品加工能力大量闲置的问题。从食品产业链下游来看，食品物流特别是冷链物流发展水平也远远滞后于食品产业发展需要。未来产业链上游和下游环节整合将加速。

（三）仿制药市场将遭洗牌（中国医药联盟）

仿制药2016年或拉开洗牌序幕，从2015年7月至11月底，国家食品药品监督管理总局（下文简称CFDA）接连对仿制药质量及与一致性评价“下狠招”。其中要求2007年10月1日前批准的化学药品仿制药口服固体制剂，应在2018年底前完成一致性评价，届时未通过认证者，将注销药品批准文号。有关数据显示，我国药企化学药品批准文号12.1万个，绝大部分为仿制药，虽然整个仿制药市场“声势浩大”，但存在产品同质化严重、质量普遍偏低的现象。业内人士分析，政策收紧后，上市公司可能会借一致性评价机会争夺市场，同时仿制药质量会提高，劣质产品或面临退市，药价也有可能稍微抬高。

（四）2016 年家电市场稳中有升（北京中怡康时代市场研究有限公司）

大家电增长低迷，小生活电器引吭高歌。近几年，家电市场已经告别高增长时代，开始进入盘整及产业升级期。分产品来看，彩电、冰箱、洗衣机、空调等大家电市场增长低迷，集体“遇冷”，结构升级、差异化竞争成为大家电破冰取暖的新路径；厨卫电器市场相较于传统大家电市场仍保持稳定增长，高端智能引航市场;空气净化器和净水设备产品则呈现“冰火两重天”,净水设备继续保持“引吭高歌”，空气净化器从“野蛮增长”进入“规范性成长”，正在经历成长阵痛；生活电器市场整体保持增长，吸尘器、搅拌机、电咖啡壶等健康环境类产品升温。彩电市场差异化竞争加剧，亮点频现，智能、4K、大尺寸产品市场份额持续扩充。白电市场，线上、线下产品结构有所差别，变频、风冷、十字、滚筒、艺术化等产品线下市场扩容更为充分，零售量占比普遍高于线上，而 WIFI 空调线上市场渗透率超线下。厨卫产品发展阶段不尽相同,洗碗机、电烤箱等新兴产品放量增长。吸油烟机、热水器、燃气灶仍是厨卫产品的三大主力军，高端化趋势不变，此外，智能、节能、美观成今年厨卫产品亮点。

提升产品内力，家电市场“稳中向好”。“十三五”规划等多项建议将为家电市场带来利好。其中城镇化是扩大内需的最大推手，城镇常住人口比例的提升，未来 5 年，将会累计带动 9600 亿元的新增潜在家电市场需求。扩大居民消费、坚持绿色发展、实施全民节能计划、开放二胎等政策将加速家电产业结构调整，高端化、智能化、节能化、健康类、细分化市场将激发更多的新增市场空间。同时，互联网计划、中国制造 2025 还将带动互联网与家电产业的融合，智能、电商将加速行业升级。中怡康预测，2016 全年，包含手机、电脑在内的家电市场规模将达到 1.6 万亿元,同比增长 5%。其中彩电行业零售额达到 1621 亿元人民币，增长 0.5%；白电（包括空调洗衣机冰箱）达到 2897 亿元人民币，增长 0.6%；厨卫电器达到 1676 亿元人民币，增长 11.0%；生活电器达到 963 亿元人民币，增长 3.1%。

第三十一章　2016年中国消费品工业发展走势展望

第一节　整体运行走势

一、国内经济平稳运行，生产增速小幅下滑

进入2016年，随着产业结构调整和转型升级压力的加大，消费品工业生产增速仍将呈现持续小幅下滑的发展态势。一是我国经济基本面运行预期仍将继续放缓，将维持“中高速”增长；二是国内消费需求不振，短时间内难有较大改观；三是随着新版环保法的颁布实施，企业节能减排和转型升级压力将持续加大，尤其是环境敏感型的造纸、皮革和印染企业，节能减排治污压力空前；四是在经济下行压力加大的大背景下，商业银行等金融机构监管更趋严格，将进一步加强对风险资产的控制，企业获得贷款的审批条件将更为严格，这对以中小企业为主的消费品工业尤为不利。预计，2016年我国轻工行业增加值增速为6.5%，医药行业增加值增速将维持在10%，纺织行业增加值增速为6%。

二、国际市场回暖，出口有望小幅回升

进入2016年，世界经济继续温和复苏，主要经济体经济回暖迹象明显，我国消费品工业出口交货值增速将小幅回升。国际货币基金组织预测，2016年全球经济增速将达3.56%，较2015年提高了0.4个百分点，欧盟、美国经济增速也将分别上行至1.9%和2.8%。同时，随着美国退出量化宽松政策，美元逐步进入加息周期，人民币汇率升值压力减缓，升值势头得到明显遏制，有助于我国消费品工业产品出口。预计，2016年我国轻工行业出口交货值增速可望达到1%，医药行业的出口交货值增速将达4%，纺织行业的出口交货值增速有望实现正增长。

三、消费信心回升，内需有望小幅反弹

进入2016年，预计我国消费品工业固定资产投资增速将延续2015年的发展态势，部分行业将小幅反弹。首先，城镇化水平的稳步提高对消费拉动作用明显，新型城镇化政策为消费增长注入新的活力。相关数据显示2015年我国城镇化率将超过58%，这将极大地释放广大农村市场需求，拉动内需增长。其次，全面放开二胎政策将进一步促进母婴市场扩容，推动儿童及生育服务相关消费的增长。最后，受国家八项规定和厉行节约政策的影响，高档酒类、烟草、保健品、肉类等中高端消费品消费仍将持续低迷。

预计，2016年我国消费者信心指数将达106，社会消费品零售总额全年增速有望达12%。固定资产投资方面，食品行业中，农副食品加工业，食品制造业，酒、饮料和精制茶业固定资产投资增速将分别达到7%、15%和4%;纺织行业中，纺织业和纺织服装、服饰业将分别达到15%和25%；医药制造业固定资产投资增速将达到15%。

第二节　重点行业发展走势展望

一、医药

（一）产业发展加剧变革

2015年，《推进药品价格改革的意见》《关于控制公立医院医疗费用不合理增长的若干意见》《关于开展仿制药质量和疗效一致性评价的意见（征求意见稿）》（2015年第231号）、《中药材保护和发展规划（2015—2020年）》等政策相继出台，2016年这些政策效果将持续发酵，势必对产业发展带来一系列重大影响，行业发展不确定性增加，产业发展将加剧变革。

2015年5月，国家发改委等9部委联合下发了《推进药品价格改革的意见》，标志着药品价格正式放开。规定除麻醉药和第一类精神药品外，取消药品政府定价，药品实际价格由市场竞争形成。长期而言，市场这只无形的手将使药品价格逐步回归理性，短期内部分药品价格将出现一定程度的波动。针对药品和耗材费用占比过高的问题，2015年11月6日，国家卫计委等5部委联合印发《关于控制公立医院医疗费用不合理增长的若干意见》，明确指出要降低药品和耗材费用

占比，有助于抑制公立医院医疗费用的不合理增长。2015 年 11 月 18 日，国家食品药品监督管理总局发布了《关于开展仿制药质量和疗效一致性评价的意见（征求意见稿）》（2015 年第 231 号）。按意见要求，大部分仿制药需要在 2018 年底之前完成仿制药一致性评价，否则将被注销批准文号。相比之前政策，该意见强制性、针对性更强，执行力更高，效果也将更加显著。意见出台有助于全面提升我国仿制药整体水平，提高仿制药药效，带动创新药市场，提高行业集中度，促进高品质仿制药出口，与此同时，也将进一步加快行业洗牌，影响低价药、小品种药供给，有可能诱发新一轮药品价格上涨。《中药材保护和发展规划（2015—2020 年）》的实施进一步推动了我区中药材资源的保护、开发、创新和综合利用。

（二）生物医药产业迎来新的发展契机

《中国制造 2025》对生物医药及高性能医疗器械的战略定位和国家加快发展战略性新兴产业、健康服务业、推动高端医疗设备国产化等重大举措的出台以及"重大新药创制"、高端医疗诊断设备的重点扶持为医药产业发展注入了强劲动力。医疗卫生体制改革的深化、医疗器械政府采购的实施、中药材保护和发展规划的出台、药品医疗器械审评审批制度改革的启动、《医疗器械监督管理条例》的修订等激发了需求和创新，为我国生物医药产业迎来新的发展机遇。

（三）医药产业转型升级加速

2016 年 2 月 14 日，国务院常务会议的主旨议题为医药，会议确定，一是瞄准群众需求，加强原研药、首仿药、中药、新型制剂、高端医疗器械等研发创新，支持获得专利的国产原研药和品牌仿制药开展国际注册认证。二是健全安全性评价和产品溯源体系。三是结合医疗、医保、医药联动改革，加快临床急需药物和医疗器械产品审评审批。四是建设遍及城乡的现代医药流通网络，逐步理顺药品耗材价格。新年首次国务院常务会议将议题定为医药凸显中央对我国医药产业的重视，有助于丰富药品品种，促进创新发展、转型升级和产业跨越式发展，有助于提高药品质量，促进急需药和医疗器械产业发展，全面提升城乡医疗健康服务水平。

会议还确定促进中医药和民族药继承保护与挖掘，放宽中医药服务准入，促进中西医结合，对于促进我国中医中药产业发展，推广中医理念，扩大中医药出口，提升国际影响奠定了基调，有助于新常态下我国中医中药产业的发展壮大。

二、纺织

（一）生产下行压力加大

进入2016年，国内经济下行压力加大，消费需求增长亦将放缓，纺织工业生产增速不乐观。从全球经济层面来看，我国纺织工业出口将回暖。据IMF预测，2016年全球GDP增速为3.6%，高于2015年0.5个百分点，其中我国纺织出口的重点区域欧盟、美国和日本的2016年经济增速预期分别为2.8%、1.9%和1.0%，相比2015年均有不同程度的回暖。但是我国纺织工业增长的重心在国内，IMF预测2016年我国国内经济预期比2015年增速放缓0.5个百分点。预计，2016年纺织工业生产增速将降低至6.0%左右。其中，受益于原材料价格下降和出口订单增速回升，纺织业和化学纤维业生产增速将高于2015年，而纺织服装受困于国内需求不振和高库存因素影响，生产增速将进一步走低。

（二）出口增速上升

进入2016年，我国纺织工业出口增速将反弹，呈现正增长态势。一方面，美国、欧盟、日本三大传统出口市场经济形势好转，进口需求增加。另一方面，新兴国家及发展中国家经济增速提高，为我国消费品出口带来巨大增长空间。据IMF预测，2016年全球货物进口需求增长4.1%，高于2015年增速1.2个百分点，其中发达经济体、新兴市场及发展中国家货物进口需求分别增长4.0%和4.3%，分别高于2015年增速0.3个和2.8个百分点。预计，2016年纺织工业出口交货值增速将会反弹至2%左右。三个子行业出口增速均将反弹至正数，其中纺织服装服饰业和化学纤维业出口增速较为明显。

（三）投资增速放缓

进入2016年，纺织工业固定资产投资规模将持续扩大，但由于对市场预期不乐观，投资增速将放缓。一方面，由于我国经济增长正处于“增长速度换挡期、结构调整阵痛期、前期刺激政策消化期”三期叠加阶段，纺织行业消化过剩产能将一定程度上抑制投资。另一方面，在新常态背景下，宏观经济下行压力加大，纺织行业投资的不确定性和风险进一步加大，企业家信心不足。预计，2016年纺织工业固定资产投资增速将回落至10%左右，各子行业固定资产投资增速也将出现不同程度的下滑，其中化学纤维制造业投资增速下降更为明显，增速很有可能出现负增长。

（四）中西部产业地位进一步提升

进入2016年，中西部地区的纺织工业地位将进一步提升。一方面，中西部地区基础设施和产业配套不断完善，产业承接能力增强，特别是西部地区新疆、陕西、宁夏等省份，大力招商，纺织产业链更加健全，规模不断扩大。另一方面，国务院《物流业发展中长期规划（2014—2020年）》以及《国务院办公厅关于多措并举着力缓解企业融资成本高问题的指导意见》等政策的持续推进，中西部地区物流成本和企业融资成本逐渐降低，加之中西部劳动力成本优势，中西部发展纺织工业的优势将凸显。

三、轻工

（一）呈平稳增长态势，增速趋缓

2016年，随着人们收入水平的提高和生活方式的转变，轻工行业将继续保持平稳增长的态势，但受要素供给约束加大和节能减排压力增大等因素的影响，我国轻工行业增速将有所放缓。2016年，用工成本持续上涨、物流成本不断攀升、信贷成本居高不下的问题仍将延续，长期以来支撑我国轻工业快速发展的要素优势将继续被稀释。截至2015年9月，全国已有14个地区再次上调最低工资标准，劳动力成本的持续上涨使得劳动密集型的轻工业发展压力持续不减。此外，行业环保标准的提高和新环保法的深入实施，使得企业节能减排和环境保护压力进一步加大，轻工企业环保投入将持续增长。

（二）各行业差异显著，分化加剧

2016年，轻工行业发展将进一步呈现格局分化。从产业发展看，随着人们环保意识的增强、新环保法的实施和淘汰落后产能政策的不断深入，造纸、皮革、化纤、酒精、味精、印染、铅蓄电池、原料药制造等环境敏感型的轻工企业进入条件将不断提高，节能减排压力持续增大，轻工行业中生产技术落后、产能低下的企业将逐渐被淘汰，个别产业规模增长速度减缓。与此同时，受市场需求旺盛和消费习惯转变的影响，乳制品、葡萄酒、健康饮品和保健品等行业快速成长，轻工业中各行业产业规模差距进一步拉大。

从产业政策影响看，在国家推进跨地区、跨所有制兼并重组的产业政策推动下，婴幼儿乳粉、造纸、家电、塑料、家具、皮革、铅蓄电池等规模效益显著的行业，强强联合和兼并重组将持续展开，市场集中度不断提升。同时，国家层面对具有自主知识产权、自主品牌的骨干企业进行扶持，有利于培育一批具有国际影响力的跨国企业集团。

从产业布局看，轻纺产业布局调整将进一步加快，产业转移将根据不同地区发展要求和具体行业特点持续进行。家电、塑料、皮革等劳动密集型和环境敏感型行业将由东部地区逐渐向中西部地区转移，而东部地区将继续发挥其技术、资金优势，不断承接国外先进产业转移，建立研发、创新中心。

（三）出口有所回升，压力加大

2015 年，受全球经济低迷、人民币升值、出口环境恶化等因素的影响，我国食品加工、酒饮料、造纸等轻工行业出口交货值呈现负增长。进入 2016 年，随着我国轻工产品主要出口国的美国、欧洲等国家和地区经济逐步回暖以及我国与周边国家和地区一系列战略合作的推进将给我国轻工产品出口带来契机。“一带一路”战略的深入实施，《中国—韩国自由贸易协定》和《中国—澳大利亚自由贸易协定》的签署，孟中印缅、中巴经济走廊建设等战略的推进落实，为我国轻工业外贸增长带来动力。

与此同时，国际出口形势并不乐观。一是进入 2016 年，欧盟、美国、日本等发达国家和地区迫于国内经济、政治和就业压力，将进一步加大对国内劳动密集型产业的保护，这对我国轻工产品的出口极为不利。商务部数据显示，仅 2015 年上半年，我国就遭遇 14 个国家和地区 37 起贸易救济调查，其中轻工业是重灾区。二是随着我国劳动力、原料成本优势的丧失，纺织、轻工等劳动密集型企业逐步向东南亚、南亚等具备劳动力和成本优势的国家和地区转移，我国轻工产品出口将面临更为激烈的国际竞争。

后 记

为全面展示过去一年国内外消费品工业的发展态势，深入剖析影响和制约我国消费品工业发展面临的突出问题，展望未来一年的发展形势，我们组织编写了《2015—2016年中国消费品工业发展蓝皮书》。

本书由刘文强担任主编，闫逢柱担任副主编，各篇章撰写负责人如下：综合篇第一章由李向阳、闫逢柱负责撰写，第二章由代晓霞负责撰写，政策篇和展望篇由代晓霞负责撰写，行业篇各章依次由陈娟、曹慧莉、陆安静、李向阳负责撰写，区域篇各章依次由陈娟、蒋国策、李向阳负责撰写，园区篇和企业篇由陆安静负责撰写。

在本书的撰写过程中，得到了消费品工业司高延敏司长、吴海东副司长、曹学军副司长、汪敏燕副巡视员、王小青处长、郭翔处长、张军处长、孙平处长、邢涛处长等诸位领导的悉心指导和无私帮助，在此表示诚挚的谢意。

本书是目前国内唯一聚焦消费品工业的蓝皮书。我们希望通过此书的出版，能为消费品工业的行业管理提供一定的指导和借鉴。囿于我们的研究水平，加之撰写仓促，书中一定存在不少疏漏和讹谬之处，恳请各位专家和读者批评指正。

赛迪智库
面向政府 服务决策

研究，还是研究
才使我们见微知著

信息化研究中心	工业化研究中心	规划研究所
电子信息产业研究所	工业经济研究所	产业政策研究所
软件产业研究所	工业科技研究所	军民结合研究所
网络空间研究所	装备工业研究所	中小企业研究所
无线电管理研究所	消费品工业研究所	政策法规研究所
互联网研究所	原材料工业研究所	世界工业研究所
集成电路研究所	工业节能与环保研究所	安全产业研究所

编 辑 部：赛迪工业和信息化研究院
通讯地址：北京市海淀区万寿路27号院8号楼12层
邮政编码：100846
联 系 人：刘 颖　董 凯
联系电话：010-68200552 13701304215
010-68207922 18701325686
传　　真：0086-10-68209616
网　　址：www.ccidwise.com
电子邮件：liuying@ccidthinktank.com